韓日両言語における
否定一致の研究

韓日両言語における
否定一致の研究

朴 江 訓 著

序文

　本書は2009年度筑波大学博士(言語学)学位請求論文を修正及び加筆したものである。従来「韓日両言語における否定」に関する研究は他の文法カテゴリーに比べるとあまりなされてこなかった。図書出版まで相当時間がかかったが、本書を皮切りに今までやってきた「韓日両言語における否定」に関する研究に新たな知見を加え次々と図書でまとめていく予定である。こうした作業を通して今後「韓日両言語における否定」の研究の活性化に少しでも役に立てれば幸いである。

　本書の執筆にあたり、院生時代終始熱心にご指導くださった指導教官の竹沢幸一先生に心から感謝する。また、沼田善子先生、杉本武先生、森 芳樹先生、加賀信広先生からもご多忙中にもかかわらず、いつも懇切丁寧にご指導、ご助言をいただいた。この場を借りて厚くお礼申し上げたい。

　ほかにも、日頃から小畑美貴さん、松井晴子さん、田川拓海さん、小深田祐子さん、神戸百合香さん、陸 丹さん、高 裕輔さんからも有益な示唆とご助言をいただき、本当に感謝する。

最後に、本研究のデータ収集にあたり、多大なるご理解とご協力をいただいた韓日のインフォーマントの方々、そして今まで温かく見守ってくれた自分の家族にも深く感謝申し上げる。

2023年3月

朴 江訓

略語の一覧表

Acc	対格助詞	NPI	否定極性表現
AgrP	一致要素句	Pass	受動動詞/受動形態素
Comp	補文標識	Past	過去の時制辞
CP	補文標識句	Pl	複数形態素
Dat	与格助詞	Pres	現在の時制辞
Decl	平叙文/平叙文語尾	Prog	進行形態素
Gen	属格助詞	P	前置詞/後置詞
Hon	尊敬形態素	PP	前置詞句/後置詞句
Int	疑問文/疑問文語尾	PPI	肯定極性表現
Loc	場所格	T	時制辞
Neg	否定辞	V	動詞
NCI	否定一致表現	VP	動詞句
Nom	主格助詞	QP	数量詞句
NP	名詞句	Top	主題
NSI	否定呼応表現*		

---

* これは片岡(2006)においても用いられている用語であるが、本書で用いられる「否定呼応表現」とはその概念が異なる。詳細は後の第1章の脚注7及び第2章を参照されたい。

目次

11

第1章

序章

1.0. はじめに

　否定に関する議論はAristotle(Works, 1961-66)、Jespersen(1917)、Frege(1919)、Strawson(1952)、Wittgenstein(1953)、Searle (1969)などを始め多くの思想家や言語学者などによってなされてきている。否定の研究はこのように、特に文法研究において欠かせない重要な研究分野であるといえ、現在に至っても数多くの研究がなされている。従来、否定の研究は統語論的・意味論的・語用論的アプローチなどさまざまの枠組みで研究が行われてきた。その中で、日本語と韓国語をはじめ、さまざまな言語において否定と呼応する表現(以下、否定呼応表現とする)の研究が最近注目をあびている。事実、否定呼応は自然言語において普遍的に現れる現象であると報告されており、英語の「anyone/anything/anywhere」のような「any類」を生成文法の枠組みで最初に分析したKlima (1964)以来、さまざまな言語において統語論的・意味論的・語用論的な観点から分析が行われている。実際、Klima以来、Jackendoff (1972)、Lasnik(1972)などの統語的アプローチの研究、Fauconnier(1975)、Ladusaw(1979)(1980a, b, c)などの意味的アプローチの研究、Laka(1990)、Haegeman(1995)(1997)、Zanuttini(1991)(1997)(2001)、Haegeman & Zanuttini (1991)(1996)、De´prez(2000)、Watanabe(2004)による統語的・意味的アプローチの研究、Horn(1989)などによる意味的・語用的アプローチの研究がなされてきた。

　自然言語における否定呼応表現の類型は少なくとも2タイプが存在する。

(1)　自然言語における否定呼応表現の類型
　　a.　否定極性表現[1](Negative Polarity Item: 以下、NPIとする)
　　b.　否定一致表現[2](Negative Concord Item: 以下、NCIとする)

ここでNPIとNCIの概念を概観する。

　肯定・否定の区別を極性(polarity)といい、肯定的極性の文脈にのみ現れる表現を肯定極性表現(Positive Polarity Item: 以下、PPIとする)と呼び、否定的な極性の文脈にのみ現れる表現をNPIと呼ぶ(奥野・小川(2002:3-4))。PPIとNPIの典型的な現象として「some-any」交替現象が挙げられる。

(2)　a.　He will be able to find <u>some</u> time for that.
　　b.　He won't be able to find <u>any</u> time for that.

(Klima(1964:291, (149a, b)))

(2a)の下線部「some」は肯定文にのみ生起し、(2b)の下線部「any」

1　実際には、研究者によって、「否定対極表現」、「否定極性項目」、「否定極語」などさまざまな用語が存在する。本書では「否定極性表現(NPI)」をその代表的な用語として用いる。
2　これも研究者によって「否定呼応表現」、「否定一致項目」などさまざまな用語が存在するが、本書では「否定一致表現(NCI)」をその代表的な用語として用いる。

は否定文にのみ生起する。このような極性に関する現象は前述し
たKlimaの統語論的分析以来、本格的にさまざまな言語及びさま
ざまなアプローチで研究が盛んに行われている。

　これに対して、否定一致(Negative Concord)というのは、Haegeman
& Zanuttini(1991)(1996)あたりを皮切りに研究が活発化した現象
で、西フラマン語(West Flemish)、ロマンス語(Romance languages)
などにおいて否定の意味を担う表現が文中に複数存在するにもか
かわらず、二重否定にはならず単一の否定しか意味しないことを
いう(渡辺(2005:110))。また、これは前述のKlimaのNPIとしての
分析には当てはまらないため新たに導入されてきた分析方法であ
る。以下の西フラマン語の例文で確認してみる。

(3)　　a.… da Vale`re niemand nie　　(en)- kent.

　　　　　that Vale`re nobody　not　Neg-know

　　　　　'… that Vale`re doesn't know anybody.'

　　　b.… da　Vale`re nie niemand　(en)- kent.

　　　　　that Vale`re not nobody　Neg-know

　　　　　'… that Vale`re doesn't know nobody.'

　　　　　　　　　　　　　(Watanabe(2004:559, (1a), (3)))

(3a)と(3b)の解釈は「niemand(nobody)」と「nie(not)」の語順によっ
て異なる。すなわち、(3a)は「niemand」が「nie」より上に生起する
文であるが、単一の否定の意味を持つのに対し、(3b)のように
「nie」が「niemand」より上に生起する文においては二重否定の意

味になる。このことによって、「nie」と「niemand」がそれぞれ否定の意味を担っていることが分かる。Watanabe(2004)はHaegeman & Zanuttiniの分析を発展させ、(3a)が二重否定にならないのは次のような統語的及び意味的手続きによるものであると述べる。まず、統語的に「nie」はNegPの指定部にあり、「niemand」もNegPの多重指定部の一つへ移動する。次に、意味解釈の手続きの一端として、NegPの主要部と指定部の要素はまとめて一つの否定の意味を表す。よって、(3a)は二重否定にならない。これに対し、(3b)では「niemand」がNegPの指定部に移動しない。従って、NegPとは独立の否定の意味を表し、(3a)とは異なり、全体として二重否定になる。

　以上、NPIとNCIの概念を概観した。後で両者の相違点を詳しくみるが、ここで両者の定義から伺える相違点を述べると、当該表現が否定の意味を担っているか否かであると考えられる。つまり、否定の意味を担っていないのがNPIであり、否定の意味を担っているのがNCIである。

　では、日本語と韓国語の否定呼応表現に関する分析の現状はどのようなものであるか。現時点において、両言語の先行研究では両言語の否定呼応表現をNPIとして捉える立場とNCIとして捉える立場に分かれている。2000年代前半まではNPIとしての立場が一般的だったが、日本語においては、Oyakawa(1975)、Muraki(1978)、Kato(1985)、Takahashi(1990)、Kawashima & Kitahara(1992)、Aoyagi & Ishii(1994)、Yanagida(1996)、Kuno(1995)、

Tanaka(1997)、Yoshimoto(1998)、久野(1999)、Kuno & Kim
(1999)、吉村(1999)、江口(2000)、Konomi(2000)、近藤(2001)、
Kuno(2002)、Kuno & Whitman(2004)などが、韓国語において
はチョン・ビョンケ(전병쾌1984)[3]、イム・ホンビン(임홍빈1998)、
Kim(1995)、パク・ジョンギュ(박정규1996)、Chung & Park(1998)、
パク・スンユン(박승윤1997)、シ・ジョンゴン(시정곤 1997a, b, c)、
A.H.-O Kim(1997)、Lee(1997)、キム・ヨンヒ(김영희1998)、Kim
(1999)、Sells(2001)(2006)などが、日韓両言語においては Nam
(1994)、Sohn(1995)、ナム・スンホ(남승호1998)、Lee(2002)、
Kuno & Whitman(2004)、Sells(2005)などがNPIとしてのアプ
ローチに基づき分析を行っている。このようにほとんどの先行研究
がNPIとして分析してきた理由は、日韓両言語のNPIが上記の
(2b)の「any」と同様に否定文にのみ生起するため、英語のNPIを
分析したKlimaの議論をそのまま受け入れているからであると考え
る。これに対し、2000年代に入り、NPIとしての立場の問題点を
指摘し、NCIとしての立場をとるべきであると主張する先行研究が
現れる。日本語においてはNishioka(2000)、Furukawa(2001)、
Watanabe(2002)(2004)、渡辺(2005)が、韓国語においては
キム・ヨンファ(김영화2005)がそれである。これらの先行研究は
Haegeman & Zanuttini(1991)(1996)、Haegeman(1995)などの
否定一致現象の議論を受け入れ、それまでのNPIとしての分析を

3　本書はハングルで書かれた先行研究を引用する際には、「カタカナ表記によ
　る作者の氏・名(ハングルの氏名、出版年度)」のような形式で記す。

覆す新しい研究である。NCIとしての立場の議論は後の第2章で詳しくみるが、従来のNPIとしての分析の問題点について指摘されていることをここで概観する。NCIの立場をとる先行研究は、日韓両言語における否定呼応表現と英語のNPIには以下のような相違点が存在すると指摘している[4](以下、否定呼応表現には下線を引く)。

[①否定文ではない文に現れるか否か]

(4)　a. Have you seen <u>anything</u>?　　　　　(同:562, (8a))

　　b. *<u>何も</u>見ましたか？　　　　　　　(同, (8b))

　　c. *<u>아무것도</u>　보았습니까？

　　　amugeos-do　bo-ass-seubnikka[5]

　　　anything　　　see-Past-Int

(5)　a. If John steals <u>anything</u>, he'll be arrested.　(同, (9a))

　　b. *ジョンが(もし)<u>何も</u>盗んだら、逮捕されるでしょう。

　　　　　　　　　　　　　　　　　　　　　　　(同, (9b))

　　c. *<u>존이</u>　　　(만일)　<u>아무것도</u>　　훔친다면,

　　　Jon-i　　　(man-il)　amugeos-do　humchinda-myeon

　　　John-Nom　(if)　　anything　　steal　　-if

　　　체포되겠지요.

　　　chepo-doegessji-yo

　　　arrest-Pass-Decl

4　ただし、韓国語におけるNCIとしての分析はキム・ヨンファ(김영화2005)が挙げられるが、以下でみるような詳細な議論は行っていない。よって、以下で提示する韓国語のデータは本書が適宜入れたものである。

5　本書での韓国語のローマ字表記は、韓国文化観光部告示第2000-8号(2000.7.7)に従う。

(4)は疑問文、(5)は条件文であるが、英語のNPI「anything」は(4a)と(5a)のように生起可能である。これに対し、日韓両言語の否定呼応表現「何も/amugeos-do(아무것도)」は(4b, c)(5b, c)において生起不可能である。日韓両言語において、もしNPIとしての立場の分析が正しいとすると、「何も/amugeos-do(아무것도)」も英語のNPI「anything」のように、疑問文または条件文においても生起するはずである。ほかにも、以下のような統語環境において日本語の否定呼応表現は英語のNPIと異なると指摘される。

[②主語位置(preverbal position)に現れるか否か]

(6)　a.　*Anybody didn't criticize John.　　　　(同, (10a))

　　　b.　誰もジョンを批判しなかった。　　　　(同, (10b))

[③同一節内条件が守られるか否か]

(7)　a.　I didn't say that John admired anyone.　(同, (14a))

　　b.?*僕は [ジョンが誰も尊敬していると] 言わなかった。

　　　　　　　　　　　　　　　　　　　　　(同, (14b))

　　　b'.　僕は　[ジョンが誰も尊敬していないと] 言った。

(6)は、英語と日本語の否定呼応表現「anyone/誰も」が主語位置に生起する例文であるが、日本語の「誰も」は(6b)のように主語位置に生起できるのに対し、英語の「anyone」は(6a)のように生起できない。さらに、(7a)は「anyone」がその認可子(licensor)である否定辞(以下、Negとする)と同一節内に現れなくても適格になるのに対し、(7b)は「誰も」がNegと異なる節に生起すると不適格になり、

(7b')のように必ず同一節内に生起しなければならない。韓国語にも日本語と同様に、以下の(8)のように主語位置に生起でき、なおかつ(9)のようにNegと同一節内に生起しなければならない。

(8)　　<u>아무도</u> 존을　　　비판하지　　　않았다[6].

　　　　amu-do Jon-eul　bipanha-ji　　anh-ass-da

　　　　anyone John-Acc criticize-Comp Neg-Past-Decl

　　　　「誰もジョンを批判しなかった。」

(9)　　a. *나는　　[존이　　　<u>아무도</u> 존경하고　　　있다고]

　　　　na-neun [Jon-i　　amu-do　jongyeong-hago iss-da-go]

　　　　I-Top　　John-Nom anyone　respect-Prog-Decl-Comp

6　韓国語の否定文の形式は大きく三つ(長型・短型・語彙否定文)に分けられる。それぞれの否定文の説明を以下に簡単に述べておく。まず、「太郎がりんごを食べなかった」の例文をもって長型否定文と短型否定文をみる。
(ⅰ) a. 長型否定文: 철수가　　　사과를　먹지　　않았다.
　　　　　　　　　Cheolsu-ga　sagwa-leul meog-ji　anh-ass-da
　　　　　　　　　Cheolsu-Nom apple-Acc　eat-Comp Neg-do-Past-Decl
　　　b. 短型否定文: 철수가　　　사과를　　안　먹었다.
　　　　　　　　　Cheolsu-ga　sagwa-leul an　meog-eoss-da
　　　　　　　　　Cheolsu-Nom apple-Acc Neg　eat-Past-Decl
(ⅰa)の長型否定文において、Negは動詞の後ろにあり、(ⅰb)の短型否定文において、Negは動詞の前にある。また、(ⅰa)の長型否定文のNegは接辞の「-ji(-지)」に後接し、このNegには英語のdo挿入(do-support)のような「hada(하다, する)」が後接する。一方、(ⅰb)の短型否定文において、Negは動詞の前にあり、長型否定文のような特徴はみられない。(ⅰa)と(ⅰb)の大きな違いはNegの位置である。また、(ⅰ)に用いられたNeg「an(안)」は単純否定を表す形態素であり、能力否定を表す場合には「mos(못)」という形態素が用いられる。最後に、語彙否定文についてみる。語彙否定文には「eobs-da(없다, いない)」「molu-da(모르다, 知らない)」が挙げられる。両者には(ⅰ)でみたNegの「an(안)」が存在しない。つまり、語彙自体否定的な意味を持つ。語彙否定が可能となる動詞は前述の二つの動詞のみである。本書では、長型否定文と語彙否定文のみ扱うことにする。

말하지　않았다.

malha-ji　anh-ass-da

say-Comp Neg-Past-Decl

「僕は ジョンが誰も尊敬していると言わなかった。」

b. 나는　　　[존이　　아무도 존경하고　　　　있지

na-neun [Jon-i　　amu-do jongyeong-hago iss-ji

I-Top　　John-Nom anyone　respect-Prog-Comp

않다고]　　　　말했다.

anh-da-go]　　　mal-haeass-da

Neg-Decl-Comp　say-Past-Decl

「僕は ジョンが誰も尊敬していないと言った。」

NCIとしての立場をとる日韓両言語の先行研究は、以上のような英語のNPI「any類」との相違点に着目し、NPIとしての分析の問題点を指摘している。特にWatanabe(2004)は上記の日本語と英語との相違点三つ以外にも、以下のような二つの特徴をさらに加えている。

[④「ほとんど」によって修飾されるか否か]

(10)　a. *John didn't eat almost <u>anything</u>.　　　(同, (12a))

　　　b. ジョンはほとんど<u>何も</u>食べなかった。　　　(同, (12b))

　　　c. 존은　　　거의　　아무것도　먹지　　않았다.

Jon-eun　　geoui　amugeos-do meog-ji　anh-ass-da

John-Top　almost　anything　　eat-Comp Neg-Past-Decl

25

Watanabeは(10a, b)について、英語の「anything」は「almost」によって修飾されないのに対し、日本語の「何も」は「ほとんど」に修飾されると述べている。このような非対称性がみられるのは、英語の「anything」は存在量化表現(existential　quantifier)のような性質を持つのに対し、日本語の「何も」は全称量化表現(universal quantifier)のような性質を持つからであるとWatanabeは指摘する。韓国語は(10c)で分かるように日本語と同様である。

　次の相違点もみてもらいたい。

　　　[⑤問答として省略表現が現れるか否か]
　　(11)　a.　質問：　What did you see?
　　　　　　　答え：＊Anything.　　　　　　　　　　(同, (13a))
　　　　　b.　質問：　何を見たの？
　　　　　　　答え：　何も。　　　　　　　　　　　　(同, (13b))
　　　　　c.　質問：　무엇을　　　보았니？
　　　　　　　　　　mueos-eul　bo-ass-ni
　　　　　　　　　　what-Acc　　see-Past-Int
　　　　　　　答え：　아무것도.
　　　　　　　　　　amugeos-do
　　　　　　　　　　anything

英語の「anything」は(11a)のように問答として省略表現が現れないのに対し、日本語は(11b)のように現れる。また、韓国語も(11c)のように日本語と同様である。

　以上のような英・日・韓でみた五つの相違点は、実は
Vallduví(1994)がカタロニア(Catalan)語とスペイン語のNPIとNCI
を区別する四つのテスト(上記の①②④⑤)とGiannakidou(2000)が
提案したテスト(上記の③)に基づく。Watanabeはこのような五つの
テストを日本語の「誰も」と「何も」のような表現に適用し、「誰も」と
「何も」は英語のNPI「any類」と異なりNCIとして分析すべきであると
主張している。以上でみたNCIとNPIを区別する五つのテストをま
とめて示すと(12)のようになる。

(12)　NCIとNPIを区別する五つのテスト

　　　(cf. Vallduví(1994)、Giannakidou(2000))

表現が…	NCI	NPI
① 否定文ではない文に現れるか否か	現れない	現れる
② 主語位置(preverbal position)に現れるか否か	現れる	現れない
③ 同一節内条件が守られるか否か	守られる	守られない
④ 「ほとんど」によって修飾されるか否か	修飾される	修飾されない
⑤ 問答として省略表現が現れるか否か	現れる	現れない

　加えて、Watanabe(2004)、渡辺(2005)は日本語においてNCI
とNPIを区別するもっとも重要な基準として、その表現が否定素性
(Negative Feature)を有するか否かであると主張している。つまり、
否定素性を有するとNCIであり、有しないとNPIである。このことは

上記の(11)の「問答として省略表現が現れるか否か」のテストによって分かると指摘されている。例えば、(13a)の答えで省略されている部分を補うと、(13b)のようになる(線で消してある部分が省略されている部分である)。

(13)　a.　質問: 何を見たの？
　　　　　　答え: 何も。　　　　　　　　　　　　　　　　　　(＝(11b))
　　　b.　何も~~見なかった~~。　　　　　　　　　　　　　(同, (18b))

Watanabeは上記の省略の仕方に注目する。省略できるのは、先行する文(コンテキスト)から復元可能なものだけであると考えた場合、否定は(13a)の質問に含まれていない。また、(13a)の質問に対する答えとして(14)も可能であるが、そこで省略されているのは(13b)のような「見なかった」ではなく、(14a)のような「見た」である。すなわち、否定が含まれていないのである。

(14)　a.　へびを見た。
　　　b.　*へびを~~見なかった~~。　　　　　　　　　　　(同, (20))

これは、NCIが含まれている否定文において、Neg「ない」は否定の意味を失ってしまうからであるという。つまり、Watanabeは否定の意味を担っているのは「何も」のような表現であり、(14b)のように「見なかった」が省略してもいいのは、それが「見た」と意味的に等価であるからであると説明する。以上の省略現象(ellipsis)から日

本語の「何も」のような表現はNCIとしての分析が正しいことを主張している。

以上、日韓両言語におけるNPIとして分析とNCIとしての分析を概観した。実は、日本語において、NPIまたはNCIとしての分析のほかにも、Negative Sensitive Item[7](以下、NSIと呼ぶことする)としての分析が存在する。Kataoka(2006)、片岡(2006)は日本語の「しか」と「誰も/何も」について、両者は以上でみたNPIまたはNCIいずれにも当てはまらない日本語特有の表現として分析すべきであると主張している。これについては後の第2章でみる。

以上、日本語と韓国語を含む自然言語における否定呼応表現の先行研究を概観した。

本章では、1.1節において本書の目的、研究対象と研究方法について、1.2節においては本書の構成と概要について述べる。

1.1. 本書の研究対象、目的、研究方法

本書の研究対象は(15)(16)のような日韓両言語の四つのタイプ

7　これは、Kataoka(2006)で用いられた用語に基づく。この用語を和訳すると「否定呼応表現」になり、実際に片岡(2006)においても「しか/誰も/何も」に対し「否定呼応表現」が用いられるが、本書で呼ぶ「否定呼応表現」とはその概念が異なることを述べておきたい。本書は、NPIであろうが、NCIであろうが否定と呼応する表現は「否定呼応表現」と呼んでいるのに対し、片岡はNPIとNCIの両方を否定する用語として「否定呼応表現」を用いている。

の否定呼応表現である。

    (15)   日本語

        a. 「其他否定」表現[8]:「しか」、「以外」、「ほか」

        b. 「不定語(Indeterminate)[9]モ」:「誰も/何も/どこにも/誰にも」

        c. 「1-助数詞(Classifier)モ」:「一人も/一つも/一言も」など

        d. 「陳述副詞」:「決して」

    (16)   韓国語

        a. 「其他否定」表現:「bakk-e(밖에)」、「oe-e(외에)」

        b. 「不定語do(不定語도、以下「不定語do」とする)」:

           「amu-do(아무도)/amugeos-do(아무것도)/amude-do(아

           무데도)/amuege-do(아무에게도)」

        c. 「1-助数詞do(1-助数詞도、以下「1-助数詞do」とする)」:

           「han salam-do(한 사람도)/hana-do(하나도)/

           han madi-do(한 마디도)」

        d. 「陳述副詞」: 결코(gyeolko)[10]

---

8 研究者によって、「除外」表現または「限定」表現とも呼ばれるが(詳細は後の第6章の6.0節を参照)、本書では、山口(1991)と宮地(2007)に基づき、「其他否定」表現と呼ぶ。

9 先行研究によって、「wh-モ」とも呼ばれているが、本書は「誰(に)も/何も/どこにも」における「誰/何/どこ」は「wh」ではなく、Kuroda(1965)、益岡・田窪(1992)、片岡(2006)などに従い、「不定語(Indeterminate)」と呼ぶことにする。

10 以下、(16)のような韓国語の否定呼応表現はローマ字表記のみを記すことにする。また、これらの表現のグロサリー(glossary)は便宜上、以下のように統一し、斜体で表記する。

  (ⅰ) a. 「bakk-e → *only*」、「oe-e → *except*」

       b. 「amu-do → *anyone*」、「amugeos-do → *anything*」、「amude-do → *anywhere*」、「amuege-do → *anyone to*」

日本語と韓国語における否定呼応表現は(15)と(16)のようにそれ
ぞれ対応する[11]。これらの表現は、(17)のように、否定文にのみ生
起する。

(17)　a.　太郎<u>しか</u>/<u>以外</u>(誰も)/<u>のほか</u>(誰も)りんごを

　　　　a'.　타로 <u>밖에</u>/ <u>외에</u>　　(아무도) 사과를

　　　　　　Talo- bakk-e oe-e　(amu-do) sagwa-leul

　　　　　　Taro-*only*　*except anyone* apple-Acc

　　　　　　食べなかった　　　　　　(*食べた)[12]。

　　　　　　먹지　　　　않았다　　　　(*먹었다).

　　　　　　meog-ji anh-ass-da　(meog-eoss-da)

　　　　　　eat-Comp Neg-Past-Decl(eat-Past-Decl)

　　　　b.　学生が<u>誰も</u>りんごを食べなかった(*食べた)。

　　　　b'.　학생이　　　<u>아무도</u> 사과를

　　　　　　hagsaeng-i　amu-do sagwa-leul

　　　　　　student-Nom *anyone* apple-Acc

---

　　　c.　「han salam-do → *a person-even*」、「hana-do → *a thing-even*」、
　　　　　「han madi-do → *a word-even*」
　　　d.　「gyeolko → *never*」

[11] ただし、本書では「しか」と「bakk-e」はまったく同様の表現ではないこ
とを主張する。これに関しては後の第9章で述べることにする。

[12] 本書における日本語のデータはDigital News Archives for Library(朝日新
聞)及び検索エンジンGoogle(http://www.google.co.jp)から、韓国語の
データは『CD-ROM版 대한민국 국어 정보베이스Ⅱ(大韓民国国語情報ベース
Ⅱ)For Evaluation Only98.12』Kaist(Korea Terminology Research Center
for Language and Knowledge Engineering, 韓国科学技術院・専門用語言
語工学研究センター)からとった実例と作例を含む。これらのデータはすべて
言語学を専門とする50人の日本語及び韓国語母語話者によりインフォーマ
ント調査を終えている。本文中に引用する際は、朝日新聞からの例は「朝日
新聞，年/月/日」、Kaistからの例は「Kaist(Kaistコーパスの例文番号)」と表
示する。出典が表示されていない例文はすべてGoogleと作例による。

31

```
  먹지       않았다          (*먹었다).
  meog-ji   anh-ass-da      (*meog-eoss-da)
  eat-Comp Neg Past-Decl (eat-Past-Decl)
```

c. 学生が一人もりんごを 食べなかった(*食べた)。

c'. 학생이   한 사람도   사과를

```
  hagsaeng-i    han salam-do   sagwa-leul
  student-Nom  a person-even apple-Acc
  먹지        않았다          (*먹었다)
  meog-ji    anhass-da        (*meog-eoss-da)
  eat-Comp Neg Past-Decl(eat-Past-Decl)
```

d. 太郎は決してりんごを食べなかった(*食べた)。

d'. 타로는   결코   사과를

```
  Talo-neun gyeolko sagwa-leul
  Taro-Top never     apple-Acc
  먹지        않았다          (*먹었다)
  meog-ji    anh-ass-da      (*meog-eoss-da)
  eat-Comp Neg-Past-Decl(eat-Past-Decl)
```

(17a, a')は「しか(以外/ほか)/bakk-e(oe-e)」が、(17b, b')は「不定語モ/do」が、(17c, c')は「1-助数詞モ/do」が、(17d, d')は「決して/gyeolko」が用いられた文であるが、これらは否定文にのみ生起可能であることが分かる。

　日韓両言語における否定呼応表現は(15)(16)のほかにも多数存在する[13]が、本書で「しか(以外/ほか)/bakk-e(oe-e)」、「不定語

13　(15)(16)のほかにも日韓両言語には以下のように互いに対応する否定呼応

モ/do」、「1-助数詞モ/do」、「決して/gyeolko」を研究対象とする
のは、従来の研究において、これらの表現が頻繁に研究対象とさ
れてきているからである。

　次は、本書の目的についてみる。本書の目的は以下のような4
点になる。

(18)　本書の目的

　　　① (15)と(16)でみた日韓両言語の四つのタイプの否定呼応
　　　　　表現「しか(以外/ほか)/bakk-e(oe-e)」、「不定語モ/do」、「1-
　　　　　助数詞モ/do」、「決して/gyeolko」の性質を明らかにすること

　　　② これらの日韓の否定呼応表現が同一節内で多重共起した構
　　　　　文、従来いわゆる多重NPI構文(Multiple NPI Construction)
　　　　　と呼ばれてきた構文の性質、特にその認可条件、解釈、
　　　　　類型そして統語構造を明らかにすること

表現が存在する。
（ⅰ）数量表現「一」を伴う表現
　　　a. 日本語: ねずみ一匹、何一つ、誰一人など　　　　　（片岡(2006:12)）
　　　b. 韓国語: jwisaekki han mali(쥐새끼 한마리, ねずみ一匹)、mueos
　　　　　hana(무엇 하나, 何一つ)、nugu hana(누구 하나, 誰一人)
（ⅱ）「モ」を伴う陳述の副詞
　　　a. 日本語: 夢にも、少しも　　　　　　　　　　　　　　　　（同）
　　　b. 韓国語: kkumedo(꿈에도, 夢にも)、jogeumdo(조금도, 少しも)
（ⅲ）副詞
　　　a. 日本語: とうてい、めったに、あまり、さほど/それほど、二度と、ろく
　　　　　に等　　　　　　　　　　　　　　　　　　　　　　　　（同）
　　　b. 韓国語: dojeohi(도저히, とうてい)、jomcheoleom(좀처럼, めった
　　　　　に)、byeollo(별로, あまり)、geudaji(그다지, さほど/それほど)、
　　　　　dubeon dasi(두 번 다시, 二度と)、제대로(jedaelo, ろくに)
上記の（ⅰ）(ⅲ)から両言語の否定呼応表現は互いに対応することが分かる。
ただし、両言語には相違点も存在するが、詳細は別稿に譲る。

③ 日本語において「其他否定」表現と呼ばれてきた「しか」、「以外」、「ほか」の性質、特にNegからの認可条件を明らかにすること

④ 従来日韓両言語の「しか」と「bakk-e」の性質において下記のように課題として残されてきたものを両者の対照研究から明らかにすること

 a. 「しか」と「bakk-e」は同一の表現として扱って良いのか

 b. もし両者が異なる表現であればその認可条件はどのように相違するのか

 c. 「しか」が持つ機能の源流はどのようなものであるのか

以下では(18)の本書の目的4点を設定した理由について述べる。まず、第一の目的からみてみる。これは本書における主たる目的である。前述したように日韓両言語におけるほとんどの研究は、「しか/bakk-e」、「不定語モ/do」、「1-助数詞モ/do」、「決して/gyeolko」をNPIとして分析している。その理由はこれらの表現が(17)のように否定文にのみ生起するからである。しかしながら、これらの表現をNPIとして捉えた場合、他言語のNPIとの相違点が多くみられ、その相違点が生じる理由が説明できなくなる。今まで日韓両言語においてNPIとしての立場をとる先行研究は、英語のNPI「any類」との相違点、例えば(ⅰ)英語のNPIは疑問文と条件文に生起できるのに対し、なぜ日韓のNPIは生起できないのか、(ⅱ)英語のNPIは主語位置に生起でいないのに対し、なぜ日韓のNPIは生起できるのか、(ⅲ)英語のNPIはNegと同一節内条件が

守られないのに対し、なぜ日韓のNPIは守られるかなどを説明するためにさまざまなアプローチで分析を行い、説明を与えているが、未だ統一された答えは出ておらず、課題が多く残されているのが現状であるといえる。これはNPIとして捉えてはいけない表現をNPIとして間違って捉えているため生じる問題点であると考える。よって、本書は従来の多くの先行研究と異なったアプローチから「しか/bakk-e」、「不定語モ/do」、「1-助数詞モ/do」、「決して/gyeolko」の性質を分析し、今まで解決されていなかった課題を一つずつ解決していく。

　次は、第二の目的について述べる。従来、NPIとしての立場をとる日韓両言語の先行研究は「しか/bakk-e」、「不定語モ/do」、「1-助数詞モ/do」、「決して/gyeolko」が同一節内で多重共起した多重NPI構文において以下のような課題を中心に議論が進められてきた。

(19)　a.　多重NPI構文の認可条件は何か
　　　　b.　なぜ一定の表現のみ多重NPI現象が現れるのか

これをデータで確かめる。まず、日本語についてみてみる(以下、左側の否定呼応表現は下線で、右側の否定呼応表現は波線で示す)。

(20)　a.　誰も何も食べなかった。　　　(Kato(1985:154, (40)))

b.(?)<u>誰も決して</u>しゃべら<u>なかった</u>。　　　　　(同, (43))

c.(?)太郎は<u>決して何も</u>しゃべら<u>なかった</u>。　　　(同, (44))

(21)　a.　＊<u>太郎しかりんごしか</u>食べ<u>なかった</u>。　　(同, (54))

　　　b.　＊<u>太郎しか何も</u>食べ<u>なかった</u>。

　　　　　　　　　　　　　(Aoyagi & Ishii(1994:301, (17a)))

　　　c.　＊<u>一人もりんごしか</u>食べ<u>なかった</u>。(Kato(1985:154, (49)))

　　　d.　＊<u>太郎しか決して</u>しゃべら<u>なかった</u>。　(同, (52))

　　　e.　??<u>一人も一つも</u>食べ<u>なかった</u>。

　　　f.　＊<u>決して一人も</u>しゃべら<u>なかった</u>。

(20a)は「不定語」同士で、(20b, c)は「不定語モ」が「決して」と共起
し、適格になる。これに対し、(21a)は「しか」同士で、(21b, c, d)
は「しか」が他のNPI「不定語モ」、「1-助数詞モ」、「決して」と、
(21e)は「1-助数詞モ」同士で、(21f)は「1-助数詞モ」が「決して」と
共起した例文であるが、いずれも不適格か、または非常に不自然
な文である。従来の観察においては「不定語モ」と「決して」は多重
NPI現象が現れるのに対し、「しか」と「1-助数詞モ」は現れないと
認められる。よって先行研究において「不定語モ」、「決して」と「し
か」、「1-助数詞モ」の間で非対称性が生じる理由とその認可条件
の解明を中心にさまざまなアプローチから議論が行われている
が、未だ解決されない問題点が多く残されている。例えば、以下
のような例文では　同一節内における「しか」と「1-助数詞モ」の多重
NPI現象が許される。

36

(22)　a.　?吸いたい時に<u>しか</u>、そこで<u>しか</u>タバコを吸わない。

　　　b.　(このビルの地下は8階まであると言われているが)地下5
　　　　　階まで<u>しか誰も</u>行ったことがない。

　　　c.(?)私は飲んだ時に<u>しか一言も</u>文句を言えない旦那が嫌で
　　　　　す。

　　　d.　今の母親たちは自分と同質の人間同士で<u>しか決して</u>交
　　　　　流を持とうとしません。　　　　　　(朝日新聞 1996/5/19)

　　　e.　そこにいた学生たちが<u>一人も</u>パンを<u>一つも</u>食べなかった。

　　　f.　太郎は<u>決して一つも</u>文句を言わなかった。

また(22)の多重NPI構文は今までの先行研究の立場からでは説明
できない。次は、韓国語についてみる。韓国語の多重NPI構文
においては研究者間の不一致がみられる。Nam(1994)、ナム・
スンホ(남승호1998)とChung ＆ Park(1998)はそれぞれ意味的・
統語的アプローチに基づき、韓国語には多重NPI現象が現れない[14]
と主張している。これに対し、シ・ジョンゴン(시정곤 1997a, b, c)、
A.H.-O Kim(1997)、キム・ヨンヒ(김영희1998)、Sells(2001)(2005)、
Kuno ＆ Whitman(2004)は韓国語の多重NPI現象を認め、上記
の(19)の課題と共に以下のような議論を行っている。

(23)　a.　韓国語の多重NPI構文はなぜ話者によって2通りの異なる
　　　　　解釈に分かれるのか

　　　b.　韓国語の多重NPI構文においてNPI間の語順制約が生じ

14　Nam(1994)とナム・スンホ(남승호1998)は日本語も同様に多重NPI現象が
　　現れないとする。詳しくは後の第2章で述べる。

るのはなぜなのかこれを以下のデータで確認する。

(24)　　　순이 밖에　　　아무것도　　　먹지　　　　않았다.

Suni bakk-e amugeos-do meog-ji anh-ass-da

Suni *only*　*anything*　　　eat-Comp Neg-Past-Decl

「解釈ⅰ. スニを除いて誰も何も食べなかった/スニだけ何

かを食べた(Except for Suni, no one ate anything/

Only Suni ate something)。

解釈ⅱ. スニだけ何も食べなかった(Only Suni didn't eat

anything)。」　　　　　　　　(Sells(2001:6, (12a)))

(25) a. 지금　　집에는　　　　영희　　　밖에　아무도

jigeum jib-e-neun　　Yeonghui bakk-e amu-do

now　 house-Loc-Top Yeonghui *only*　*anyone*

없다.

eobs-da

exist-Neg-Decl

「(Lit. [15])今家にはヨンヒしか誰もいない。」

(シ・ジョンゴン(시정곤1997c:192, (39다)))

b. *지금　　집에는　　　　아무도　영희　　　밖에

jigeum jib-e-neun　　　amu-do Yeonghui bakk-e

now　 house-Loc-Top *anyone Yeonghui only*

없다.

eobs-da

exist-Neg-Decl

「(Lit.)今家には誰もヨンヒしかいない。」　(同:193, (39마))

---

15 「Lit.」は「Literally」の略語で、以下「Lit.」は「文字通り訳すと」との意味として
使うことにする。

(24)は「bakk-e」と「amugeos-do」が共起した例文であるが、話者
によって2通りの異なる解釈に分かれる。また、(25a)は「bakk-e」
が「amu-do」と共起した例文であるが、(25b)のようにかき混ぜ操作
(Scrambling)によって、「amu-do」を「bakk-e」の上に移動させると
不適格文になる。以上のように、韓国語の先行研究では(19)と
(23)の課題を中心に議論されてきたが、未だ解決されない課題が
多く残されている。例えば、(24)と(25)は同様の多重NPI構文で
あるにも関わらず、(24)は話者によって2通りの解釈が生じるのに
対し、(25a)は1通りの解釈しか得られない。この理由については
従来のアプローチでは解決できない。また、以下のような問題点
も挙げられる。

(26) a. 사람이　　　2층에　　　　밑에　아무도
　　　　salam-i　　　2 cheung-e　　bakk-e amu-do
　　　　person-Nom second floor-Loc *only*　*anyone*
　　　　없다는　　　말이지요?
　　　　eobs-da-neun maliji-yo
　　　　Neg-exist-Decl
　　　　「人が2階にしか誰もいないとことでしょう？」
　　 b. 사람이　　　아무도　2층에　　　　밑에
　　　　salam-i　　　amu-do　2 cheung-e　　bakk-e
　　　　person-Nom *anyone*　second floor-Loc *only*
　　　　없다는　　　말이지요?
　　　　eobs-da-neun maliji-yo
　　　　Neg-exist-Decl
　　　　「人が誰も2階にしかいないとことでしょう？」

(26)は(25)のように「bakk-e」と「amu-do」が用いられた例文である
にもかからわらず、(26b)は(25b)と異なり、「amu-do」が「bakk-e」
より上に移動しても適格文である。この現象についても先行研究の
説明では解決できない。以上のように日韓両言語の多重NPI構文
の研究は従来のNPIとしての立場からでは容易に解決できないと
ころが多い。これは上でも述べたようにNPIとして捉えてはいけな
い表現をNPIとして捉えようとしてきたため、その認可条件など日
韓の多重NPI構文の性質が明らかになっていないと考えられる。
よって、本書は今までの先行研究とは異なる立場から多重NPI構
文を捉え、その性質を明らかにする。

　次は、第三の目的についてみる。従来山口(1991)、江口
(2000)、茂木(2002)(2005)、沼田(2006)、宮地(2007)では否定
述語と呼応する「しか」、「以外」、「ほか」はその統語的・意味的類
似点から同列に捉えられてきた。以下の例文をみてもらいたい。

(27)　a.　太郎しか来なかった(*来た)。
　　　b.　太郎以外(誰も)来なかった(*来た)。
　　　c.　太郎のほか(誰も)来なかった(*来た)。
(28)　a.　進学をあきらめるしかなかった(*あった)。
　　　b.　進学をあきらめる以外なかった(*あった)。
　　　c.　進学をあきらめる(より)ほかなかった(*あった)。

(茂木(2005:15-16))

これらの表現は(27)(28)のような構文環境において否定文にのみ

生起することからNPIとして取り扱われてきた。また、これらの表現は意味的にも「限定」の意味を持つとされる。しかしながら、本書では、以下のような「しか」と「以外」、「ほか」との非対称性からこれらの表現を同列に捉えられることは無理があると考える。

(29) a. *寝室にはベッド<u>しか</u>何<u>も</u>置かない。

    b. 寝室にはベッド<u>以外</u>何<u>も</u>置かない。

(朝日新聞 2002/1/18)

    c. 寝室にはベッド<u>ほか</u>何<u>も</u>置かない。

(30) a. *これは彼<u>しか</u>誰が支援するのか？

    b. これは彼<u>以外</u>誰が支援するのか？ (朝日新聞 2005/6/8)

    c. これは彼のほか誰が支援するのか？

(31) a. 大学の駐車場では車が1台<u>しか</u>ない。

    b. *大学の駐車場では車が1台<u>以外</u>ない。

    c. *大学の駐車場では車が1台の<u>ほか</u>ない。

上記の構文環境において「しか」は用いられないのに対し、「以外」、「ほか」は用いられるのである。このように、今までの先行研究の「其他否定」表現「しか」、「以外」、「ほか」に関する考察は十分ではないといえる。よって、本書は「しか」、「以外」、「ほか」の性質、特にNegからの認可条件の相違点を明らかにすることを第三の目的とする。

　次は、<u>第四の目的</u>について述べる。従来Martin(1975)、洪(1979)、Nam(1994)、ナム・スンホ(남승호1998)、ホン・サマン

(홍사만2002a)、チョ・エスク(조애숙2007)など多くの先行研究は
日本語の「しか」と「bakk-e」をその統語的・意味的類似点から同様
に捉えてきた。このような先行研究に対し、最近の研究例えば
Kuno & Whitman(2004)とSells(2005)は両者を果たして同様に
扱ってよいかどうかという疑問を抱いている。その根拠となるの
は、以下のような例文において両者の振る舞いが異なることであ
る。

(32) a. 순이 밭에   아무도 오지   않았다.
         Suni bakk-e amu-do o-ji   anh-ass-da
         Suni *only*   *anyone* come-Comp Neg-Past-Decl
      b. *太郎しか誰も来なかった。

                            (Kuno & Whitman(2004:221, 脚注12(ⅱ)))

確かにKuno & WhitmanとSellsの疑問点は妥当なものであると考
えられる。ほかにも、両者は次のように非対称性がみられるからで
ある。以下の例文をみてもらいたい。

(33) a. *太郎ができる仕事ってこれしか何があるのか？
      b. 타로가 할 수 있는   일이라는 것이 이것 밭에
         Talo-ga hal su issneun ililaneun geos-i igeos bakk-e
         Taro-Nom do can   work thing-Nom this *only*
         뭐가   (또)   있겠는가?
         mwo-ga   (tto)   issgessneun-ga
         what-Nom (again) exist-Int

42

　本書は今までの先行研究とは異なり、(32)(33)の例文から「しか」と
「bakk-e」を同列に捉えられないことを示し、このような相違点がな
ぜ生じるのかについて明らかにする。特に、「しか」と「bakk-e」の
Negからの認可条件を中心に述べる。また、両者の対照研究から
日本語の「其他否定」表現「しか」、「以外」、「ほか」と韓国語の
「其他否定」表現「bakk-e」、「oe-e(외에)」との相関関係が明らかに
なる利点があることを示す。例えば、これらの相関関係から得られ
る大きな成果は「しか」が持つ機能の源流に関する研究である。従
来、日本語学において「しか」の機能の源流はとりたて詞の中では
珍しく不明とされてきた。しかし、これらの表現の相関関係及び
NPIへの文法化現象から今まで課題として残された「しか」の機能
の源流を探れることを提案する。ほかにも、これらの表現の相関関
係から「bakk-e」の性質がより明らかになることが挙げられる。今ま
で「bakk-e」は単一の表現として認められ、研究されてきたが、日
本語との対照研究から単一の表現ではないことが示唆される。以
上のように、先行研究では解決されず課題として残された点、そし
て個別言語の研究では決して分からなかった点を「しか」と「bakk-e」
との対照研究から解決していく。

　以上、本書の目的に関して述べた。上記でもみたように本書の
目的はすべて今までの先行研究に対する問題意識から始まり、そ
の各自の問題点を解決していく形式になっている。次は、このよう
な本書の目的を踏まえた上で、本書で明らかにすることを記して
おく。明らかにする内容を要点だけに絞り以下に示す。

(34) 本書で明らかにすること

    a. [日韓両言語の否定呼応表現「しか/bakk-e」、「不定語モ/do」、「1-助数詞モ/do」、「決して/gyeolko」の性質について]

      ⇒ 本書はこれらの日韓の否定呼応表現はNPIではなく、NCIとして捉えるべきであると主張する。ただし、日本語の「しか」は生起する統語位置によって、その性質が異なっており、主語または目的語の項位置に生起する「しか」はNPIとして捉えるべきであるのに対し、付加部位置に生起する「しか」はNCIとして捉えるべきである。

    b. [日韓両言語の多重NPI構文の性質について]

      ⇒ ① 認可条件: 日韓両言語の「しか/bakk-e」、「不定語モ/do」、「1-助数詞モ/do」、「決して/gyeolko」が用いられた多重NPI構文は、実は多重NCI構文であり、これらの表現が多重NCI構文に用いられるためにはすべて付加部位置に生起しなければならない。言い換えると、これらの表現がNCIになるためには生起する統語位置が重要な要素であり、付加部位置に生起しなければならない。またNegからの認可は、日韓の多重主格構文(Multiple Nominative Construction)の認可条件と同様に認可子のNegから多重一致(Multiple Agree)される。

      ② 解釈:「しか/bakk-e」、「不定語モ/do」、「1-助数詞モ/do」、「決して/gyeolko」が多重共起した構文において、これらの表現が項位置に生起すると話者によって2通りの異なる解釈が得られるのに対し、付加部位置に生起すると1通りの解釈しか得られな

　　　い。このことから日韓の多重NCI構文はそのNCIの
　　　統語位置が極めて重要であることがさらに裏付けら
　　　れる。従って、日韓の否定呼応表現がNCIとして
　　　振る舞うためには、これらの表現が付加部位置に
　　　生起しなければならないことが示唆される。

③ 類型とその統語構造:　日韓の多重NCI構文の類型
　　は少なくとも2タイプが存在し、それぞれの統語構造
　　も異なっている。第一のタイプの統語構造は「しか
　　/bakk-e」と「不定語モ/do」が同じ意味役割を担い、
　　単一構成素を成すのに対し、第二のタイプは両者
　　が互いに異なる意味役割を担い、各自異なる構成
　　素で基底生成される。実際に、韓国語には、日本
　　語と異なりもう一つのタイプが存在するが、この場合
　　の「bakk-e」はNCIとして機能しないことから多重
　　NCI構文と捉えない。

c. [日本語の「其他否定」表現「しか」、「以外」、「ほか」の性
　　質について]

⇒ 従来の研究と違い、「しか」、「以外」、「ほか」を同列に
　　捉えない。名詞句に後接する「しか」と「以外」、「ほか」
　　はNegからの認可条件が異なっており、「しか」はNeg
　　から直接認可されるのに対し、「以外」、「ほか」はNeg
　　に直接認可されない。「以外」、「ほか」は非顕在的に
　　(covertly)存在する「不定語モ」によって認可される。
　　要するに、「しか」はNPIとして機能するのに対し、「以
　　外」、「ほか」は先行研究の指摘と違い、NPIとして機
　　能するのではなく名詞句にかかる修飾語句(modifier)
　　として機能する。

d. [従来課題として残されてきた「しか」と「bakk-e」の性質について]

　　⇒ ① 「しか」と「bakk-e」は同一表現であるのか: 両者は同一表現ではない。

　　　　② 両者の認可条件の相違点:「bakk-e」は「しか」と異なり多機能的(multifunctional)表現であり、2用法が存在する。第一の「bakk-e」は「しか」と対応する用法で、第二の「bakk-e」は「以外」、「ほか」と対応する用法である。これらの2用法の「bakk-e」はNegからの認可条件もそれぞれ異なっており、「しか」と対応する用法の「bakk-e」は「しか」と同様にNegに直接認可される。これに対し、「以外」、「ほか」と対応する「bakk-e」は「以外」、「ほか」と同様に非顕在的に存在する「不定語do」がNegに認可される。

　　　　③ 「しか」が持つ機能の源流:「「しか」の機能は「ほか」から由来してきた」という山口(1991)の機能的側面が本書の考察によって支持される。これは日本語の「其他否定」表現「しか」、「以外」、「ほか」と韓国語の「其他否定」表現「bakk-e」、「oe-e」との相関関係及びNCIへの文法化現象から裏付けられる。

　以上、本書で明らかにすることをみた。上記で述べた内容のほかにも、解明された問題がさらにあるが、これに関しては各章で述べることにする。

　次は、本書の研究方法について述べる。本書は上記で述べた四つの目的を統語論的及び意味論的なアプローチにより明らかに

する。まず、統語論的アプローチが必要となるのは、否定呼応表
現自体が否定文にのみ生起しなければならないという特徴から統
語論と密接に結びついているからである。実際にこのことから従来
多くの研究において否定呼応表現とNegとの関係、例えば否定呼
応表現の認可条件またはNegの位置などが注目を浴びてきたわけ
である。また、NCIの研究が最近活発化してきたのは、ミニマリス
ト・プログラム(Minimalist Program)の導入によるものであると考え
られる。すなわち、ミニマリスト・プログラムの導入以来、統語素性
の一致(agreement)と省略現象の研究が注目を浴びることになった
のである。次に、意味論的アプローチが必要となるのは、「しか」、
「以外」、「ほか」、「bakk-e」、「oe-e」の研究において統語論的
アプローチのみでは解決できないところがあるからである。言い換
えると、これらの表現はNegと呼応し始めて限定の意味を持ち、ま
たスコープとの関連から他のNCIとの共起の際にその意味的特徴
が重要になる。最後に、これらの表現の相関関係について統語
論的及び意味論的アプローチだけでは十分にせまることができな
いため、文法化現象(grammaticalization)に関する議論も行う。

1.2. 本書の構成と概要

本書は大きく四つに分けられる。

第1章　序章

第2章　否定呼応表現に関する一般的論議

第3章　日本語における否定一致現象

第4章　日本語における多重NCI構文の認可条件と解釈

第5章　日本語における多重NCI構文の類型とその統語構造
　　　　－「しか」と「不定語モ」が共起したタイプを中心に－

第6章　日本語における「其他否定」表現に関する一考察
　　　　－その認可条件を中心に－

第7章　韓国語における否定一致現象

第8章　韓国語における多重NCI構文に関する考察

第9章　日韓両言語における否定呼応表現の対照研究
　　　　－「しか」と「bakk-e」を中心に－

第10章　結章

　第一に否定呼応表現に関する一般的な論議の概観(第2章)、第二に日本語における否定呼応表現及び多重NCI構文の性質とその構造に関して記述を行う部分(第3章～第6章)、第三に韓国語における否定呼応表現及び多重NCI構文の性質とその構造に関して記述を行う部分(第7章～第8章)、第四に日韓両言語における否定呼応表現「しか」と「bakk-e」の対照研究(第9章)を中心に構成されている。以下では各章ごとの作業と議論の概略を示し、本書の構成を述べる。

　第1章では、具体的な考察に入る前に本研究の研究対象と目

的を述べる。また本研究の目的を踏まえた上で、本書で明らかにすることを述べ、従来の研究と異なる本書の位置付けを明確にする。最後に研究方法について述べる。

　第2章では、否定呼応表現に関する一般的論議について先行研究を中心に概観する。2.1節において、否定呼応表現に関する他言語の分析を概観し、Klima(1964)を皮切りに始まった英語のNPIの分析を紹介する。それからHaegeman & Zanuttini(1991)(1996)の西フラマン語及びロマンス語などにおけるNCIの分析を紹介する。2.2節においては、日本語と韓国語の否定呼応表現に関する分析を概観する。まず、日本語の先行研究では、NPIとしての分析、NCIとしての分析、そしてNSIとしての分析のように大きく三つの異なる分析方法がとられていることをみる。次に、韓国語の先行研究では、NPIとしての分析とNCIとしての分析に分かれていることを述べ、それぞれの内容をみる。また、否定呼応表現が多重共起した構文において、NPIとしての立場をとる研究とNCIまたはNSIとしての立場をとる研究の間には相違点がみられることを述べ、NPIとしての立場の研究は、一般的に多重NPIはほぼ認めないのに対し、NCIまたはNSIの立場の研究は多重NCIまたはNSIの認可を認めるという点について概観する。

　第3章では、第2章における日本語の先行研究の問題点を指摘し、本書の立場を述べる。すなわち、「しか」、「不定語モ」、「1-

助数詞モ」、「決して」において、これらの表現はNPIまたはNSIとしてではなく、NCIとして分析すべきであることを主張し、検証を行う。特に、Watanabe(2004)が扱わなかった「しか」と「決して」を中心に議論を進める。Nishioka(2000)、Furukawa(2001)は「しか」をNCIであると捉えるのに対し、Kataoka(2006)とNakao & Obata (2007)はNCIとして捉えるには無理があると述べているが、この問題について本書では、「しか」の生起する統語位置がその性質を決める重要な要素であると主張する。当該表現に関して、今までの先行研究では主語または目的語位置つまり項位置に現れる「しか」を中心に分析されてきた。しかしながら本書は、付加部位置に生起する「しか」はいくつかの統語環境において項位置に生起する「しか」と異なる振る舞いを示すことを述べ、「しか」は生起する統語位置によって二つに分けるべきであることを主張する。すなわち、項位置の「しか」はNPIとして、付加部位置の「しか」はNCIとして取り扱うべきであるということである。また、「決して」もNCIであることを指摘する。ほかに「不定語モ」、「1-助数詞モ」をNCIとして捉えたWatanabeの主張が本書の考察でさらに支持されることを述べる。本書はこれらの表現がNCIであることを検証する際に、先行研究で認められるNCIとNPIを区別する五つのテストと本書が提案する一つのテストを加え、これらの表現がNCIであることを示し、従来その性質が問題となった「しか」、「不定語モ」、「1-助数詞モ」、「決して」の性質を明らかにする。

　第4章及び第5章では、第3章でみた日本語の多重NCI構文の性質について詳しく記述する。

　まず、第4章において日本語における多重NCI構文の認可条件と解釈について考察する。Kato(1985)を皮切りに「しか」、「不定語モ」、「1-助数詞モ」、「決して」をNPIとして捉えてきた従来の研究では、単一否定文内においてこれらの表現が多重共起したいわゆる多重NPI構文に関していくつか研究課題が残されている。その中でもっとも大きな課題は、この多重NPI構文の認可条件である。この点に関してはNCIとしてのアプローチに基づくことにより容易に解決できることを述べる。NCIはその定義からでも分かるように同一節内において他のNCIと問題なく多重共起できるため、今まで課題として残された多重NPI構文の認可条件は容易く解決できると考えられる。しかしながら、次のような重要な問題点も残されている。それはある表現は多重NCI現象が許されるのに対し、ある表現は多重NCI現象が許されない点である。本書はこのような問題点に対し、「しか」、「不定語モ」、「1-助数詞モ」、「決して」が用いられた多重NCI構文の認可条件は、これらの表現が付加部位置に生起しなければならないことであると主張する。このことは、多重NCI構文の解釈からでも裏付けられることを述べる。すなわち、項位置に現れるNPIが、他のNCIと共起した場合、話者によって2通りの異なる解釈が得られるのに対し、付加部位置に生起するNCIの場合は一つの解釈しか持たないということである。このことから、日本語のNCIの認可条件として、当該表現が付加部位

置に生起しなければならないということが示唆される。最後に、付加部位置に生起した多重NCIはNegによって多重一致されることを述べる。

　第5章においては日本語の多重NCI構文の類型とその統語構造について考察する。従来、日本語の「しか」と「不定語モ」が用いられた多重NCI構文は研究者によってさまざまなアプローチから研究がなされてきたが、その類型が単一のものであることは定説として認められてきた。しかし、構文ごとに、(ⅰ)「しか」と「不定語モ」との語順制約が生じる場合と生じない場合がある点と(ⅱ)「しか」の意味機能が例外表現のものと同様である場合と同様ではない場合がある点から、日本語の多重NCI構文は単一ではないことが示唆される。本書はこのような問題点に対し、以下のように主張する。

(ⅰ)　「しか」と「不定語モ」が用いられた多重NCI構文の類型は少なくとも2タイプが存在する。

(ⅱ)　第一のタイプと第二のタイプの統語構造は相違する。第一のタイプにおける「しか」と「不定語モ」は同じ意味役割を担い、単一構成素を成すのに対し、第二のタイプでは両者は互いに異なる意味役割を担い、それぞれ異なる構成素を成す。

　第6章では、否定述語と呼応する「其他否定」表現「しか」、「以外」、「ほか」の性質、特にその認可条件について考察する。従

来、これらの表現は類似した統語的・意味的特徴に基づき、ほとんど同列に扱われてきた。これに対し、本書において「しか」と「以外/ほか」はある一定の環境、つまり同一節内でのNCIとの共起現象、反語表現の構文、そして不特定読みの数量詞構文において同様の振る舞いを示さないことを指摘し、この事実からこれらの表現を同一のものと捉えられないことを述べる。さらに、このような非対称性が生じるのは、これらの表現のNegからの認可条件が異なるからであると主張する。すなわち、本書は「以外」、「ほか」がNegに認可される場合、その被認可表現(licensee)は「以外」、「ほか」ではなく、非顕在的に存在する「不定語モ」であるのに対し、「しか」はNegに直接認可されると主張する。要するに従来「以外」、「ほか」も「しか」と同様にNPIとして捉えられてきたが、「以外」、「ほか」は「しか」とは異なり、NPIではなく例外の意味を持つ修飾表現として機能するのである。

　第7章においては、第2章でみた韓国語の先行研究の問題点を指摘し、本書の立場を述べる。本書は韓国語の「bakk-e」、「不定語do」、「1-助数詞do」、「gyeolko」はNPIとしてではなく、NCIとして捉えられるべきであると主張し、検証を行う。キム・ヨンファ(김영화2005)は「不定語do」をNCIとして捉えるべきであると主張するが、その根拠については提示しておらず、また「bakk-e」、「1-助数詞do」、「gyeolko」について何も述べていない。よって、本書はこれらの表現がNCIであることを、第3章で用いたNPIと

53

NCIを区別する五つのテストと本書が提案するもう一つのテストに基づき示す。また、NCIとしての分析を用いると、従来問題とされてきた「bakk-e」、「不定語do」、「1-助数詞do」と英語のNPI「any類」との非対称性の理由が容易に説明できるという利点があることを述べる。今までNPIとしての立場をとる先行研究では韓国語のNPIと英語のNPIが（ⅰ）主語位置に生起できるか否か、（ⅱ）否定文以外の疑問文・条件文に生起できるか否か、（ⅲ）Negとの同一節内条件が守られるか否か、という点において異なる振る舞いを示す要因の解明が課題として残されてきた。本書は、今までNPIとして捉えられてきた韓国語のNPIは、実はNPIではなくNCIであると主張し、かつNCIとして捉えると上記の韓英語の非対称性が容易に解決できることを指摘する。このことから従来課題として残されたこれらの表現「bakk-e」、「不定語do」、「1-助数詞do」、「gyeolko」の性質を明らかにする。

　第8章では、第7章でみた多重NCI構文の性質を記述する。特に、「bakk-e」、「不定語do」、「1-助数詞do」、「gyeolko」が用いられた多重NCI構文の認可条件、解釈、類型そしてその統語構造を明らかにする。韓国語の多重NCI構文の性質は第4章でみた日本語の多重NCI構文と類似することを示す。まず8.1節において、先行研究において指摘される韓国語の多重NCI構文の認可条件、解釈そして類型を概観し、8.2節においてはその問題点を指摘する。8.3節においては、次のように分析を行う。8.3.1節に

54

おいて、韓国語の多重NCI構文の認可条件は、これらの四つの表現がすべて付加部位置に生起しなければならないことを述べる。また、主語または目的語位置に生起する「bakk-e」が他のNCIと共起する際に、表面的には項として機能しているようにみえるが、実は、付加部として機能することを指摘する。8.3.2節においては、韓国語の多重NCI構文の解釈ついて論じる。Sells(2001)は韓国語の多重NCI構文は話者によって2通りの異なる解釈に分かれることを述べ、疑問を挙げている。Sellsはこの解釈の現象から多重NCI構文において真のNCIは一つしかないことを主張している。しかし本書は「bakk-e」、「不定語do」、「1-助数詞do」、「gyeolko」が付加部位置に生起すると一つの解釈しか持たず、この場合これらの表現はNCIとして機能すると主張する。ならびに、これらの表現が項位置に生起するとNPIとして機能し、話者によって2通りの異なる解釈に分かれることを指摘する。このことから韓国語のNCIは、生起する統語位置が非常に重要であり、必ず付加部位置に生起しなければならないことが示唆される。次に、韓国語の多重NCI構文の認可条件は韓国語の多重主格構文の認可条件と同様に、単一の認可子Negによって多重一致されることを主張する。8.3.3節においては「bakk-e」と「不定語do」が用いられた多重NCI構文の類型とその統語構造について述べる。従来、両者が用いられた多重NCI構文は単一の類型として分析されてきた。しかしながら、「bakk-e」と「不定語do」との語順制約、「bakk-e」の解釈、そして「bakk-e」と「不定語do」の意味役割の観察から、

両者が用いられた多重NCI構文の類型は少なくとも3タイプに分けられることを述べる。すなわち、第一のタイプは両者が同じ意味役割を担い、単一構成素を成す場合であり、第二のタイプは両者が互いに異なる意味役割を担い、異なる構成素で基底生成される場合であり、第三のタイプは両者が単一構成素を成す場合である。ただし、第三のタイプについては、日本語には存在しないタイプであるが、この場合の「bakk-e」がNCIとして機能しないことから多重NCI構文としてみなさず、結局日韓の類型は2タイプで平行的であることも述べる。このような分析から本書の利点として、従来課題として残された「bakk-e」と「不定語do」との語順制約の理由が説明できるのである。

　第9章においては、日本語の「しか」と韓国語の「bakk-e」との対照研究から従来課題として残されてきた両者の性質を明らかにする。本章で提示する内容は以下の五つである。

　① 従来多くの研究において「しか」と「bakk-e」を同様に捉えてきた。その根拠として、両者の統語的特徴、つまり否定文にのみ生起しなければならない点、さまざまな要素に後接できるという分布的自由性、及び意味的特徴、つまりNegと呼応してはじめて「限定」の意味を持つという点が挙げられる。しかしながら、両者は一定の統語的環境において異なる振る舞いを示す。言い換えると(ⅰ)NCIとの共起、(ⅱ)反語表現の構文において項位置では「しか」の生起は許されないのに

対し、「bakk-e」は許されるということである。従って両者は同
列に捉えてはならないことを指摘する。

② 今まで「bakk-e」は単一機能的表現として取り扱われてきたが、
実は多機能的表現であることを指摘する。つまり、「bakk-e」は
「bakk-e1」と「bakk-e2」の用法が存在し、「bakk-e1」は日本
語の「しか」に、「bakk-e2」は日本語の「ほか/以外」にそれぞ
れ対応するということである。さらに、「bakk-e1」と「bakk-e2」
の認可条件は互いに異なっており、「bakk-e1」は第6章でみ
た「しか」と同様にNegに直接認可されるのに対し、「bakk-e2」
は「ほか/以外」と同様に非顕在的に存在する「不定語do」が
Negによって認可されることを指摘する。

③ 「bakk-e」が「ほか/以外」の用法まで含んでいる理由は、これ
らの表現の形態的類似点及びNCIへの文法化過程の類似
点から説明できることを示す。

④ 従来不明とされてきた「しか」が持つ機能の源流について「「ほ
か」から由来してきた」という山口(1991)の機能的側面が妥当
であることを主張する。このことは「しか」、「ほか」、「以外」そ
して「bakk-e」、「oe-e」との相関関係、特にこれらの表現の
NCIへの文法化現象と「しか」、「ほか」、「以外」のブロッキン
グ現象からその根拠を提示する。

⑤ 韓国語の「bakk-e」と日本語の「しか」の文法化現象から、
「bakk-e」が「しか」よりおよそ2.5世紀遅れて出現したがゆえ
に、「しか」より文法化が進んでいないことについて論じ、そ

の根拠を提示する。

第10章では本書の結論をまとめる。まず、第2章から9章までの結論をまとめ、日本語と韓国語における否定一致現象について述べる。また、日韓両言語における否定一致現象の相違点と類似点について整理する。最後に、本書が持つ意義はどのようなものであるのかと今後の課題を述べる。

第2章

否定呼応表現に関する一般的論議

2.0. はじめに

　本章では、自然言語における否定呼応表現に関連するこれまでの先行研究を概観する。否定呼応表現に関する研究は統語論・意味論・語用論の立場で議論されている。その中で本章は、主に統語論的・意味論的観点から否定呼応表現の認可について述べた先行研究を概観する。

　自然言語において否定呼応表現は普遍的に存在すると報告される。第1章でも述べたが、自然言語の否定呼応表現の類型として、NPIとNCIが挙げられる。NPIの研究は、英語の「any類」を分析したKlima(1964)の先駆的な研究以来、さまざまなアプローチから盛んに行われている。NCIの研究は西フラマン語を分析したHaegeman & Zanuttini(1991)(1996)などを皮切りに活発化しており、否定一致現象は2000年代に入り注目を浴びているといえる。

　現時点で、日本語と韓国語の「しか/bakk-e」、「不定語モ/do」、「1-助数詞モ/do」、「決して/gyeolko」の分析は、NPIとNCIの立場に分かれている[1]。すなわち、2000年代に入る前までは、日韓のほとんどの先行研究は上記の四つのタイプの否定呼応表現をNPIとして分析している。これは、これらの表現が否定文にのみ現れるため、英語のNPIを分析したKlimaの分析をそのまま受け入れ分析しているわけである。このような先行研究に対し、

　1　厳密には、日本語の「決して」と韓国語の「bakk-e」、「1-助数詞do」、「gyeolko」においては、NPIとしての立場しかない。

Watanabe(2004)は日本語の「不定語モ」はNPIとして捉えてはいけないと主張している。その根拠として、Watanabeは日本語の「不定語モ」と英語のNPI「any類」は、その性質が非常に相違することを提示する。また、Watanabeは上記で述べたHaegeman & Zanuttiniの分析を受け入れ、日本語の「不定語モ」はNPIではなく、NCIとして捉えるべきであると主張している。韓国語においては、キム・ヨンファ(김영화2005)が、Watanabeほど詳しく述べないが、韓国語の「不定語do」において従来のNPIとしての分析は妥当ではなく、NCIとして捉えるべきであると主張している。また、NPIとしての立場をとる日本語の多くの先行研究は、「しか」は多重NPI現象が現れないと述べる。韓国語においてもいくつかの先行研究では、韓国語ではそもそも多重NPI現象が現れないとされている。

　2.1節では日本語と韓国語の先行研究を概観する前に、否定呼応表現に関する他言語の分析を概観する。ここでNPIとしての分析は英語を、NCIとしての分析はロマンス語などを中心にみる。2.2節では日本語と韓国語の否定呼応表現に関する分析について述べ、NPIとしての立場をとる分析とNCIとしての立場をとる分析をそれぞれ概観する。また日本語においてはNPI及びNCIではなく、NSIとしての新たなアプローチをとる片岡(2006)の分析も概観する。日本語と韓国語の先行研究を概観する際に、多重NPI現象に関するそれぞれの議論についても併せてみていくことにする。

2.1. 否定呼応表現に関する他言語の分析

本節では、否定呼応表現の統語的研究の発端ともいえる、Klima(1964)(2.1.1節)と否定一致(Negative Concord)と呼ばれる否定呼応表現の包括的な研究のHaegeman(1995)、Haegeman & Zanuttini(1991)(1996)(2.1.2節)を取り上げる。

2.1.1. 英語: NPIとしての分析

本節では、英語のNPIとしての分析の先駆者といえるKlima(1964)を代表として概観する。Klimaは、NPIの「any類」を中心に統語的観点からNegとの構造関係を指摘している。

(1)　a.　There wasn't <u>any</u> snow falling <u>anywhere</u> else.

　　b. *There was <u>any</u> snow falling <u>anywhere</u> else.

　　c.　Not even then did <u>any</u> snow fall <u>anywhere</u> else.

　　d. *Even then <u>any</u> snow fell <u>anywhere</u> else.

(Klima(1964:276, (97a-d)))

(2)　a.　It is possible for him to do more.

　　b.　It isn't possible for him to do <u>any</u> more.

　　c. *It is possible for him to do <u>any</u> more.

　　d.　It is impossible for him to do <u>any</u> more.

(同:291, (151a-d))

(1)と(2)において「any」の代わりに「some」を用いることはできな

63

い。つまり、(1)と(2)における否定文においては、必ず「any」が用いられる。この事実をKlimaはNeg及びWhが[+affective]という素性を持った要素だと仮定することで説明する。すなわち、否定文やWh疑問文という環境においては、この素性が存在することによって「some」が「any」に変わると説明されている。[+affective]を持った要素には、他には、「only、deny、doubt」などや(2d)に用いられた「impossible」の接頭辞「im-(constituent with a negative prefix)」なども含まれる。

　このような「any」とNegとの関係は、Klimaの提案する(3)の規則にも関連する考えだといえる。

> (3)　　　Indef-incorporation
> {wh- / neg} X-Quant-Y => {wh- / neg^2} X-Indef + Quant-Y
> For (3) to operate, the Qunat(ifier)must be "in construction
> with" neg or wh-.　　　　　　　　　　　(同:299, (169))

「any」、「some」は不定量化表現(indefinite quantifier)とし、両者の基底形を/some/と仮定される。(3)は、基底形の/some/が「NegもしくはWh-と"in con-struction with"である領域」において「any」に変わるという規則を示している。「A is in construction with B」という表現はc-統御の概念を用いて「A is c-com-manded by B」と

2　Klima(1964)は否定文、疑問文においてそれぞれの「wh」、「neg」を文頭にすると仮定することで、文全体がそれぞれスコープに入るとする。

言い換えることができ、「Neg, Wh-がc-統御する領域」に相当する。すなわち、Klimaの提案は、今日のNPIの研究における以下のような一般的見解に通じるものである。

(4)　　　　NPIは(LFにおいて)NEGによってc-統御されなければならない。

これは、後でみる日韓両言語のNPIとしての立場をとる研究に通じる一般的見解である。(cf.　　Kato(1994)(2000)、Kuno(1995)、Kawashima & Kitahara(1992)、シ・ジョンゴン(시정곤1997a)など)。

　次節で、否定一致現象について概観する。

2.1.2. ロマンス語など: NCIとしての分析

　本節ではロマンス語を中心に、NCIとしての分析についてみる。否定に関連するもう一つの表現としてNCIがある。否定一致(Negative Concord)というのは、Haegeman & Zanuttini(1991)(1996)あたりを皮切りに研究が活発化した現象で、否定の意味を担う表現が文中に複数存在するにもかかわらず二重否定にはならず単一の否定しか意味しない現象をいう(渡辺(2005:110))。以下の西フラマン語(West Flemish)の例文で確認する。

(5)　　a.　…da Vale`re niemand nie (en)-kent.

　　　　　　that Vale`re nobody　not Neg-know

'…that Vale`re doesn't know anybody.'

b. …da Vale`re nie niemand (en)-kent.

that Vale`re not nobody Neg-know

'…that Vale`re doesn't know nobody.'　(＝序章, (3))

(5a)と(5b)の解釈は「niemand(nobody)」と「nie(not)」の語順によって異なってくる。すなわち、(5a)は「niemand」が「nie」より上に生起する例文であるが、単一の否定の意味を持つのに対し、(5b)のように「nie」が「niemand」より上に生起する文においては二重否定の意味になる。このことによって、「nie」と「niemand」がそれぞれ否定の意味を担っていることが分かる。Haegeman & Zanuttiniは(5a)のように否定の意味を担っている要素が多重共起しているのにも関わらず二重否定にならない点に注目する。要するに、(5a)は以下で示されるような単独否定文(single negation)として解釈される。

(6)　　　NOT∃x∃y (x know y)

上記のように否定の意味を担っている表現が同一節内において多重共起しているのにも関わらず、二重否定にならず単独否定文になるのは、西フラマン語だけではなく、以下のような非標準英語(Non-Standard English)を始め、イタリア語、カタロニア語、スペイン語などのロマンス諸語にも現れるとされる(cf. Ladusaw(1992)、Vallduví(1994)など)。

(7)　a.　Maria did*n't* say <u>nothing</u> to <u>nobody</u>.　[非標準英語[3]]

　　　　'Maria didn't say anything to anyone.'

　　　　　　　　　　　　　　　　　　(Ladusaw(1992:237, (2)))

　　b.　Mario *non* ha parlato di <u>niente</u> con <u>nessuno</u>. [イタリア語]

　　　　Mario Neg has spoken about *nothing* with *nobody*

　　　　'Mario hasn't spoken with anyone about anything.'

　　　　　　　　　　　　　　　　　　　　　　(同, (3))

　　c.　*No* m'ha telefonat <u>ningú</u>.　[カタロニア語]

　　　　Neg has telephoned nobody

　　　　'Nobody has telephoned me.'　　　　(同, (4))

　　d.　*No*　como <u>nada</u>.　　[スペイン語]

　　　　Neg eat nothing

　　　　'I don't eat anything.'　　(Vallduví(1994:274, (36a)))

(7)は下線部のように否定の意味を担っている表現が複数用いられているが、単独否定文の解釈になる。下線部の表現の形態的特徴をみるとすべて/n/という音頭で始まる。事実、西フラマン語においては「niemand(nobody)、niets (nothing)、nieverst(nowhere)、nooit(never)」が、スペイン語においては「nada(nothing)、

3　研究者によって、英語の方言(English　Dialects)または黒人の英語(Black American　English)とも呼ばれる。Ladusaw(1992)、Vallduví(1994)、Giannakido(2000)、Kawamori & Ikeya(2001)、キム・ヨンファ(김영화 2005)などの多くの研究は、(7a)のような「nothing/nobody」は、標準英語(Standard　English)の場合と異なり、NCIとして機能すると主張する。また、Haegeman(1995)、Giannakidou(2000)、Watanabe(2004)などは、否定一致現象が現れる言語は、ほかにも、スラブ語(Slavic)、アフリカーンス語(Afrikaans)、ギリシャ語(Greek)、ハンガリー語(Hungarian)などが挙げられ、数多くの言語において否定一致現象がみられると指摘する。

ninguno(no)、nunca(never)」などがあり、これらの表現はいわゆる「n-word」と呼ばれてきた(cf. Laka(1990))。

Haegeman(1995)はこれらの「n-word」が複数用いられても二重否定にならない理由に関して、Klimaが提案した(8)の「Affective-criterion」を受け継いでいるものの、「Affective-criterion」は(7)のような文には適用できないとし、(9)(10)のような統語的特徴を提案し説明する[4]。

(8) AFFECT-criterion

　　a. An AFFECTIVE operator must be in a Spec-head configuration with an[AFFECTIVE]X^0

　　b. An [AFFECTIVE]X^0 must be in a Spec-head configuration with an AFFECTIVE operator.

(Haegeman(1995:93, (61)))

(9) The Neg-criterion

　　a. A Neg-operator must be in a Spec-head configuration with an X^0 [Neg];

---

4 また、Haegeman(1995)は「WH-criterion」と併せて、否定と疑問の現象を同様に捉えている。

（ⅰ） WH-criterion (cf. May(1985)、Rizzi(1996))

　　a. A WH-operator must be in a Spec-head configuration with an X^0 with the feature [WH].

　　b. An X^0 with the feature [WH] must be in a Spec-head configuration with a WH-operator.

（ⅱ） a. WH-operator: a WH-phrase in a scope position.

　　b. Scope position: left peripheral A'-position, i.e. an adjoined position [YP, XP] or a specifier position [Spec, XP].

(Haegeman(1995:9), (62)(63))

    b. An X^0 [Neg] must be in a Spec-head configuration
       with a Neg-operator.

(10) a. NEG-operator : a NEG-phrase in a scope position.

    b. Scope position : left-peripheral A'-position (an XP-adjoined
       position or a specifier position).

(同:134, (42)(43))

HaegemanはNCIの移動を否定演算子(Neg-operator)の移動とし
て捉え、否定演算子が移動してNegと指定部-主要部一致
(Spec-Head agreement)を成立させることにより否定一致が成り立
つと主張している。Haegemanは、この「NEG-criterion」は普遍的に
S構造において適用されるとし、かつ「Neg-criterion」に従うNCIは、
本来文否定を導く力を持つ否定全称量化表現(universal quantifiers
with nega-tion)であると捉えている。

　さらに、Haegeman & Zanuttini(1996)は、統語的操作がすべ
て終了した後に行われる否定因数分解[5](Neg-Factorization)とい
う解釈操作を仮定している。この操作を用いて、複数ある文否定
素性のうち、一つを残してあとはすべて取消し、その結果、当該
の文が単独否定文と解釈される事実を説明する。

(11) $[\forall x\ NOT][\forall y\ NOT]\ NOT\ \rightarrow\ [\forall x][\forall y]\ NOT\ (=NOT$
$\quad [\exists x\ y])$

5　片岡(2006)による訳語に従っている。

　以上のことを上記の(5a)の例文を持って説明すると、(5a)の「niemand」は「Neg-criterion」により、NegPの指定部に移動し、Negの主要部と一致が行われる。この統語的操作が終わった後で、(11)のような解釈操作が行われ、単独否定文の解釈になる。このように、複数の否定要素が単独否定として解釈されるためには、指定部-主要部一致による否定一致と、否定素性を取消す否定因数分解という二つの操作を経なければならないと仮定している。Haegemanはこのような操作を否定一致(Negative Concord)と呼び、この過程が、NCIが単独否定の解釈を導くために必要なものであると主張している。これは、日韓両言語のNCIとしての立場をとる研究Watanabe(2004)、キム・ヨンファ(김영화2005)に通じる一般的見解である。ただし、Watanabe(2004)は上記のようなHaegemanの分析を、ミニマリスト・プログラムに基づき、再分析を行っている。これに関しては2.2.2節でみる。

　以上、他言語におけるNPI及びNCIとしての先行研究を概観した。次節では、日韓両言語における分析についてみる。

2.2. 否定呼応表現に関する日本語と韓国語の分析

　本節では、日本語と韓国語の否定呼応表現「しか/bakk-e」、「不定語モ/do」、「1-助数詞モ/do」、「決して/gyeolko」に関する先行研究を概観する。日韓の先行研究では、これらの表現につい

て大きく二つの異なる立場から、分析が行われている。すなわ
ち、NPIとしての分析及びNCIとしての分析である。

　2000年代に入る前に日韓両言語の否定呼応表現に関する先行
研究、例えば日本語においてはOyakawa(1975)、Muraki
(1978)、Kato(1985)、Takahashi(1990)、Kawashima & Kitahara
(1992)、Aoyagi & Ishii(1994)、Yanagida(1996)、Kuno(1995)、
Tanaka(1997)、Yoshimoto(1998)、久野(1999)、Kuno & Kim
(1999)、吉村(1999)、江口(2000)、Konomi(2000)、Kuno
(2002)、岸本(2005)など、韓国語においてはチョン・ビョンケ
(전병쾌1984)、イム・ホンビン(임홍빈1998)、Kim(1995)、パク・
ジョンギュ(박정규1996)、Chung ＆ Park(1998)、パク・スンユン
(박승윤1997)、シ・ジョンゴン(시정곤 1997a, b, c)、A.H.-O
Kim(1997)、Lee(1997)、キム・ヨンヒ(김영희1998)、Kim(1999)、
Lee(2002)、Sells(2001)など、日韓両言語においては、
Nam(1994)、Sohn(1995)、ナム・スンホ(남승호1998)、Kuno ＆
Whitman(2004)、Sells(2005)などのほとんどの研究は、「しか
/bakk-e」、「不定語モ/do」、「1-助数詞モ/do」、「決して/gyeolko」
をNPIとして分析する。その理由は、これらの表現が否定文にの
み現れるからである。よって、英語のNPI「any類」を分析した上記
のKlimaの流れに沿って、詳しい主張は各自異なるが、これらの
表現はNegにc-統御されなければならないという統語的特徴を持
つという見解は一致する。

　他方、2000年代に入って、日韓両言語の「不定語モ/do」にお

71

いて従来のNPIとしての分析の問題点を指摘し、NCIとしての分析が妥当であるという先行研究が現れる。日本語においてはNishioka(2000)、Furukawa(2001)[6]、Watanabe(2004)、渡辺(2005)が、韓国語においてはキム・ヨンファ(김영화2005)が挙げられる。これらの研究は、日韓両言語の「不定語モ/do」を英語のNPI「any類」と同様に捉えた場合、　一定の構文環境において「不定語モ/do」と「any類」の間で非対称性が生じると指摘し、このような非対称性から「不定語モ/do」をNPIとして捉えられないと述べる。またこれらの研究は、ロマンス語などを分析した上記のHaegeman ＆ Zanuttiniなどの流れに沿って、「不定語モ/do」をNCIとして捉えるべきであると主張している。

また、片岡(2006)は日本語の「しか」と「不定語モ」において上記のNPIとNCI両方の立場を否定し、「しか」と「不定語モ」は他言語からはみられない日本語独自の性質を持つとし、両表現をNSIとして捉えるべきであると主張する。

以下ではまず、日本語におけるNPIとしての分析(2.2.1節)、NCIとしての分析(2.2.2節)そしてNSIとしての分析(2.2.3節)を概観した上で、韓国語におけるNPIとしての分析(2.2.4節)とNCIとしての分析(2.2.5節)を概観する。また、本章では「しか/bakk-e」、「不定語モ/do」、「1-助数詞モ/do」、「決して/gyeolko」が同一節内において多重共起したいわゆる多重NPI構文に関する分析に注

6　NishiokaとFurukawaは日本語の「しか」もNCIとして捉えるべきであると主張する。これに関しては後の第3章で概観し、その問題点を指摘する。

目し、NPI/NCI/NSIとしての立場からの分析をそれぞれ概観する。

2.2.1. 日本語に関する先行研究: NPIとしての分析

　本節では日本語の否定呼応表現をNPIとする研究のうち、Kato(1985)(1994)とAoyagi & Ishii(1994)を概観する。

2.2.1.1. Kato(1985)(1994)

　Kato(1994)は「しか」の認可に関して、英語のNPIと同様に、LFにおいてNegによってc-統御されなければならないと指摘する。

(12)　An NPI is licensed, iff

　　　a. it is c-commanded by NEG, and

　　　b. it is closest to NEG.

(13)　　An unlicensed NPI is illegitimate at LF.

(Kato(1994:107, (24)(25)))

　また、Kato(1985)は「Bridge Expression[7]」に現れる否定呼応表現

7　「-ことがない」、「-わけではない」、「-に至らない」などがあり、これらの表現にNPIが入った場合、NPIの同一節内条件を守らなくてもよい。例えば次のような例が挙げられる。

(ⅰ)　a. そのチンパンジーは[s その三語しか話す] に至らなかった。
　　　　　　　　　　　　　　　　NPI　　　　　　　NEG
　　　　　　　　　　　　　　　　　　　　(Kato(1985:161, (2)))

　　　b. 僕は[誰も来る]と思わなかった。
　　　　　　NPI　　　　　NEG　　　　　　　　　　(同, (3a))
詳しい内容はKato(1985:161-179)を参照されたい。

の容認性に基づいて(14)のような「NPIスケール(NPI Scale)」を提示している。

(14)　　NPIスケール

弱(weak) ⟵──────────────────⟶ 強(strong)

決して(その他[8])　不定語モ　1-助数詞モ　しか

(Kato(1985:154, (39)))

このスケールに基づいて、単一の否定文内に複数のNPIが共存する多重NPI現象について説明を行っている。多重NPIについてのデータは(15)のような例が挙げられる。

(15)　a.　誰も何も食べなかった。　　　　　　　　(＝序章, (20a))

b.　誰も本を一冊も買わなかった。　(Kato(1985:154, (41)))

c.(?)太郎は決して何もしゃべらなかった。　　(＝序章, (20c))

d.　*誰も「アスペクト」しか読まなかった。

(Kato(1985:154, (45)))

e. ?*一人も決してしゃべらなかった。　　　　　(同, (48))

f.　*一人もりんごしか食べなかった。　　(＝序章, (21c))

g.　*一人も一回しか来なかった。　(Kato(1985:154, (50)))

h.　*太郎しか決してしゃべらなかった。　　(＝序章, (21d))

i.　*ジョンは決してビールしか飲まない。

(Kato(1985:154, (51)))

k.　*太郎しかりんごしか食べなかった。　　　　(同, (54))

---

8 「決して」の他に「ちっとも」、「必ずしも」、「全然」が挙げられている。

(15a-c)は「不定語モ」が「不定語モ」、「1-助数詞モ」、「決して」と共起した例文であり、ほぼ適格文である。これに対し、(15d-k)は「しか」が「不定語モ」、「1-助数詞モ」、「決して」、「しか」と共起した例文であるが、すべて不適格文である。この事実をKatoは(16)のように説明している。

(16)　(前略)…the double occurrence of NPIs within a clause generally makes the whole sentence unacceptable, except the case where two two NPIs are weak on the scale of strength.　　　　　(Kato(1985:154))

つまり、単一の否定文において複数のNPIが共に弱いNPI(weak NPI)ではない限り、複数表れることはないとする。すなわち、(15a-c)は「不定語モ」、「1-助数詞モ」、「決して」が強NPIではないため、適格になるのに対し、(15d-k)は「しか」が「NPIスケール」の上で最強のNPI(strongest NPI)であるため、不適格になるのである。

2.2.1.2. Aoyagi & Ishii(1994)

Aoyagi & Ishii(1994)は、NPIの認可に関して、「しか」と「不定語モ」はそれぞれ(17)(18)のように認可されるとする。

(17)　SIKA-NPI is an agreement-inducing element licensed by Spec-head agreement with Neg at LF[9].

75

(18)　　At LF, Mo-NPI must be identified with a phonetically null operator which is base-generated in Spec of NegP.

(Aoyagi & Ishii(1994:299-300))

つまり、「しか」は(17)の説明のように、LFでNegと指定部-主要部一致によって認可される表現であるのに対し、「不定語モ」はNegPの指定部で基底生成される(音声的)空演算子とLFで一致しなければならないのである。これは疑問文において、複数のwh句が単一の疑問形態素(「か」、「の」)によって認可されるメカニズムと同様であると考えられる。Aoyagi & Ishiiは「しか」と「不定語モ」がこのように異なって認可されるため，両者には以下のような相違点がみられると指摘する。

(19)　a.　*ジョンしか何も食べなかった。　　　　(同:301, (17a))

　　　b.?*誰もりんごしか食べなかった。　　　　(同, (17b))

(20)　　　誰も何も食べなかったこと。　　　　(同:300, (16a))

(19)で用いられた「しか」は、Negと一対一対応をなし、指定部-主要部一致によって認可されるため、単一文内に他のNPIと共起しないとする。その一方で、(20)のような「不定語モ」の場合は、単

9　これはTakahashi(1990)に従っている。ちなみに　NPIの[Spec, NegP]への移動を仮定する研究としては、Kawashima & Kitahara(1992)、Yoshimoto(1998)、Nishioka(2000)があるが、このうち、Takahashi、Kawashima & Kitaharaがその移動をLFでの移動であるとするのに対し、Yoshimoto、Nishiokaは顕在的な移動であるとする点で異なっている。

一の否定文において複数の「不定語モ」の認可が可能である。

　以上、Kato(1985)(1994)とAoyagi ＆ Ishii(1994)の先行研究
を概観した。

　両者の分析においては、なぜ「しか」が多重NPIの環境に現れ
ないのかという説明は異なっているが、「しか」が多重NPIの環境に
現れないという観察に関しては一致している点に注目されたい。こ
のほかにも、NPIとしての立場をとる江口(2000:297)、Konomi
(2000:53)、近藤(2001:23-24)、Kawamori ＆ Ikeya(2001:90-91)、
Kuno ＆ Whitman(2004:221-223)、茂木(2004:148[10])等も同様
のことを指摘している。

2.2.2. 日本語に関する先行研究: NCIとしての分析

　ここでは2.1.2節でみた否定一致現象の分析方法を日本語にも
適用した先行研究を概観する。管見の限りにおいて、NCIとして
の最初の分析はNishioka(2000)である。Nishiokaは「不定語モ」

10　ここで茂木の議論を代表的にみてみると、日本語の「しか」において下記の
　　例を出し、「しか」は多重NPI現象が許容されないと指摘している。
　(ⅰ)　a. *誰も水しか飲まなかった。
　　　　b. *めったに太郎しか来なかった。
　　　　c. *太郎は一度も水しか飲まなかった。
　　　　d.??太郎しかろくな成績を取れなかった。　　(茂木(2004:149, (78)))
　　茂木は日本語において多重NPI現象が現れない理由として、次のように述
　　べている。
　　　　…(前略)…これらのNPIが、Negとの一対一の関係によって認可される
　　　　要素であるとすると、(ⅰ)が不適切になるのは、これらのNPIが同様の
　　　　メカニズムに従う「しか」と同じ構造的位置を占めていることによると考え
　　　　ることになる。　　　　　　　　　　　　　　　　　　　　　(同:149)

は英語の「any類」とは違いNPIではなく、NCIであると主張している。続いてFurukawa(2001)、Kawamori & Ikeya(2001)も「不定語モ」をNCIとして捉えるべきであると論じている。しかし、こうしたNCIに関する研究は、Watanabe(2004)、渡辺(2005)で詳しく論じられているので本節ではWatanabeの議論を中心にみていく。

2.2.2.1. Watanabe(2004)、渡辺(2005)

Watanabeは、上記の2.1.2節で概観したHaegeman & Zanuttini(1991)(1996)とHaegeman(1995)などの議論を受け入れ、日本語の「不定語モ」を従来のNPIとしての分析ではなく、NCIとして捉えるべきであると述べている。ただし、Haegeman(1995)は否定一致現象をNCIとNegとの指定部-主要部一致であると分析するが、Watanabeはミニマリスト・プログラムに基づき、素性照合(feature-checking)として捉え直している。また、このような統語的操作が終わった後、意味的操作として否定因数分解が行われるとし、このような素性照合と否定因数分解は普遍文法(universal grammar)に含まれると述べている。さらに、Watanabeは、西フラマン語の現象から、NCIはもともと否定の意味を持つ表現である(inherently negative)と述べ、日本語の否定呼応表現において、このような否定の意味を有するか否かがNCIか、またはNPIを区分付けるもっとも重要な判断基準であると主張する。ほかにも、WatanabeはNPIとNCIは、その性質が異なると述べている。このことは、これからみるNCIとNPIを区別するテストから裏付けられるとする。

(21) a. 否定文ではない文に現れるか否か(Ability to appear in nonnegative contexts)

　　 b. 主語位置に現れるか否か(Ability to appear in preverbal subject position)

　　 c. 「ほとんど(almost)」によって修飾されるか否か(Ability to be modified by expressions like *almost*)

　　 d. 問答として省略表現が現れるか否か(Ability to be used as an elliptical answer)　　(Watanabe(2004:562, (6)))

(21)はVallduví(1994)が、カタロニア語とスペイン語において、NPIとNCIを区別するために用いたテストである。Watanabeは、これからみる例文において、日本語の「不定語モ」とスペイン語の「n-word」はNCIとしての振る舞いを示すのに対し、英語の「any類」はNPIとしての振る舞いを示すとする。まず、(21a)の「否定文ではない文に現れるのか」について英語、日本語、スペイン語の順でみてみる。

(22) 「否定文ではない文に現れるか否か」

　　 a.　Have you seen <u>anything</u>?

　　 b.　*<u>何も</u>見ましたか？

　　 c. *¿Quieres <u>nada</u>?

　　　　 want-2SG nothing

　　　　 'Do you want anything?'　　　　　　(＝同, (8))

(23) a.　If John steals <u>anything</u>, he'll be arrested.

　　 b.　*ジョンが(もし)<u>何も</u>盗んだら、逮捕されるだろう。

  c. *Si quieres <u>nada</u>, avisame.

    if want-2SG nothing warn-2SG-IMP.me (＝同, (9))

「yes/no」疑問文及び条件文において、英語の(22a)(23a)における「any」は(22b, c)(23b, c)の日本語・スペイン語と異なる振る舞いを示す。要するに、英語は疑問文及び条件文において用いられるのに対し、日本語とスペイン語は用いられない。

 次は(21b)の「主語位置に現れるか否か」についてみてみる。

(24) 「主語位置に現れるか否か」

  a. *<u>Anybody</u> didn't criticize John.

  b. <u>誰も</u>ジョンを批判しなかった。

  c. <u>Nada</u> funciona.

    nothing work-3SG   (Watanabe(2004:563, (10)))

日本語とスペイン語においては、主語位置にNCIが現れうるのに対し、英語では現れない。Watanabeはこのような相違点が生じる理由に関して、NCIはNegP指定部において認可されれば、そこを通り抜けてTPの指定部へ移動することが可能であるのに対し、NPIの場合はNegにc-統御されなければならないので、それが不可能であるからであると主張している。

 では(21c)のテストに関して、「ほとんど」は英語、日本語、スペイン語ではどのように振る舞うのだろうか。

(25)　a.　ジョンはほとんどすべての仕事を終えた。

　　　b.　*ジョンはほとんど何かを食べた。　　　　　　(同, (11))

Watanabeは「ほとんど(almost)」は全称量化表現(universal quantification)と共起できるとしている。よって(25a)は可能であるが、(25b)から「ほとんど」は存在量化表現(existential quantification)との共起は不可能であることが示唆される。さらに、これは日本語とスペイン語におけるNCIと英語のNPIと区別できるテストでもある。

(26)　「「ほとんど(almost)」によって修飾されるか否か」

　　　a.*John didn't eat almost <u>anything</u>.

　　　b.　ジョンはほとんど<u>何も</u>食べなかった。

　　　　No　Ilamo casi　　<u>nadie</u>.

　　　　NEG called almost nobody

　　　　'Almost nobody called.'　　　　　　(同:564(12))

次は、(21d)の「問答として省略表現が現れるのか」について概観する。

(27)　「問答として省略表現が現れるのか」

　　　a.　質問: What did you see?

　　　　　答え: *Anything.

　　　b.　質問: 何を見たの？

　　　　　答え: 何も。

c. 質問: ¿A quie´n has visto?

DAT who have-2SG seen

答え: A　　nadie.

DAT nobody　　　　　　　　　　　(同:564(13))

(27)において、日本語とスペイン語の場合は、問答として省略表現が許容されるのに対し、英語の場合は許容されない。Watanabeは、(21)の四つの特徴の中で、このテストにもっとも注目し、このテストから「不定語モ」が本来否定性を持つ要素であることの決定的な根拠となると主張する[11]。以下で、その議論の概略をみてみる。

(28)　a. 質問: 何を見たの？

答え: 何も。

b. 何も見なかった

(29)　質問: 何を見たの？

答え: へび。

(30)　a. へびを見た

b.*へびを見なかった　　　　　(同:567-568, (18)-(20))

Watanabeは(28)のような「何も」における省略の仕方に注目する。省略できるのは、先行する文(コンテキスト)から復元可能なものだけであると考えた場合(cf. Merchant(2001))、否定は(28a)の質問

11　厳密には、このテストはZanuttini(1991)によって提案された判断基準である。

に含まれていないので(28a)の答えの省略部分は意味的に「見た」
と等価になるはずである。また、(28a)の質問に対する答えとして
(29)も可能であるが、そこで省略されているのは(30b)のような「見
なかった」ではなく、(30a)のような「見た」である。ここでもし「何も」
自体が否定を要求するから(28b)の答えのように「見なかった」が省
略しても良いと考える可能性もあるが(cf. Giannakidou(2000))、
以下のような例文からこの可能性は排除されるとWatanabeは述べ
る。

(31) *何も見た。

(31)は否定のみを省略した例であるが、不適格文である。
Watanabeは、もし前述のような可能性が正しいとすると、(31)のよ
うな文がなぜ非文法的になるのか説明できないと指摘する。
Watanabeはその答えとして、(28)から「何も」が否定の意味を担っ
ていることが示唆され、否定一致が起こっている文においてNeg
「ない」は否定の意味を失うからであると指摘する。そう考えれば、
(28b)で「見なかった」を省略してもいいのは、それが「見た」と意味
的に等価であるからであると説明する。つまり、(28b)において
Neg「ない」の否定素性が義務的に消去され、「何も」が結局否定
素性を担うことになるということである。これに対し、(31)では否定
一致が起こっていないので「見なかった」を省略したという解釈は不
可能になる。このようなWatanabeの分析は否定一致現象に関す

る研究に次のような意義があると考えられる。というのは、上記の(11)でHaegeman & Zanuttini(1996)により提案された否定素性消去のプロセスである否定因数分解をみたが、Haegeman & Zanuttiniはどのような否定素性が否定因数分解により消去されるのについて何も述べていないのに対し、Watanabeは上記でみたようにミニマリスト・プログラムに基づき、Haegeman & Zanuttiniをさらに発展させ、Negの否定素性が義務的に消去されるとすることを提案しているからである。

　以上のように、Watanabeは「不定語モ」は否定素性(Neg-Feature、以下、[＋NEG]素性とする)を持っているとし、[＋NEG]素性の有無は日本語のNCIとNPIを区分付けるもっとも重要な特徴であると主張する。また、渡辺(2005)は、日本語は、上記の(5b)でみた西フラマン語のような二重否定がそもそも現れないため、否定一致が本当に起こっているかどうかが分かりにくく、日本語の否定呼応表現がNCIである判断基準として、[＋NEG]素性の有無は重要な条件であると述べている。

　上記でみた四つのテストに加え、WatanabeはGiannakidou(2000)の下記のようなテストも付け加えている。

(32)　　　clause-boundedness　　　　　　　　　(同:(7))

以下、「同一節内条件が守られるのか否か」についてみる。

84

(33)　同一節内条件が守られるか否か

　　　a.　I didn't say that John admired anyone.

　　　b.?*僕は　[ジョンが誰も尊敬していると] 言わなかった。

　　　　　　　　　　　　　　　　　　　　　　(同:(14))

以上のNPIとNCIを区別する五つのテストを表で示すと、以下のようになる。

(34)　NCIとNPIを区別する五つのテスト

　　　(cf. Vallduví(1994)、Giannakidou(2000))

表現が…	NCI	NPI
① 否定文ではない文に現れるか否か	現れない	現れる
② 主語位置(preverbal position)に現れるか否か	現れる	現れない
③ 同一節内条件が守られるか否か	守られる	守られない
④ 「ほとんど」によって修飾されるか否か	修飾される	修飾されない
⑤ 問答として省略表現が現れるか否か	現れる	現れない

以上のことを踏まえ、Watanabeは「不定語モ」そして詳しくは述べないが「1-助数詞モ」はNPIではなくNCIであると指摘する。他方、渡辺はNCI「不定語モ」はNCIの特徴上、以下のように問題なく多重共起ができるとする。

(35)　　　メアリーは<u>誰にも</u><u>何も</u>言わなかった。

(渡辺(2005:118, (28)))

渡辺(2005:118-119)は(35)の多重NCI構文の認可条件におい
て、Hiraiwa(2001)の多重一致(Multiple Agree)を援用する。多
重一致とは素性照合しなければならない要素が複数存在するとき
は、そのすべてを一度に照合するというものである。例えば、この
多重一致は以下のような日本語の多重主格構文に適用される。

(36)　　　太郎<u>が</u>花子<u>が</u>目<u>が</u>悪く感じられた(こと)。

(Hiraiwa(2005:37, (2.4)))

(36)における下線部の三つの主格助詞「が」は認可子の時制辞
(Tense)によって認可されなければならない(cf. Takezawa(1987))。
Hiraiwa(2001)(2005)は日本語の主格助詞「が」は認可子の時制
辞によって多重一致されると主張する。

2.2.3. 日本語に関する先行研究: NSIとしての分析

2.2.3.1. 片岡(2006)

従来日本語の「しか」の研究においては、英語のNPI「any類」の
分析をそのまま受け入れ、「日本語の「しか」はLFにおいて否定要
素[12]にc-統御されなければならない」というのが、日本語のNPIの

12　本書ではNegという用語を用いているが、本節においては片岡の用語に従
　　う。

必要条件として認められてきたが、片岡はこれは妥当ではなく、下記のように修正されるべきであると主張する。

(37) a. 日本語の「しか」とはLFにおいて否定要素によってc-統御されなければならないのではなく、「しか」は否定要素と指定部-主要部の関係を持ち、否定要素をc-統御しなければならない。

b. 「しか」の(37a)の特徴に基づき、「しか」はNPIではない。

要するに、「しか」が否定要素によってc-統御されるということは、「しか」が否定の作用域にあることを意味するが、「しか」は否定の作用域にあるのではなく、それ自身の作用域に否定を要求すると指摘する。その根拠として、かき混ぜ構文を用い、二種類とされるかき混ぜ構文の構造の中で、一方の構造を持つ場合は、文頭の目的語が否定の作用域に入りえないことを確認し、否定要素にc-統御されない要素であることを示す。すなわち、「しか」がc-統御する要素は否定の作用域外に出られず、また「しか」をc-統御する要素は否定の作用域に入れないという事実から、これらの表現は必ず否定をc-統御し、かつ否定述部と姉妹関係にあり否定のc-統御領域を決定するということである。この内容を例文で確認する。

(38) a. 花子しか外国映画を5本以上見なかった。

*QP > -nai, ok-nai > QP

b. 20人以上の学生が学生食堂でラーメンしか食べない。

okQP > -nai, *-nai > QP　　　　　(片岡(2006:156-159))

片岡は、「しか」は(38)のように、否定の作用域の外側でもっとも否定に近い位置にあるため、「しか」をc-統御する量化表現は否定よりも広い作用域をとり、「しか」にc-統御される量化表現は否定より狭い作用域をとるとしている。この構造を示すと、以下のようになる。

(39)　　[QP1 [XP-しか [[QP2 V]-ない]]]

　また片岡は、「誰も」、「何も」のような「不定語モ」についても、従来「NPI「不定語モ」は否定要素によってc-統御される」という必要条件がなされてきたことに対し、以下のように修正されるべきであると主張する。

(40)　　「不定語モ」はLFにおいて否定要素をc-統御しなければならない。　　　　　　　　　　　　　　　　　　(同:221, (60))

すなわち、「不定語モ」も「しか」と同様にNPIではないことを提示する。このような主張を裏付ける証拠として同一節内において「しか」と「不定語モ」が共起する文を挙げる。片岡は(40)が正しいとすれば、「不定語モ」はLFにおいて否定要素にc-統御されてはならないということになるので、「不定語モ」と「しか」が共起した場合、以下のような相関が予測されると指摘する。

(41)　　「誰も/何も」は、基底生成位置(もしくはQR移動前の位置)

において、「しか」のc-統御領域外に現れることは可能であると期待されるが、「しか」のc-統御領域内に現れることは不可能であると予測される。　　　　　　　　　　　(同, (63))

また、片岡は(41)の予測を「不定語モ」と「しか」のLFでのQR移動前の位置関係で示すと次のように言い換えることができると指摘する(以下、片岡による「A>>B」という記号を用いる。その意味は「AがBをc-統御する」ということを表す)。

(42)　a.　誰も・何も >> しか
　　　　b.*しか >> 誰も・何も　　　　　　　　　　(同, (64))

一方、片岡は「不定語モ」が以下のような従来の研究の条件に従っているNPIであるとすれば、以下が予測されるはずであると主張する。

(43)　　「不定語モ」はLFにおいて否定要素をc-統御されなければならない。　　　　　　　　　　　　　　　　(同, (7))

(44)　　「誰も/何も」は、基底生成位置(もしくはQR移動前の位置)において、「しか」のc-統御領域外に現れることは可能であると期待されるが、「しか」のc-統御領域外に現れることは不可能であると予測される。　　　　(同:222, (65))

(44)の予測を「不定語モ」「しか」のQR移動前の位置関係で示すと次のように言い換えることができると片岡は指摘する。

89

(45)　a. *誰も・何も >> しか

　　　 b.　しか >> 誰も・何も　　　　　　　　　　　　　　（同, (66)）

以上のことは、次のようなデータで確認でき、(41)の予測は正しい
と主張する。以下で挙げるすべての例文の文法性判断は片岡に
よるものである。

(46)　「主語-目的語 型」

　　　 a. ?*花子しか野菜を何も食べない。

　　　　　　（「花子だけは野菜を何か食べるが、花子以外の人は野
　　　　　　菜を何も食べない」という解釈は得られない。）

　　　　　　　　　　　　　　　　　　　　　　　　　　（同:222, (68)）

　　　 「目的語-主語 型」

　　　 b.　野菜を何も花子しか食べない。

　　　　　　（「すべての野菜を花子は食べるが、花子以外は食べない」
　　　　　　と解釈される。）　　　　　　　　　　　　　（同:224, (77)）

(46a)は「しか」が「何も」をc-統御しているので不適格文になるが、
(46b)のようにかき混ぜ操作により、「何も」を「しか」より上に移動さ
せると適格になるとしている。

2.2.4. 韓国語に関する先行研究: NPIとしての分析

　本節では韓国語の先行研究におけるNPIとしての分析のうち、
Chung & Park(1998)とNam(1994)、ナム・スンホ(남승호1998)を
概観する。

2.2.4.1. Chung & Park(1998)

Chung & Parkは英語と韓国語における多重NPIに関して以下のような相違点がみられるとする。

(47) a. John did not give <u>anything</u> to <u>anybody</u>.

b. John did not say to <u>anybody</u> that Mary likes <u>anyone</u>.

(48) a. *존이　　아무것도　　아무에게도　아니

Jon-i　　　amugeos-do amuege-do　ani

John-Nom *anything*　*to anyone*　Neg

주었다.

ju-eoss-da

give-Past-Decl

「ジョンが何も誰にもあげなかった。」

b. *존이　　아무것도　　매리가　아무에게도

Jon-i　　　amugeos-do Mary-ga amuege-do

John-Nom *anything*　Mary-Nom *to anyone*

좋아한다고　　말하지　　않았다.

johahan-da-go　malha-ji　anh-ass-da.

like-Decl-Comp say-Com Neg-Past-Decl

「ジョンが何もメアリが誰にも好きだと言わなかった。」

(Chung & Park(1998:433, (40)(41)))

英語は(47)の下線部のように、多重NPI現象が許される言語であるのに対し、韓国語は(48)のように多重NPI現象が許されない言語であるとする。その理由は両言語の以下のような統語的構造の

相違点に起因すると主張する。

(49) 韓国語

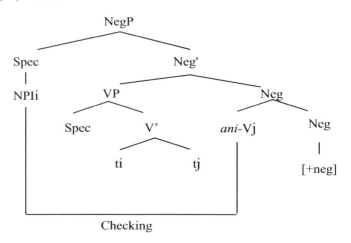

(50) 英語

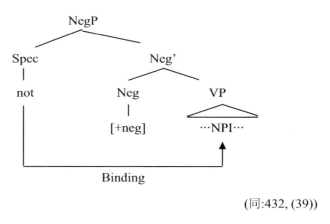

(同:432, (39))

　　Chung & Parkは、英語のNPIは(50)のようにNegのスコープに

入るのに対し、韓国語のNPIは(49)のようにNegのスコープに入らないと指摘する。また、英語のNPIは束縛関係(binding relation)により認可されるが、韓国語のNPIは照合関係(checking relation)によって認可される。よって、英語は束縛されるものが複数存在しても生起することができるとしている。

2.2.4.2. Nam(1994)、ナム·スンホ(남승호1998)

Nam(1994)、ナム·スンホ(남승호1998)は、Zwarts(1990)がドイツ語、オランダ語(Dutch)そして英語のNPIを用いて、自然言語のNPIの類型を意味論的な立場から二種類、すなわち強NPI(strong NPI)と弱NPI(weak NPI)に分けていることに対し、韓国語と日本語のようなNPIは最強NPI(strongest NPI)として分類すべきであり、よって自然言語のNPIは以下のように最強·強·弱NPIに分けるべきであると主張する。

(51)　　NPIの類型
　　　Ⅰ. 弱NPI: 減少関数(decreasing functions)によって認可される
　　　英語: any、everなど
　　　オランダ語: hoeven(need)
　　　ドイツ語: brauchen(need)
　　　Ⅱ. 強NPI: 反付加関数(anti-additive functions)によって認可される
　　　英語: yet

オランダ語: ook maar iets(anything(at all))

ドイツ語: auch nur irgendwas(anything(at all))

韓国語: deoisang(더이상, それ以上)、geuleohge(그렇게, そのように)、nunsseob hana kkattahada(눈썹 하나 까딱하다, まゆ一つ動かさない)

日本語: それ以上、まゆ一つ動かす

Ⅲ. 最強NPI: 反形態関数(anti-morphic functions)によって認可される

英語: a bit、either

韓国語: amu-do、bakk-e

日本語: 誰も、しか

(ナム・スンホ(남승호1998:225, (24)))

弱・強・最強NPIの認可子である減少・反付加・反形態関数は、単調性(monotonicity)という概念と密接な関係があるとNamはいう。単調性というのは、Ladusaw(1980a, b, c)がKlimaの「affective」の概念を論理的含意関係に基づいて一般化させたものである(奥野・小川(2002))。詳しい内容は、Nam(1994)、ナム・スンホ(남승호1998)を参照してもらいたい。

ともかく、Nam(1994)は日韓両言語における「誰も/amu-do」、「しか/bakk-e」は(51Ⅲ)の反形態(anti-morphic)によって認可されるとし、「誰も/amu-do」、「しか/bakk-e」を最強NPIとして捉える。Namの理論に基づくと、「1-助数詞モ/do」と「決して/gyeolko」も最強NPIになると考えられる。Namが指摘する日韓両言語の最強NPIの種類をまとめると、下記のようになるだろう。

(52)　Namによる最強NPIの種類

    a. しか/bakk-e

    b. 不定語モ/do

    c. 1-助数詞モ/do

    d. 決して/gyeolko

要するに、Namは従来、自然言語におけるNPIの類型は弱NPIと強NPIのように2タイプが存在すると捉えられてきたが、日韓両言語における(52)のNPIは弱NPIでも、強NPIでもなく、最強NPIであるとして捉えるべきであるとし、自然言語におけるNPIはこのように3タイプのNPIが存在すると主張する。その上に、Namは最強NPIの認可条件として以下のような特徴を提示する[13]。

(53)　　one-to-one relation between a strongest NPI and its licensor.　　　　　　　　　　　　(Nam(1994:12))

すなわち、(53)は、最強NPIはその認可子と一対一の対応関係を持たなければならないことを示す。以下の例文をみてもらいたい。

---

13 Namはほかにも以下のような制約を提示する。

  (i) Restriction to the negation scope in negative polarity context.　（同）
つまり、最強NPI文における否定のスコープはNPIが現れるところまでにしか及ばないという制約である。例えば、最強NPIが目的語位置に生起すると否定のスコープは主語までには及ばないということである。

(54)　[韓国語]

    a. <u>아무도</u>　존을　　좋아하지　않는다.

       amu-do　Jon-eul　johaha-ji　anh-neun-da

       anyone　John-Acc like-Comp Neg-Pres-Decl

       「誰もジョンが愛さない。」

    b. *<u>아무도</u>　<u>아무도</u>　좋아하지　않는다.

       amu-do　amu-do　johaha-ji　anh-neun-da

       anyone　*anyone*　like-Comp Neg-Pres-Decl

       「誰も誰も愛さない。」

    c. *존　밖에　<u>아무도</u> 좋아하지　않는다.

       Jon　bakk-e amu-do johaha-ji　anh-neun-da

       John *only*　　*anyone* like-Comp Neg-Pres-Decl

       「ジョンしか誰も愛さない。」

(55)　[日本語]

    a. ジョンが<u>誰も</u>愛さない。

    b. *<u>誰も</u> <u>誰も</u>愛さない。

    c. *ジョン<u>しか</u><u>誰も</u>愛さない。　　　　　　(同:12-13, (25)(26))

(54a)と(55a)は単一のNPI「amu-do/誰も」が生起するため、上記の(53)が守られ、認可子の反形態関数によって問題なく認可される。これに対し、(54b, c)と(55b, c)は複数のNPI、例えば、(54b, c)は二重の「amu-do/誰も」が、(55b, c)は「bakk-e/しか」と「amu-do/誰も」が用いられ、(53)の認可条件が守られないため不適格になるという。

2.2.5. 韓国語に関する先行研究: NCIとしての分析

管見の限りにおいて、韓国語におけるNCIとしての分析はキム・

ヨンファ(김영화2005)のみである。以下でキム・ヨンファの議論を
概観する。

2.2.5.1. キム・ヨンファ(김영화2005)

キム・ヨンファは上記の2.2.2.1節でみたWatanabe(2004)、渡辺
(2005)のように詳しい議論は行っていないが、韓国語の「不定語
do」を英語のNPI「any類」と同様に取り扱うのは妥当ではないと述
べ、「不定語do」は西フラマン語のようなNCIとしての性質を持つと
主張する。その根拠として、キム・ヨンファは、英語のNPI「any類」
は疑問文にも現れるが、韓国語の「不定語do」は現れないことを挙
げる。以下の例文をみてもらいたい。

(56)　a.　Do you have <u>any</u> friend?

　　　b.*너는　　　<u>아무도</u>　친구가　　　있나？
　　　　 neo-neun amu-do chingu-ga   iss-na
　　　　 you-Top *anyone*   friend-Nom have-Int
　　　　「(Lit.)あなたは誰も友達がいるの？」

　　　　　　　　　　　(キム・ヨンファ(김영화2005:23, 脚注10(2)))

「any類」は(56a)のように疑問文に用いることができるのに対し、韓
国語の「不定語do」はそれができない。このことからキム・ヨンファは
「不定語do」は、NPIではなくNCIとして取り扱う。このようなアプ
ローチは、Watanabeが日本語の「不定語モ」をNCIとして分析し
たものと類似する。ただし、キム・ヨンファはWatanabeと異なり、

Haegeman(1995)の「Neg-criterion」をそのまま採用し、「不定語do」における「do」を否定演算子として捉え、Negと指定部-主要部一致を成すと主張する。

2.3. まとめ

　本章では、自然言語の否定呼応表現に関する先行研究を概観した。先行研究において否定呼応表現の類型は大きく二つのタイプ、つまりNPIとNCIに分けられることをみた。NPIは英語の「any類」を分析したKlima(1964)以来、NCIは西フラマン語及びロマンス諸語の「n-word」のような表現を分析したHaegeman & Zanuttini(1991)(1996)、Haegeman(1995)以来盛んに研究が行われている。Klimaは英語におけるNPIの「any類」を中心に統語的観点でNegとの構造関係を指摘している。Klimaが提案している「Affective criterion」は近年の日韓両言語のNPIの研究やNCIの研究に大きな影響を与えた。一方、Haegemanは自らKlimaの「Affective criterion」を受け継いでいるものの、Klimaの「Affectivecriterion」はロマンス諸語における否定一致現象には適用できない場合があることを指摘している。Haegemanは、統語的操作である「Neg-criterion」と解釈操作である「否定因数分解」によって、複数ある文否定素性のうち一つを残してあとはすべて取り消すという操作を想定することで、当該の文が単独否定文と解釈される事実を説明し

ている。

　日本語と韓国語の否定呼応表現「しか/bakk-e」、「不定語モ/do」、「1-助数詞モ/do」、「決して/gyeolko」は先行研究においても大きく二つの異なる分析に分かれていることを述べた。第一点は、上記のKlimaの分析に従ったNPIとしての分析であり、第二点は、上記のHaegeman & Zanuttiniの分析に従ったNCIとしての分析である。2000年代以前は、NPIとしての分析が定説として受け入れられてきたが、2000年代に入り、Haegeman & Zanuttiniの分析を受け継いだWatanabe(2004)、渡辺(2005)は日本語の「不定語モ」がNPIではなくNCIとして捉えるべきであると主張している。その根拠して、Vallduví(1994)、Giannakidou(2000)から援用したNPIとNCIの区別する五つのテストを挙げている。またWatanabeは、日本語においてNPIとNCIと区分付けるもっとも重要な要素はその表現が否定性を担っている[＋NEG]素性を有するか否かであると主張する。韓国語においては、Watanabeほど詳しく論じないが、キム・ヨンファ(김영화2005)において韓国語の「不定語do」はNCIとして捉えられるべきであると指摘されている。また、日本語の「しか」と「不定語モ」について、NPIやNCIではなく、NSIとして分析すべきであるという片岡(2006)の主張もみた。

　また、「しか/bakk-e」、「不定語モ/do」、「1-助数詞モ/do」、「決して/gyeolko」が同一節内において多重共起した構文において、NPIとしての立場をとる先行研究は日本語において「しか」は、多重NPI現象には現れないとし、韓国語においては、そもそも多重

NPI現象は現れないと認められることをみた。これに対し、NCIとしての分析をとる渡辺とNSIとしての分析をとる片岡は、これらの表現の多重共起を認めることをみた。要するに、渡辺は多重「不定語モ」は「不定語モ」がNCIであるため、許されるのは当然であるとし、これらの多重「不定語モ」の認可条件は、日本語の多重主格構文の認可条件と同様に、認可子のNegから多重一致されると主張している。また片岡は「しか」と「不定語モ」は多重共起できるが、必ず「不定語モ」が「しか」より上に生起し、「しか」をc-統御しなければならないと主張している。

　以上のような日韓両言語の先行研究に対し、以下の章ではそれぞれの問題点を指摘し、本書の立場を述べる。日本語においては後の第3章において、韓国語においては後の第7章において述べることにする。

第3章

日本語における
否定一致現象

3.0. はじめに

　本章では前章で概観した日本語における先行研究の問題点を指摘し、本書の立場を述べる。本書はWatanabe(2002)(2004)、渡辺(2005)において主張されたNCIとしての分析を支持する。ただし、Watanabe、渡辺は「不定語モ」に関しては詳しく述べるものの、「しか」と「決して」については一切指摘しておらず、また「1-助数詞モ」においてはNCIとして捉えるべきであると指摘しているが、これに関する詳しい議論は成されていない。よって、本章では「不定語モ」だけではなく、「しか」、「1-助数詞モ」、「決して」もNCIとして取り扱うべきであると主張し、この主張を裏付ける根拠を提示する。

　ただし、「しか」に関しては複雑な問題が絡んでいることから、本章では特に、「しか」の性質に注目する。Nishioka(2000)、Furukawa(2001)は従来の研究の立場と異なり、「しか」をNCIとして捉えるべきであると主張している。これに対し、Kataoka(2006)とNakao & Obata(2007)は「しか」は問答における省略表現が不可能であることからNCIとして捉えられないと主張している。確かに「しか」は第2章でも概観したように他のNCI、例えば「不定語モ」などと同一節内で共起できないことからKataokaとNakao & Obataの主張はさらに裏付けられ、妥当であるようにみえる。しかし、本書は今までの先行研究の立場と異なり、「しか」は生起する統語位置によりその性質が決められることを主張する。すなわち、主語または目的語と

いった項位置に生起する「しか」はNPIとしての性質を持つのに対し、付加部位置に生起する「しか」はNCIとしての性質を持つことである。このように「しか」を生起する統語位置により区別しようとする試みは、管見の限り、これまで指摘がされていない。これは、従来項位置に生起する「しか」を中心に分析されてきたため、見過ごされた大きな問題点であるといえる。このような点を踏まえ、本章では、「しか」の性質を明らかにする。

　3.1節において第2章で概観した先行研究の問題点と本書の立場について述べる。3.2節において本書の主張、「しか」、「1-助数詞モ」、「決して」がNCIとして捉えられるべきであることを検証する。この節では先行研究で提案されたNCIとNPIを区別する五つのテストと本書が提案するテストを加え、その妥当性を示す。また「しか」の性質に注目し、生起する統語位置がその性質を決める重要な条件であることを示す。

3.1. 先行研究の問題点と本書の立場

　本節では、「しか」、「不定語モ」、「1-助数詞モ」、「決して」に関して、先行研究の問題点を指摘し、本書の立場を明らかにする。まず、本書の立場は(1)にまとめられる。

(1)　本書の立場

  a. 「しか」、「不定語モ」、「1-助数詞モ」、「決して」はNPIまた
   はNSIではなく、NCIとして捉えられるべきである。

  b. ただし、「しか」についてはその生起する統語位置により性
   質が異なり、項位置に現れる「しか」はNPIとして、付加部
   位置に現れる「しか」はNCIとして捉えるべきである。

今までのほとんどの先行研究は「しか」、「不定語モ」、「1-助数詞
モ」、「決して」をNPIとして扱ってきた。その根拠は、第2章でも述
べたようにこれらの表現が英語のNPI「any類」と同様に否定文に生
起することである。以下の例文をみてもらいたい。

(2)　a.（英）Taro didn't eat(*ate)<u>anything</u>.

   （日）太郎は<u>何も</u>食べなかった(*食べた)。

  b.（英）Taro didn't punch(*punched)<u>anyone</u>.

   （日）太郎は<u>誰も</u>殴らなかった(*殴った)。

英日両言語における下線部の「anything/何も」、「anyone/誰も」は
(2)のように否定文にのみ生起できる。よって、従来「不定語モ」と
同様に、否定文にのみ生起する「しか」、「1-助数詞モ」、「決して」
もNPIとして取り扱われてきたと考えられる。

 また、先行研究において「しか」、「不定語モ」、「1-助数詞モ」、
「決して」をNCIとして捉えにくかったのは、これらの表現は二重否
定の現象において西フラマン語のような典型的なNCIを持つ言語

と違う振る舞いを示すからであると考えられる。以下の例文をみて
もらいたい。

(3)　a.… da　Vale`re niemand nie (en)-kent.
　　　　　that Vale`re nobody　　not　　Neg-know
　　　　　'… that Vale`re doesn't know anybody.'
　　　b.… da　Vale`re nie niemand (en)-kent.
　　　　　that Vale`re not nobody　　　Neg-know
　　　　　'… that Vale`re doesn't know nobody.'

(＝序章, (3))

序章において、西フラマン語は「niemand(nobody)」と「nie(not)」
の語順によって(3a)のように単一否定になる場合と(3b)のように二
重否定になる場合があると述べた。しかしながら、日本語の「しか」、
「不定語モ」、「1-助数詞モ」、「決して」が用いられた文、(4a-d)は
「しか」、「不定語モ」、「1-助数詞モ」、「決して」の語順を(4a'-d')の
ように変えても前述の西フラマン語のような二重否定の意味は一切
現れない。

(4)　a.　花子は太郎としかお酒を飲まなかった。
　　　a'.　花子はお酒を太郎としか飲まなかった。
　　　b.　誰もお酒を飲まなかった。
　　　b'.　お酒を誰も飲まなかった。
　　　c.　一人もお酒を飲まなかった。
　　　c'.　お酒を一人も飲まなかった。

　　d. 花子は<u>決して</u>お酒を飲まなかった。

　　d'. 花子はお酒を<u>決して</u>飲まなかった。

よって、日本語は上記の(3a)のような「否定一致」がそもそも生じない言語であると認められ、「しか」、「不定語モ」、「1-助数詞モ」、「決して」は、英語の「any類」と同様にNPIとして分析されてきたと考えられる。

　しかし、付加部位置に生起する「しか」、「不定語モ」、「1-助数詞モ」、「決して」をNPIとして取り扱った場合、問題点が少なくない。第2章の2.2.2節でも概観したようにWatanabeは、日本語の「不定語モ」と英語の「any類」は以下のような五つの構文環境において異なっていると述べ、「不定語モ」はNPIとして捉えてはならないと主張する。その例文を以下で再掲する。

(5)　　①　　否定文ではない文に現れるか否か

　　a.　　Have you seen <u>anything</u>?

　　a'.　*<u>何も</u>見ましたか？

　　b.　　If John steals <u>anything</u>，he'll be arrested.

　　b'.　*ジョンが(もし)<u>何も</u>盗んだら、逮捕されるでしょう。

　　　　　　　　　　　　　　　　　　（＝2章, (22a, b)(23a, b)）

(6)　　②　　主語位置(preverbal position)に現れるか否か

　　a.　*<u>Anybody</u> didn't criticize John.

　　b.　　<u>誰も</u>ジョンを批判しなかった。　　　　（＝同, (24a, b)）

(7)　　③　　「ほとんど」によって修飾されるか否か

　　a.　*John didn't eat almost <u>anything</u>.

       b.   ジョンはほとんど<u>何も</u>食べなかった。   （＝同, (26a, b))

(8)   ④   問答として省略表現が現れるか否か

       a.   質問: What did you see?

            答え: *Anything.

       b.   質問: 何を見たの?

            答え: 何も。   （＝同, (27a, b))

(9)   ⑤   同一節内条件が守られるか否か

       a.   I didn't say that John admired <u>anyone</u>.

       b.?*僕は [ジョンが<u>誰も</u>尊敬していると] 言わなかった。

                                   （＝同, (33))

「anything」は(5a)のような疑問文と(5b)のような条件文、すなわち否定文ではない文においても生じるのに対し、日本語の「何も」は(5a')(5b')でみるように否定文ではない文においては生じないことが分かる。また、(6)から英語の「anybody」は主語位置に生起できないのに対し、日本語の「誰も」は生起できることが分かる。続いて、(7)は「anything」が「almost」によって修飾されないのに対し、日本語の「何も」は修飾される。また、(8)において「何も」は問答における省略表現が可能であるのに対し、「anything」は不可能である。最後に、「不定語モ」はNegと同一節内条件を守らなければならないのに対し、「anyone」は守らなくてもよいのである。以上のような英語の「any類」と日本語の「不定語モ」との非対称性からWatanabeは、「不定語モ」はNPIとして捉えてはならないと指摘し、前述のような「不定語モ」の性質はNCIと非常に類似すると主

張し、上記の(5)-(9)をNCIとNPIを区別する五つのテストとして用いる。

　本書は以上のようなWatanabeの主張は妥当であると考える。しかし、Watanabeでは「しか」と「決して」については一切触れていない。また、「1-助数詞モ」に関してはNCIとして取り扱うべきであると述べただけで詳しい議論は行われていない。よって、本書では、Watanabeが扱っていない「しか」、「決して」、「1-助数詞モ」について記述し、その性質を明らかにする。

　他方、第2章の2.2.3.1節で、「しか」と「不定語モ」をNPIまたはNCIではなく、NSIとして捉えるべきであるという片岡(2006)の主張を述べた。しかし、片岡の主張には次のような問題点があると考える。片岡は、「「しか」と「不定語モ」はLFにおいて否定要素をc-統御しなければならない」という主張を裏付ける決定的な根拠として、(10)を提示する。

(10)　　「誰も/何も」は、基底生成位置(もしくはQR移動前の位置)において、「しか」のc-統御領域外に現れることは可能であると期待されるが、「しか」のc-統御領域内に現れることは不可能であると予測される。　　　　　　　　(＝同, (41))

要するに、同一節内において、「不定語モ」と「しか」が共起する際に、「不定語モ」が「しか」より上に生起しなければならないということである。片岡は、次のような例文を提示し、この主張を裏付ける。

(11) 「主語-目的語 型」

    a .?*花子<u>しか</u>野菜を<u>何も</u>食べない。

       (「花子だけは野菜を何か食べるが、花子以外の人は野菜を何も食べない」という解釈は得られない。)

    「目的語-主語 型」

    b. 野菜を<u>何も</u>花子<u>しか</u>食べない。

       (「すべての野菜を花子は食べるが、花子以外は食べない」と解釈される。)   (＝同, (46))

しかし、前節の2.2.1節において、Kato(1985)、Aoyagi & Ishii (1994)を始め、江口(2000)、Konomi(2000)、近藤(2001)、Kawamori & Ikeya(2001)、Kuno & Whitman(2004)、茂木(2004)などほとんどの研究では、「しか」は同一節内おいて他のNPIと共起できない制約が存在すると考えられていると述べた。実際に、本書が行ったインフォーマント調査の結果からでも、(11a, b)のように用いられる「しか」は「不定語モ」と共起しにくいことが分かった。よって、(11a)が不適格になるのは、「しか」が「不定語モ」より上に生起しているからではなく、「しか」の上記のような制約に起因すると考えられる。(11b)も上記のような「しか」の制約により不適格になる。ただし、後の3.2.1節で付加部位置に生起する「しか」は他のNPIと生起可能であることを述べるが、下記の例文の場合、「しか」が「不定語モ」より上に生起しなければならないことが分かる。

(12) a. 人間は自分のために<u>しか</u>何<u>も</u>しない。

　　　b. ＊人間は<u>何も</u>自分のためにしか<u>しない</u>。

(12)は、片岡の主張である(10)の反例になると考えられる。また、(12)は韓国語においても同様の適格性判断がなされる。これは後の第8章でみる。

　次に、片岡は生成文法的アプローチに基づき議論し、また片岡が主張するNSIは、他の言語ではみられない日本語独自の現象であると述べられている。しかし、Watanabeは「不定語モ」はNCIとしての特徴を持っていると主張し、その決定的な根拠としてNCIとNPIを区別する五つのテストを提示する。また、前章で述べたように、この五つのテストは他の言語にも適用することができる。否定一致現象が現れる言語として、例えば、ロマンス諸語(Romance languages)、アフリカーンス語(Afrikaans)、スラブ語(Slavic)、ギリシャ語(Greek)、ハンガリー語(Hungarian)、非標準英語(Non-Standard English)、韓国語などが挙げられることから、否定一致は日本語だけではなく、通言語的(cross-linguistic)現象であるといえる。このようなことを踏まえ、生成文法的アプローチをとる研究において、NCIとしての立場をとるのは、妥当であると考える。

　以上、本書ではNPIまたはNSIとしてではなくNCIとしての立場をとるということ、またその妥当性を述べた。次は、「しか」の多重NCI構文における制約に関する問題点を述べる。2.2.1節においてKato(1985)、Aoyagi & Ishii(1994)を始め、江口(2000)、Konomi(2000)、近藤(2001)、Kuno & Whitman(2004)、茂木(2004)な

どほとんどの研究は「しか」は他のNPIと同一節内において多重共起できない制約を持っていると述べた。以下にその例文を再掲する。

    (13) a. *ジョン<u>しか</u>何<u>も</u>食べなかった。   (＝同, (19a))

          b. *<u>一人も</u>りんご<u>しか</u>食べなかった。   (＝同, (15f))

          c. *太郎<u>しか</u><u>決して</u>しゃべらなかった。   (＝同, (15h))

          d. *太郎<u>しか</u>りんご<u>しか</u>食べなかった。   (＝同, (15k))

(13a)は「しか」が「不定語モ」と、(13b)は「1-助数詞モ」と、(13c)は「決して」と、(13d)は「しか」と共起した例文であるが、いずれも不適格になると認められる。このことは「しか」も「不定語モ」と同様にNCIとして捉えるべきであると主張するNishioka(2000)とFurukawa(2001)にとって、大きな問題になると考えられる。なぜならNCIというのはその定義からでも分かるように、同一節内において他のNCIと多重共起できるはずであるからである[1]。事実、「不定語モ」は以下のように同一節内において多重共起できると認められる。

    (14) a. <u>誰も</u>何<u>も</u>食べなかった。   (Kato(1985:154, (40)))

          b. <u>誰も</u>どこに<u>も</u>行かない。

---

1 ただし、Nishioka(2000:173-176)は(13a)のような例文、つまり「しか」が「不定語モ」に先行する文は許容されると述べる。しかし、多くの先行研究そして本書において行ったインフォーマント調査から、(13a)のような例文は非文に近い文であると判断される。

(14)の事実から、「不定語モ」がNCIであるというWatanabeの主張はさらに裏付けられる。しかし、「しか」の場合、前述の(13a)と(13d)のように「不定語モ」または「しか」と多重共起できないことから「しか」をNCIとして捉えるNishiokaとFurukawaの主張は崩れると考えられる。

　しかし、以下のような例文から、「しか」が他のNPIと問題なく多重共起できることが示唆される。

(15)　a.　ようするに社会的関係性の中で<u>しか</u>何<u>も</u>ないと気づくわけ。

　　　　　　　　　　　　　　　　　　　(朝日新聞2003/9/29)

　　　b.(?)私は飲んだ時に<u>しか</u>一言<u>も</u>文句を言えない旦那が嫌です。　　　　　　　　　　　　　　　　(＝序章, (22c))

　　　c.　今の母親たちは自分と同質の人間同士で<u>しか決して</u>交流を持とうとしません。　　　　　　(＝同, (22d))

　　　d.　?吸いたい時に<u>しか</u>、そこで<u>しか</u>タバコを吸わない。

　　　　　　　　　　　　　　　　　　　　(＝同, (22a))

(15)は(13)と同様に「しか」が他のNCIと共起する例文であるが、許容度は(13)より相当上がる。すなわち、(15a)は(13a)と同様に「しか」が「不定語モ」と、(15b)は(13b)と同様に「しか」が「1-助数詞モ」と、(15c)は(13c)と同様に「しか」が「決して」と、(15d)は(13d)と同様に「しか」が二重に用いられた例文であるが、いずれも適格性が(13)より上がる。本章では「しか」の(13)と(15)の対比に注目し、

どのようなメカニズムで(15)が許されるのかを明らかにする。

　以上、先行研究の問題点と本書の立場を述べた。次節では、本書の立場(1)を支持する根拠を提示する。

3.2. 検証

　本節では前節で述べた本書の立場(1)を検証していく。3.2.1節においては、「しか」について、3.2.2節と3.2.3節ではそれぞれ「1-助数詞モ」と「決して」についてみてみる。

3.2.1. 「しか」

　本節では「しか」の性質について述べる。本書は、今までの先行研究の指摘と異なり「しか」は生起する統語位置により性質が異なっており、主語または目的語の項位置に生起する「しか」はNPIとして、付加部位置に生起する「しか」はNCIとして取り扱うべきであると主張する。次節では、問題の所在と先行研究との関連についてみる。

3.2.1.1. 問題の所在と先行研究との関連

　従来「しか」は統語的・意味路的なアプローチからさまざまな研究が多く成されてきた。例えば、統語的立場の研究として、Oyakawa(1975)、Muraki(1978)、Kato(1985)、許斐(1989)、

Aoyagi & Ishii(1994)、松井(山森)(1996)、Tanaka(1997)、久野
(1999)、吉村(1999)、江口(2000)、Konomi(2000)、Kuno &
Whitman(2004)、Sells(2005)、Nakao & Obata(2007)などは「し
か」をNPIとして、Nishioka(2000)、Furukawa(2001)などは「しか」
をNCIとして、片岡(2006)はNSIとして分析しその認可条件を中
心に議論している。また、意味論的立場の研究として、森田
(1980)、寺村(1991)、中西(1995)、茂木(2004)、沼田(2006)な
どは「しか」をいわゆる「とりたて詞」として取り扱い、「だけ」と同じく
「限定」の意味を担うとされ、両表現の異なる意味記述が主に取り
上げられてきた。これを下記の寺村(1991)の説明で確認したい。

 (16) a. 「xしかpない」
     「表の意味」: x以外のものについてpでない
     「影の意味」: xについてpである
   b. 「xだけpである」
     「表の意味」: xについてpである
     「影の意味」: x以外のものついてpでない

             (寺村(1991:164-169))

「しか」と「だけ」は(16)のように「表」と「影」の意味が異なっている。
寺村、沼田などはこの理由について両表現の「視点」に相違点が
あるからであると指摘する。

 Kato(1985)、久野(1999)、茂木(2004)などにおいても詳細な
内容は異なるが、基本的には上記のような寺村、沼田と類似した

指摘がなされている。

　他方、「しか」は否定文にのみ生起するという統語的特徴のほか
に、以下のような統語的特徴も持つとされる。

(17)　　「しか」は分布が自由であり、名詞句、後置詞、副詞/副詞
　　　　句など種々の要素に後接可能である(寺村(1991)、沼田
　　　　(2006)など)。

以下、具体例で(17)を確認する。

(18) [名詞句の後]
　　　a.　太郎しか来なかった。
　　　b.　太郎はりんごしか食べなかった。
(19) [後置詞の後]
　　　a.　[クチジロシカは]青蔵高原の標高四千メートル以上の高地
　　　　　にしか生息していない。　　　　　　　　(寺村(1991:140))
　　　b.　この店の酒はそれまでは東京のおでん屋でしか飲んだこと
　　　　　がないものだった。　　　　　　　　　　　　　　　(同)
(20) [副詞/副詞句の後]
　　　a.　ゆっくりしか歩けない。　　　　　　　　　　　　(同)
　　　b.　世間でも伝説のようにしか思われていない。　　　(同)

(18)-(20)に生起する「しか」は否定文にのみ生起するという統語的
特徴及び(16)の意味的特徴をそれぞれ満たしている。言い換える
と(18)-(20)の「しか」は必ず否定文内に生起しなければならなず、

かつ「限定」の意味を表し、「だけ」の場合と異なって「表」と「影」の意味が存在するのである。よって、統語論的立場からの先行研究、Oyakawa(1975)、Muraki(1978)、Kato(1985)、許斐(1989)、Aoyagi & Ishii(1994)、松井(山森)(1996)、Tanaka(1997)、久野(1999)、Konomi(2000)、Nishioka(2000)、Furukawa(2001)、片岡(2006)など、そして意味論的立場からの先行研究、森田(1980)、寺村(1991)、中西(1995)、茂木(2004)、沼田(2006)などは(18)のように主語/目的語に後接する「しか」と(19)と(20)のように後置詞と副詞/副詞句に後接する「しか」をまったく同一のものとして捉えてきた。管見の限りにおいて、今までの「しか」に関するすべての研究は前述の先行研究と同様に、項位置に生起する「しか」と、付加部位置に生起する「しか」を同一の表現として捉えてきた。しかし、このような先行研究の主張が正しいと仮定した場合、次のような例文における「しか」の非対称性がうまく説明できない。

(21)　a. *誰も水しか飲まなかった。　　　　(＝2章, 脚注10(i a))

　　　b. (このビルの地下は8階まであると言われているが)誰も地下5階までしか行ったことがない。

(22)　a. *太郎しか何も食べなかった。　　　　(＝同, (21b))

　　　b. ようするに社会的関係性の中でしか何もないと気づくわけ。　　　　　　　　　　　　　　　　(＝(15a))

(23)　a. *一人もりんごしか食べなかった。　　(＝序章, (21c))

　　　b. ?カナダとかはですね、男たちは一人もちゃんと灰皿がある所でしかタバコを吸わないんですよ。

(24) a. ＊太郎<u>しか</u>決してしゃべらなかった。　　　　(＝同, (21d))

　　　b. 今の母親たちは自分と同質の人間同士で<u>しか</u>決<u>して</u>交流
　　　　を持とうとしません。　　　　　　　　　　　　(＝(15c))

(25) a. ＊太郎<u>しか</u>りんご<u>しか</u>食べなかった。　　(＝序章, (21a))

　　　b. ？吸いたい時に<u>しか</u>、そこで<u>しか</u>タバコを吸わない。

　　　　　　　　　　　　　　　　　　　　　　　　(＝同, (22a))

(21a)-(24a)は「しか」が波線部の他のNPI「不定語モ(誰も、何も)」、
「1-助数詞モ(一人も)」または「決して」と共起した文で、(25a)は「し
か」が同一節内において二重に用いられた多重NPI構文である
が、いずれも不適格文である。

　従来、Kato(1985:154-155)、Aoyagi & Ishii(1994:300-301)、
江口(2000:297)、Konomi(2000:53)、近藤(2001:23-24)、Kuno
& Whitman(2004:221-223)、茂木(2004:148)など多くの研究に
おいて、「しか」は(21a)-(24a)のように多重NPI構文が許されない
と考えられてきた。この理由について統語論的または意味論的側
面で各自異なる説明を提示している(統語的アプローチによる説明
は第2章のKato(1985)とAoyagi & Ishii(1994)を、意味論的アプ
ローチによる説明は第2章のNam(1994)とナム・スンホ(남승호
1998)を参照)。先行研究によって「しか」がなぜ多重NPI構文に用
いられないのかに関する説明は相違するが、下記のような「しか」
の制約に起因するからであるというのは共通する。

(26) 　　「しか」の制約
　　　　「しか」は同一節内でNegと必ず一対一の対応関係を持た

118

なければならないため、他のNPIと共起できない。

よって、(21a)-(25a)は許容されないという。しかし、(21b)-(25b)の容認性は、(21a)-(25a)より相当上がる。もし先行研究の見解が妥当であると考えると、このような「しか」の非対称性は生じないはずである。

以上、従来の「しか」に関する研究の問題点を述べた。次節ではこのような「しか」の生起する統語位置の違いによる非対称性について、より多くのデータを中心に記述していく。

3.2.1.2.「しか」の項・付加部の非対称性

本節では、付加部位置に生起する「しか」が用いられた多重NPI構文についてみる。まず、「しか」が「不定語モ」と共起する例文をみる。

(27) 「しか－誰も」
　　　a. 今の和室はお客様が泊まる時しか誰も寝ない。
　　　b. それは、ものすごく弱ってる時しか誰もできないと思われます。
(28) 「しか－何も」
　　　a. 私の妻は自分のお腹の減った時しか何も作りません。
　　　b. もともと用事がある時しか何も言ってこなかったけれど。
(29) 「しか－どこにも」
　　　普段奥さんと休みが違うので、こういった時しかどこにも行

けませんが。

(27)-(29)における「しか」は節付加部(clausal adjunct)であるTP-adjunctに後接し、「不定語モ」と共起しているが、前節で概観した先行研究の指摘と異なり問題なく許容される。また、下記のように「しか」が非節付加部(non-clausal adjunct)に後接する場合でも「不定語モ」と共起できる。

    (30) 「しか－誰も」

        a. それは紙でしか誰も持っていません。

        b. カナダとかはですね、ちゃんと灰皿がある所でしか誰もタバコを吸わないんですよ。

        c. そこからしか誰も行ったこともなかった。

        d. 今では夏の肝試しでしか誰も訪れないらしい。

    (31) 「しか－何も」

        a. ようするに社会的関係性の中でしか何もないと気づくわけ。   (＝(15a))

        b. 花子からしか何ももらってない。

        c. 人間は自分のためにしか何もしない。

        d. 私たちは歌でしか何も返せないから、今できる最高のものを見せようぜ。

        e. 私はいつも私の旦那としか何も食べない。

    (32) 「しか－どこにも」

        a. うちは毎年この日しかどこにも連れて行ってやれないので、子供は大喜びです。

        b. 確かに車でしかどこにもいけなかったため、歩くチャンスは

少ない。

c. 私はいつも太郎としかどこにも出かけない。

d. ここからしかどこにも行けない。

上で分かるように、道具(Instrument)、場所(Locative)、起点(Source)、受益者(Benefactive)、共同格(Comitative)の意味役割を持つ付加部位置の「しか」は「不定語モ」と問題なく共起できる。以上の事実から、付加部位置の「しか」が現れる統語位置がどこであっても、またその場合に意味役割は何であっても、「しか」が「不定語モ」と共起できることが分かる。

　ほかにも、付加部位置の「しか」は以下のように「しか」、「1-助数詞モ」、「決して」とも共起できる。

(33)　「しか－しか」

a. ?花子はいつもお祭りの時しか、自分のお父さんとしか出かけない。

b. ?吸いたい時にしか、そこでしかタバコを吸わない。

(＝(15d))

(34)　「しか－1-助数詞モ」

a. ?カナダとかはですね、ちゃんと灰皿がある所でしか男たちは一人もタバコを吸わないんですよ。

b.(?)私は飲んだ時にしか一言も文句を言えない旦那が嫌です。　　　　　　　　　　　　　　　　(＝(15b))

(35)　「しか－決して」

a.　戦いに行く時にしか決して開けてはならない。

121

b. 今の母親たちは自分と同質の人間同士でしか決して交
流を持とうとしません。　　　　　　　　（＝(15c))

c. 本当の意味で呼ぶ者の目の前にしか決して現れない創
造の神。

以上、「しか」は先行研究の指摘と違い、ある一定の環境、つまり
付加部位置に生起すると他のNPIと問題なく共起できることをみ
た。この事実は「しか」の統語的位置が「多重NPI」現象にとって重
要な要素であることと、項位置に生起する「しか」と付加部位置に
生起する「しか」の振る舞いが異なることを示している。管見の限り
において、このような「しか」の性質については今までの研究にお
いて指摘されたことがない。事実、従来「しか」が主語または目的
語位置に生起する場合にのみ注目され、研究がなされてきたから
であると考えられる。

　では、なぜ付加部位置の「しか」は「多重NPI」現象が可能となる
のか。次節ではその理由について考察を行う。

3.2.1.3. 2種類の「しか」

　本節では「しか」はその生起する統語位置によって性質が異な
り、項位置に現れる「しか」はNPIとして、付加部位置に現れる「し
か」はNCIとして分けるべきであると主張する。

　これから第2章の2.2.2.1節で概観したNPIとNCIを区別する五つ
のテストに基づき議論を進める。その五つのテストを下記に再掲す

る。

(36)　NCIとNPIを区別する五つのテスト(cf. Vallduví(1994)、
　　　Giannakidou(2000))

表現が…	NCI	NPI
① 否定文ではない文に現れるか否か	現れない	現れる
② 主語位置(preverbal position)に現れるか否か	現れる	現れない
③ 同一節内条件が守られるか否か	守られる	守られない
④ 「ほとんど」によって修飾されるか否か	修飾される	修飾されない
⑤ 問答として省略表現が現れるか否か	現れる	現れない

(＝2章, (34))

(36)のテスト中で、Watanabe(2004)が日本語においてNPIとNCI
を区分できるもっとも有力な証拠として注目する第四のテスト、「問
答として省略表現が現れるか否か」についてまずみてみる。前章
でも述べたように、渡辺(2005)は、日本語はロマンス語と異なり
NCIかまたはNPIかを区別するのはさほど簡単ではない言語であ
ると述べており、その表現が「否定の意味を担っているかどうか」が
重要な判断基準になり、[＋NEG]素性を有するとNCI、有しない
とNPIであると主張する。またこのことは(36)の第四のテストから分
かるという(詳細は2.2.2.1節を参照)。その例文を以下に再掲す
る。

(37)　質問: 何を見たの？

　　　答え: 何も(見~~なかった~~)。　　　　　　　　　(＝同, (27b))

以下、「しか」についてみてみる。Nishioka(2000)とFurukawa(2001)は(36)のテストの結果に基づき、「しか」を従来の分析と違いNCIとして分析すべきであると主張している。これに対し、Kataoka(2006)とNakao & Obata(2007)は「しか」をNCIとして扱うには次のような問題点が生じると指摘している。

(38)　a. 質問:　他に誰か来ましたか?

　　　　　答え: *太郎しか。　　　(Kataoka(2006:229, 脚注9(i)))

　　　b. 質問:　ジョンは何を食べましたか?

　　　　　答え: *りんごしか。

　　　　　　　　　　　　(Nakao & Obata(2007:107, 脚注3(i)))

つまり、(38)の答え方の場合、(37)の「何も」と異なり、問答として省略表現が現れない。KataokaとNakao & Obataによると、これは(38)の「しか」は否定の意味を担っていないということを示しており、「しか」をNCIとしてみなすにはかなり無理があるという。

　確かに、KataokaとNakao & Obataの上記のような主張は次のような現象からでも裏付けられると考えられる。Ladusaw(1992)、Haegeman & Zanuttini(1996)、Haegeman(1997)、Watanabe(2004)、渡辺(2005)などは、NCIであれば単一否定文において、他のNCIと多重共起できると指摘している。以下の例文でこ

124

れを確認してみる。

(39)　a.　Maria did*n't* say <u>nothing</u> to <u>nobody</u>.　[非標準英語]

'Maria didn't say anything to anyone.'　（＝2章, (7a)）

b.　Mario *non* ha parlato di　<u>niente</u>　con　<u>nessuno</u>.

[イタリア語]

Mario Neg has spoken about *nothing*　with *nobody*

'Mario hasn't spoken with anyone about anything.'

（＝同, (7b)）

c.　da　Vale`re　an <u>niemand</u> <u>niets</u> *nie* gezeid (*en*)-oat.

[西フラマン語]

that Vale`re　to *nobody*　*nothing* not said *en*　had

'that Vale`re had not said anything to anyone.'

(Haegeman(1995:133, (40a)))

d.　メアリーは<u>誰にも</u><u>何も</u>言わなかった。[日本語]

（＝同, (35)）

(39)は非標準英語、イタリア語、西フラマン語そして日本語におけるNCIが同一節内で多重共起できることを示唆している。以上のことから、NCIには以下のような性質が存在することが示唆される。

(40)　　NCIなら同一節内において他のNCIと多重共起できる。

しかし、「しか」の場合、(21a)-(22a)、(25a)でもみたように、同一節内で他のNCI例えば「しか」、「不定語モ」、「1-助数詞モ」とは共

125

起できない。その例文を以下に再掲して確認する。

 (41) a. ＊太郎しかりんごしか食べなかった。   （＝(25a)）

   b. ＊誰も水しか飲まなかった。   （＝(21a)）

   c. ＊太郎しか何も食べなかった。   （＝(22a)）

また、NishiokaとFurukawaは、「不定語モ」を「しか」と共にNCIとして捉えられるべきであると主張しているが、この主張が正しいとすると、(41)がなぜ不適格文になるのかが説明できない。

　以上の2点の現象、すなわち①「しか」は問答として省略表現が現れない、②「しか」は同一節内で他のNCIと多重共起できないという点でKataokaとNakao & Obataの「「しか」はNCIではない」という主張は一見妥当性があるように思われる。

　しかし、果たしてそのように断言してよいだろうか。少なくとも以下のような「しか」の例を観察すると、そうは言い切れないと考えられる。

 (42) a. 質問: 東京に何度も行ったことあるの？

    答え: (いや[2])一度しか[3]。

---

2 「いや」が入ることによって、許容度が上がるようにみえる可能性もあるが、本書は「いや」は当該表現の省略現象に関わっていないと考える。上記のKataokaとNakao & Obataのデータ(42)において「しか」の前に「いや」を挿入しても許容度は変わらない。以下の例文をみてもらいたい。

 （ⅰ）質問: 他に誰か来ましたか？

   答え: ＊(いや)太郎しか。

 （ⅱ）質問: ジョンは何を食べましたか？

126

　　　b. 質問: ヴァレンタインデーでみんなからチョコレートもらった
　　　　　の？
　　　答え: (いや)花子からしか。
　　c. 質問: あの日曜日、遊園地にみんなと行ったんだって？
　　　答え: ?(いや)太郎としか。

(42)は(38)の「しか」の場合と異なり、適格文である。(42)と(38)に
おける「しか」の相違点は、「しか」が項位置に現れるか、付加部位
置で現れるかである。(42)の付加部位置の「しか」は(38)の「しか」
と異なり、否定性([＋Neg])を担っているといえる。要するに、付
加部位置に生起する「しか」はNCIの特徴を持つと考える。

　さらに、付加部位置の「しか」がNCIであれば、同一節内におい
て「不定語モ」または「しか」と共起するはずである。これに関して
は、前節ですでに論じたように、付加部位置に生起する「しか」は
「不定語モ」と問題なく共起できる。その例文を以下に再掲して確
認する。

　(43)　a. (このビルの地下は8階まであると言われているが)誰も地下
　　　　　5階までしか行ったことがない。　　　　　　　(＝(21b))

　　　答え: *(いや)りんごしか。
　　このことは英語のNPI「any類」においても同様である。下記の例文をみる。
　(ⅲ)　質問: What did you eat?
　　　答え: *(No)Anything.
　3 類似した例文がNishioka(2000:168, (23))に挙げられているが、Nishioka
　　は本書の主張と異なり、「しか」の統語的位置と関係なく、「しか」をすべて
　　NCIとして扱っている。

b. 私たちは歌で<u>しか</u>何<u>も</u>返せないから、今できる最高のもの
を見せようぜ。 （＝(31d)）

c. うちは毎年この日<u>しか</u>どこ<u>にも</u>連れて行ってやれないの
で、子供は大喜びです。 （＝(32a)）

d. ?吸いたい時に<u>しか</u>、そこで<u>しか</u>タバコを吸わない。

（＝(25b)）

これらの特徴、①「問答として省略表現が可能」、②「多重NPI現
象が可能」により、付加部位置の「しか」は項位置の「しか」と違い
NCIであると提案する。

ほかにも、付加部位置に生起する「しか」はNCIであることは裏
付けられる。上記の(36)におけるテスト①②③⑤において付加部
位置の「しか」はNCIとしての特徴を持つ。以下、具体例を持って
これを確認する。

(44) ① 否定文ではない文に現れるか否か
a. *花子は太郎と<u>しか</u>お酒を飲んだの?
b. *もし花子が太郎と<u>しか</u>お酒を飲んだら、私が怒るでしょう。

(44a)は「しか」が疑問文において、(44b)は条件文に現れるが、い
ずれも生起不可能である。すなわち、前述したように付加部位置
の「しか」は否定文にのみ生起可能である。

次は第二のテストをみる。

(45)　②　主語位置(preverbal position)に現れるか否か

　　　　　花子<u>としか</u>遊園地に行かなかった。

　(45)における「しか」は付加部であるため、主語位置に現れるの
は当然無理がある。ところが、厳密には第二のテストの趣旨は「述
部の前(preverbal position)に現れるか否か」であると考えることか
ら、(45)における「しか」は、述語の前に現れるためNCIとしての特
徴を有するといえる。ただし、日本語は、英語やロマンス語のよう
な主要部先行型言語(head initial language)と異なり、主要部後行
型言語(head final language)であるため、(45)の第二のテストはど
の程度有意義さを持つのかは、実際に検討しなければならない。
事実、日本語の述語は英語またはロマンス語と異なり、常に後ろ
に生起するからである。しかし、付加部位置の「しか」がNCIとして
の特徴を持つという主張には如何なる影響も与えないため、このま
ま提示することにする。

　次に第三のテストについてみてみる。

(46)　③　「ほとんど」によって修飾されるか否か

　　　　　太郎はほとんどその人たちと<u>しか</u>しゃべらなかった。

付加部位置の「しか」は(46)のように「ほとんど」によって修飾され
る。

　最後に第五のテストについて観察する。

(47)　⑤　同一節内条件が守られるか否か

　　　a. *僕は [太郎が花子と<u>しか</u>遊園地に行ったと] 言わなかった。

　　　b. 僕は [太郎が花子と<u>しか</u>遊園地に行かなかったと] 言った。

(47a)は「しか」がNegと同一節内で生起しないため不適格になる。これに対し、(47b)は「しか」がNegと同じ埋め込み節内で生起するので適格になる。このことから、付加部位置に生起する「しか」は同一節内条件を守らなければならないことが示唆される。

　以上、付加部位置の「しか」は項位置の「しか」と違いNCIとしての特徴を有することを確認した。よって、本書は付加部位置の「しか」はNCIとして機能するのに対し、項位置の「しか」はNPIとして機能すると主張する。しかし、ここで一つ疑問点が生じる。というのは項位置に生起する「しか」においても上記のテスト(36)の①②③⑤におけるNCIとしての特徴を満たしていることである(詳しい内容はNishioka(2000)とFurukawa(2001)を参照)。このような特徴に基づき、Nishioka、Furukawaは「しか」をNCIとして認めている。現時点ではなぜ項位置の「しか」が上記のテスト①②③⑤を満たす特徴を持っているかは不明である。ただし、項位置の「しか」はWatanabe(2004)が日本語のNCIとしてもっとも有力な証拠として主張する第四のテストにおいて「問答として省略表現が現れない」ことと、本書で指摘した「多重NCI現象が不可能」という特徴を有していることから、NCIとして見なすのは難しいと考えられる。

3.2.1.4. まとめ

本節は、従来の「しか」に関する分析について二つの問題点を挙げ、その性質を明らかにした。第一の問題点は、管見の限り「しか」に関するすべての先行研究が、「しか」の生起する統語位置を考慮せず分析してきたことである。これに対し、本書は「しか」が生起する統語位置により、少なくとも2種類に分けるべきであると主張した。つまり、「しか」は生起する統語位置により性質が決められ、主語/目的語位置という項位置に生起する「しか」と付加部位置に生起する「しか」に分類されるということである。第二の問題点は、従来の「「しか」はNegと必ず一対一の対応関係を持たなければならないため多重NPI現象は許されない」という制約である。しかしこれは主語/目的語位置に生起する「しか」に限ったことであり、付加部位置に生起する「しか」はNegと一対一の対応関係を持たないため多重NPI構文が問題なく許容されるのである。また、このような「しか」の項・付加部の非対称性が生じる理由について、項位置の「しか」はNPIとして機能するのに対し、付加部位置の「しか」はNCIとして機能するからである。

3.2.2. 「1ー助数詞モ」

本節では(36)の五つのテストと本書で加わった(40)の「NCIなら同一節内において他のNCIと多重共起できる」を用い、「1ー助数詞モ」もNCIであることをみる。まず、①のテストについて検討する。

(48)　①　否定文ではない文に現れるか否か

    a. *<u>一つも</u>見ましたか？

    b. *ジョンが(もし)<u>一つも</u>盗んだら逮捕されるだろう。

(48a)では「1-助数詞モ」が疑問文で、(48b)では条件文で現れているが、いずれも非文である。

　次に、第二のテストを行う。

(49)　②　主語位置(preverbal position)に現れるか否か

    <u>一人も</u>ジョンを批判しなかった。

(49)において「1-助数詞モ」は主語位置に現れる。

　次に第三のテストについて検討する。

(50)　③　「ほとんど」によって修飾されるか否か

    ?太郎はほとんど<u>一つも</u>食べなかった。

  (cf.) ジョンはほとんど<u>何も</u>食べなかった。　　　　　　(＝(7b))

上記の例において「1-助数詞モ」は「ほとんど」によって修飾される。ただし、(cf.)の「不定語モ」よりは許容度が下がる。このことから、「1-助数詞モ」は「不定語モ」と異なり全称量化表現として完全な振る舞いをしないことが示唆される。両者のさらなる相違点に関しては、後の第4章の4.2節で述べる。

　次に、(36)の第四のテストを行う。

(51)　④　問答として省略表現が現れるか否か

　　　　　質問: 何人を見たの？

　　　　　答え: 一人も。

ここでは、「1-助数詞モ」が問答として省略表現が可能である。このテストによって、「1-助数詞モ」が[+NEG]素性を持っていることが分かる。

　次に(36)の第五のテストを行う。

(52)　⑤　同一節内条件が守られるか否か

　　　　a. *僕は [太郎が一つも食べたと] 言わなかった。

　　　　b. 僕は [太郎が一つも食べなかったと] 言った。

(52)から「1-助数詞モ」がNegと同一節内に現れないと非文になることが分かる。

　最後に、同一節内で他のNCIと多重共起できるか否かについて確認してみる。

(53)　⑥　同一節内で他のNCIと多重共起できるか否か

　　　　a.　誰も本を一冊も買わなかった。　　　　　　　　(＝2章, (15b))

　　　　b.(?)そこにいた学生たちは一人もパンを一つも食べなかった[4]。

---

4 「1-助数詞モ」は「不定語モ」と違い、多重NCI構文において「1-助数詞モ」のホスト名詞句が必ず必要である。これに関しては後の第4章の4.2節で述べることにする。

c.(?)私は飲んだ時にしか一言も文句を言えない旦那が嫌です。 (＝(15b))

(53a)は「1-助数詞モ」が「不定語モ」と、(53b)は「1-助数詞モ」とそして(53c)は付加部位置の「しか」と共起した例文であるが、すべて適格文である。

以上の6つのテストから、「1-助数詞モ」はNPIではなく、NCIであると主張する。

次節では「決して」について観察する。

3.2.3.「決して」

本節では上記の6つのテストを用い、「決して」がNCIであることを提案する。まず、第一のテストを用いる。

(54)　①　否定文ではない文に現れるか否か
　　　a. *花子は決してお酒を飲んだの？
　　　b. *もし花子が決してお酒を飲んだら、私が怒るでしょう。

「決して」は(54)のように否定文ではない文には現れない。

次に第二のテストを行う。

(55)　②　主語位置(preverbal position)に現れるか否か
　　　　決して遊園地に行かなかった。

(55)において、「決して」は主語位置(述部の前)に現れる。

　次に第三のテストを検討する。

(56)　③「ほとんど」によって修飾されるか否か
　　　　?そんなことは今の時代ほとんど<u>決して</u>起きないでしょう。

(56)は、「決して」が「ほとんど」によって修飾される文である。容認度は上記でみた「しか」、「不定語モ」の場合より下がると思われる。この理由に関しては現時点で不明である。ただし、本書はその可能な理由として、日本語における副詞の語順制約に起因するのではないかと考えている。すなわち、日本語において、「陳述副詞 ＞ 程度副詞」のような語順制約が存在する可能性がある。実際に、(56)における「ほとんど」と「決して」の語順を以下のように変えると、(56)より許容度が上がると考えられる。

(57)　　そんなことは今の時代<u>決して</u>ほとんど起きないでしょう。

Cinque(1999)の副詞の階層構造(adverb hierarchy)からでも日本語の「陳述副詞＞程度副詞」という語順は支持されると考えられる。

　ともかく(56)における「決して」は、完全に非文ではないという点と、前述したように日本語の副詞において制約が認められるため、NCIとしての特徴を持つと考えられる。これに関する詳しい分析は今後の課題としたい。

　次は本書でもっとも注目している第四のテストについてみる。

(58) ④ 問答として省略表現が現れるか否か

    a. 質問: あなた、花子にそのこと話したの?

      答え: (いや)決して。

    b. 質問: 君がそのケーキ食べたの?

      答え: (いや) 決して。

「決して」は(58)のように問答における省略表現が可能である。この事実から「決して」には[+NEG]素性が含まれていることが示唆され、NCIとしての性質を持っていると考えられる。

  次に第五のテストを行う。

(59) ⑤ 同一節内条件が守られるか否か

    a. *僕は [太郎が決して遊園地に行ったと] 言わなかった。

    b. 僕は [太郎が決して遊園地に行かなかったと] 言った。

(59)において、「決して」はNegと同一節内に現れないと不適格な文になる。

  最後に「決して」が同一節内で他のNCIと多重共起できるか否かについてみてみる。

(60) ⑥ 同一節内で他のNCIと多重共起できるか否か

    a. 戦いに行く時にしか決して開けてはならない。　（＝(35a)）

    b. 地域・学校をはじめ多くの皆様が安心・安全への取り組みを進めており、決して誰も忘れることはありません。

                              （朝日新聞 2005/4/22）

c. 太郎は<u>決して</u><u>一つも</u>文句を言わなかった。

(60a)は「決して」が付加部位置の「しか」と、(60b)は「不定語モ」と、(60c)は「1-助数詞モ」と共起した構文であるが、すべて適格文である。

　以上の事実から、「決して」はNCIとしての特徴を持つことが明らかになった。

3.3. まとめと意義

　本章では今までの先行研究の分析と異なり、付加部位置の「しか」、「不定語モ」、「1-助数詞モ」、「決して」はNPIまたはNSIではなく、NCIとして捉えるべきであると主張した。本書は、その根拠としてVallduví(1994)、Giannakidou(2000)において提案されたNCIとNPIを区別する五つのテスト(① 否定文ではない文に現れるか否か、② 主語位置(preverbal position)に現れるか否か、③「ほとんど」によって修飾されるか否か、④ 問答として省略表現が現れるか否か、⑤ 同一節内条件が守られるか否か)及び本書で加えたテスト(⑥ 同一節内で他のNCIと多重共起できるか否か)を提示し、付加部位置の「しか」、「不定語モ」、「1-助数詞モ」、「決して」がNCIとしての振る舞いを示すことを述べた。

　特に、本章では「しか」の性質を明らかにした。今までの研究

137

は、「しか」を統語論的または意味論的アプローチに基づき議論
し、さまざまな主張を提示するが、「しか」の生起する統語位置とは
関係なく、単一の表現として捉えてきたのは共通している。しか
し、本書はこのような研究と違い、「しか」は生起する統語位置に
よってその性質が異なっており、2種類に分けるべきであると主張
した。すなわち、項位置に生起する「しか」はNPIとして、付加部
位置に生起する「しか」はNCIとして機能するということである。この
ことは、「④ 問答として省略表現が現れるか否か」と「⑥ 同一節内
で他のNCIと多重共起できるか否か」のテストの結果によって裏付
けられた。

　また多くの先行研究において、「しか」は同一節内で「しか」、「不
定語モ」、「1-助数詞モ」、「決して」と共起する多重NPI現象が現
れないとされ、このことを「しか」の制約として伝統的に受け入れら
れてきたが、これは従来の研究が項位置に生起する「しか」のみを
対象としてきたためであって、付加部位置に生起する「しか」は問
題なく他のNCIと共起できることを述べた。多重NPI現象におい
て、このような「しか」の非対称性が生じるのも、「しか」は2種類が
存在し、項位置の「しか」はNPIであり、付加部位置の「しか」は
NCIであるからであると指摘した。要するに、日本語において、同
一節内でNPIとNCIは共起できないわけである。

　以上のようなことから、本書は次のような三つの利点があると考
えられる。第一の利点は、今までの日本語のNPI研究において常
に疑問視されてきたところ、つまり、①日本語のNPIは否定文にの

み現れるのに、英語のNPI「any類」はなぜ疑問文と条件文に生起するのか、②日本語のNPIは主語位置に現れるのに対し、「any類」はなぜ生起できないのか、③日本語のNPIは同一節内条件が守られるのに対し、「any類」はなぜ守られないのかという問題を解決できるという点である[5]。従来Takahashi(1990)、Kawashima & Kitahara(1992)、松井(2003)、岸本(2005)、片岡(2006)などは、上記の日英の相違点を解明するために、各自異なるアプローチでそれぞれ異なる主張を提示するが、未だ解明されないところが多かったといえる。これはそもそもNCIとして捉えるべきである表現を、間違ってNPIとして捉えているからであると考えられる。要するに、今までNPIとしてされてきた付加部位置の「しか」、「不定語モ」、「1-助数詞モ」、「決して」をNCIとして捉えると英語の「any類」との非対称性が容易に説明できるわけである。第二の利点は、「しか」を2種類に分けることによって、従来の「なぜ「しか」は他のNPIと共起できないのか」という問題が解決されることである。従来の多くの研究例えば、Kato(1985:154-155)、Aoyagi & Ishii(1994:300-301)、江口(2000:297)、Konomi(2000:53)、近藤(2001:23-24)、Kuno & Whitman(2004:221-223)、 茂木(2004:148)において、「しか」が他のNPIと共起できない理由を分析するために、統語論的または意味論的アプローチをとり、さまざまな主張がなされてきたが、共通した主張は未だみられなかったわけである。また第二の利点と

5　これは後の第7章でみる韓国語においてもまったく同様である。

関連するが、従来の多くの研究において、上記でみた「しか」だけではなく、「不定語モ」、「1-助数詞モ」または「決して」が用いられる多重NPI構文のメカニズムの解明は未解決のまま残され、さらなる研究が待たされていたと言っても過言ではないと考えられる。そこで第三の利点として、この多重NPI構文においても、これらの表現を、NPIではなくNCIとして考えると、容易に解決できると考えられる。言い換えると、NCIの定義からでも伺えるように、NCIは他のNCIと多重共起できるため、付加部位置の「しか」、「不定語モ」、「1-助数詞モ」、「決して」は多重共起できるわけである。よって、従来付加部位置の「しか」、「不定語モ」、「1-助数詞モ」、「決して」はNPIとして、これらの表現が多重共起した構文は、多重NPI構文と呼ばれてきたが、実はそれぞれ、NCIと多重NCI構文に呼び直されるべきである。これに従い、以下では、付加部位置の「しか」、「不定語モ」、「1-助数詞モ」、「決して」をNCIとして、またこれらの表現が共起した構文は、多重NCI構文と呼ぶことにする。

　しかし、このような日本語の多重NCI現象について、NCIの研究の先駆者ともいえるWatanabe(2004)を始め、Nishioka(2000)、Furukawa(2001)、Kawamori & Ikeya(2001)などNCIとしての立場をとる研究では、ほとんど触れていない。この理由は、日本語の多重NCI構文は、研究者間の内省の不一致やNCI間の語順制約など、複雑な問題が絡んでおり、容易にその性質を解明できないからであると考えられる。後の第4章及び第5章で述べるが、日

本語の多重NCI構文はロマンス諸語など、他の言語の多重NCI構文と相違しており、興味深い現象がみられる。よって、両章においては日本語の多重NCI構文の性質を詳しく記述する。まず、第4章においては日本語の多重NCI構文の認可条件とその解釈について論じ、第5章においては日本語の多重NCI構文の類型とその統語構造について論じる。

　次は、今後の課題について述べる。本書では、項位置に生起する「しか」の性質に関しては十分な考察を行っていないが、項位置の「しか」はNCIとして機能しないことから、便宜上NPIとして呼んでおり、項位置の「しか」も英語のNPI「any類」と違う振る舞いを示す点がいくつか存在することを考えると、項位置の「しか」をNPIとして捉えられない可能性もある[6]。また項位置の「しか」は、片岡(2006)の主張のようにNSIとしての性質を持っている可能性も考えられる。今後は、これらの課題を中心に研究を深めていきたい。

6　このことは、韓国語の「bakk-e」とも同様である。これに関しては、後の第9章でみる。

第4章

日本語における多重NCI構文の認可条件と解釈

4.0. はじめに

前章において付加部位置に生起する「しか」、「不定語モ」、「1-助数詞モ」、「決して」は今までの分析と異なりNCIとして取り扱うべきであると主張した。また、これらの表現がNCIとして分析されるべき証拠として、これらの表現が同一節内で共起する多重NCI構文を挙げた。本章では、日本語の多重NCI構文における認可条件と解釈についてみる。

Kato(1985)を始め、「しか」、「不定語モ」、「1-助数詞モ」、「決して」をNPIとして捉えてきた従来の研究では、これらの表現が他のNCIとの共起が許される場合と許されない場合があるとされてきた。しかし、管見の限りにおいて、これらの表現が用いられた多重NCI構文の認可条件に関する研究はなされていない。

本書は、日本語の多重NCI構文が成り立つためには、そのNCIの生起する統語位置が非常に重要であることを主張する。言い換えると、「しか」だけではなく、日本語における他のNCI、「不定語モ」、「1-助数詞モ」、「決して」も多重共起する際には、必ず付加部位置に現れなければならないことを指摘する。これは後の第8章でも述べるが、韓国語においても同様である。要するにロマンス語などのNCIと異なり、日韓両言語におけるNCIは、生起する統語位置が必要条件であり、付加部位置に生起しなければならない。

また、このようなNCIの統語位置は、多重NCI構文の解釈から

でも裏付けられることを示す。Sells(2001)は韓国語のデータを中心に論じるが、日本語の多重NCI構文の解釈においても、話者によって2通りの異なる解釈に分かれると述べている。このような現象が生じる理由について、Sellsは「しか」、「不定語モ」、「1-助数詞モ」はそれぞれ2通りの意味を持っているからであると主張する。2通りの意味というのは、「しか」、「不定語モ」、「1-助数詞モ」がそれぞれ、NCIとしての意味とNCIではない(以下、Sellsに従い、これをNon-NCIとする)意味のことである。よって、日本語の多重NCI構文において、真のNCIは一つしかないため、Negによって認可されるべきNCIも一つしかないとSellsは主張する。Sellsのこのような主張に対し、本書は付加部位置に生起するNCIが共起した多重NCI構文の場合、1通りの解釈しか持たないことを述べ、この場合のNCIは、すべて真のNCIとして機能することを指摘し、Sellsの主張は支持されないことを論じる。この解釈の事実からでも、日本語のNCIは、生起する統語位置がいかに重要であるのかが示唆される。

　以上のような日本語の多重NCI構文の生起条件と解釈を踏まえ、多重ＮＣＩ構文の認可条件は、Ｎｅｇによって多重一致(Multiple Agree)されることを主張する。

　4.1節では先行研究を概観し、その問題点を提示する。4.2節では日本語の多重NCI構文の生起条件について述べ、「しか」だけではなく、「不定語モ」、「1-助数詞モ」、「決して」も付加部位置に生起しなければならないことを主張する。4.3節では日本語の多重

NCI構文の解釈について述べ、解釈からでもNCIの生起する統語位置の重要性が裏付けられることをみる。最後に、多重NCI構文の認可条件について述べ、Sellsの指摘と異なり、多重NCI構文に用いられたNCIはすべてNegに認可されなければならないことを述べる。

4.1. 先行研究の概観とその問題点

従来、Kato(1985)、Aoyagi & Ishii(1994)、Konomi(2000)、Kawamori & Ikeya(2001)などの多くの先行研究において、「しか」、「不定語モ」、「1-助数詞モ」、「決して」の中で、「不定語モ」、「決して」は(1)のように、単一否定文内で他のNCIと共起できるのに対し、「しか」、「1-助数詞モ」は(2)のように他のNCIと共起できないとされてきた。

(1)　a　誰も何も食べなかった。
　　　b.(?)誰も決してしゃべらなかった。
　　　c.(?)太郎は決して何もしゃべらなかった。
(2)　a.＊太郎しかりんごしか食べなかった。
　　　b.＊太郎しか何も食べなかった。
　　　c.＊一人もりんごしか食べなかった。
　　　d.＊太郎しか決してしゃべらなかった。
　　　e.??一人も一つも食べなかった。

      f. *<u>決して</u><u>一人</u>もしゃべらなかった。   (＝序章, (20)(21))

しかし、管見の限りにおいてこれまでの先行研究では、(1)と(2)のように「しか」、「不定語モ」、「1-助数詞モ」、「決して」における多重NCI現象は、その種類によって可能な場合と不可能な場合があるという事実が指摘されただけで、多重NCI現象に関する具体的な研究、例えばその認可条件に関する研究は未だなされていない。ただし、第3章の3.2.1節で述べたように、Kato(1985: 154-155)、Aoyagi & Ishii(1994:300-301)、江口(2000:297)、Konomi(2000:53)、近藤(2001:23-24)、茂木(2004:148)において「しか」はNegと必ず一対一の対応関係を持たなければならないため、(2a-d)のように他のNCIと共起できないとされてきたと述べた。このような指摘に対し、(3)に用いられた「しか」の場合、問題なく、多重NCI現象が現れると指摘した。

(3)   a.   (このビルの地下は8階まであると言われているが)地下5階まで<u>しか</u><u>誰</u>も行ったことがない。   (＝3章, (21b))

        b.   人間は自分のために<u>しか</u><u>何</u>もしません。   (＝3章, (31c))

        c.(?)私は飲んだ時に<u>しか</u><u>一言</u>も文句を言えない旦那が嫌です。   (＝3章, (15b))

        d.   戦いに行く時に<u>しか</u><u>決して</u>開けてはならない。

                                       (＝3章, (60a))

(2b-d)と(3a-d)における「しか」の相違点は「しか」が生起する統語

148

位置である。つまり、(2b-d)における「しか」は主語((2b)(2d))また
は目的語位置((2c))の項位置で生起するのに対し、(3)における
「しか」は「-まで/ために/時に」に後接され、付加部位置に生起して
いる。一方、Aoyagi & Ishii(1994)は(2a-d)における「しか」の統
語位置は、付加部位置であると分析する。このようなAoyagi & Ishii
の分析に対し、Konomi(2000)は項位置として扱うべきであると主
張する。本書はKonomiの分析が妥当であると考えるが、これに
関する詳しい内容は次節で述べる。ともかく、前章で主張したよう
に「しか」は付加部位置に現れると他のNCIと共起できるということ
である。このような「しか」の項・付加部の非対称性は次のような
データからもさらに裏付けられる。

(4)　　　「しか(項)－しか(項)」
　　　　　＊太郎しかりんごしか食べなかった。　　　　　(＝(2a))
(5)　　　「しか(付加部)－しか(付加部)」
　　　　a. ?吸いたい時にしか、そこでしかタバコを吸わない。
　　　　　　　　　　　　　　　　　　　　　　　(＝3章, (43d))
　　　　b. ?花子はいつもお祭りの時にしか、自分のお父さんとしか出
　　　　　かけない。　　　　　　　　　　　　　(＝同, (33a))

今までの先行研究Kato(1985:155)、Aoyagi & Ishii(1994:300)、
Nishioka(2000:172)、茂木(2004:135)、片岡(2006:132)などで
は、「しか」は(4)のように単一否定文内においてNegと一対一対応
せず、複数個用いられると不適格文になるとし、その理出は統語

的または意味的な観点から説明されてきた。しかしながら、(5)における「しか」は二重に用いられ、単一のNegと対応しているにもかかわらず、(4)と異なり、許容度がかなり上がる。(4)と(5)の相違点は「しか」が項位置に現れるか、付加部位置に現れるかである。また、以下の(6)のように「しか」がホスト[1]名詞句、例えば「学生が/果物を」と共起した場合、「しか」はDP内の付加部位置で生起していると考えられるが、この場合においても二重「しか」は(4)と異なり、許容度が高いことが分かる。

(6)　　?学生が太郎しか果物をりんごしか食べなかった。

以上のように、第3章の3.2.1節では「しか」が付加部位置に現れた場合にのみ単一否定文内で他のNCIと多重共起が可能であることを示した。本書では他のNCI、「不定語モ」、「1-助数詞モ」、「決して」の多重共起の生起条件について考察し、これらの表現の生起する統語位置が、認可条件において重要であることをみる。
　次節では、多重NCI構文に用いられるNCIの生起条件について述べる。

1　江口(2000:292)は下記の例で「しか」句を表す「(意味上)それ以外」の「それ」に対応する部分を明示する名詞句をホストと呼んでいる。
（ｉ）太郎しか学生はいなかった。
また、(茂木(2005:17-18))は上の江口の説明に加え、ホストが除外対象となりうる「均質な属性を持った場合」を定義するもの(典型的には「類」を表す名詞句)でなければならないと指摘している。

4.2. 日本語における多重NCI構文の生起条件

　前節で「しか」が他のNCIと共起する際に、必ず付加部位置で現れなければならないことを述べた。本節では、「不定語モ」、「1-助数詞モ」、「決して」の場合はどうであるのか、その生起条件について一つずつみていく。まず、本章の主張を以下のように示しておく。

(7)　　　日本語における多重NCI構文の生起条件:
　　　　　「しか」だけでなく、日本語における他のNCI、「不定語モ」、
　　　　　「1-助数詞モ」、「決して」も単一Negの下で多重共起する
　　　　　際には、必ず付加部位置に現れなければならない。

以下では(7)の主張を検証していく。

　まず、「不定語モ」についてみる。Kawashima & Kitahara(1992:144)、Aoyagi & Ishii(1994:297-298)、Nishioka(2000:182)、片岡(2006:204)などは日本語の「不定語モ」に関して、これらの表現が付加部として機能することから、(8)のように単独で現れている場合でも、それ自体が項としてあるのではなく、空の主語/目的語(null subject/object)に対する付加部であると指摘する。

(8)　a.　**pro誰も**車を買わなかった。
　　　b.　太郎が**pro何も**買わなかった。

(Kawashima & Kitahara(1992:144))

151

つまり、(8)における「誰も」、「何も」は動詞の項である主語、目的語と共に現れ、それらを修飾しているのである。空の主語と目的語を示すとそれぞれ以下のようになる。

(9)　a.　学生が誰も車を買わなかった。
　　　b.　太郎が飲み物を何も買わなかった。　　　　　　　　(同)

本書は、このような先行研究の主張に従い、(10)(11)のような多重NCI構文における「不定語モ」は付加部位置に現れるとする。(10)は「不定語モ」同士、(11)は「不定語モ」が「しか」と共起した例で、それぞれ付加部位置に現れている。

(10)　「不定語モ(付加部)－不定語モ(付加部)」
　　　a.　(この会場の人たちが)誰も(おいしそうなパーティー料理を)何も食べなかった。
　　　b.　このような状況が続いている限り、(あの国の人々が)誰もどこにも行けない。
(11)　「しか(付加部)－不定語モ(付加部)」
　　　a.　カナダとかはですね、ちゃんと灰皿がある所でしか(男たちが)誰もタバコを吸わないですよ。
　　　b.　太郎は毎年記念日しか(プレゼントを)何も買わない。

以上、「不定語モ」が付加部位置に現れ、「不定語モ」同士及び付加部位置の「しか」と多重共起できることをみた。
　一方、Aoyagi & Ishii(1994:297)は、「しか」においても前述の

「不定語モ」のように「しか」が単独で現れる場合は、付加部位置に現れると主張する。これは次の(12)(13)において両表現とホスト名詞句との共起現象が似ていることから裏付けられるという。

(12)　a.　太郎がりんご<u>しか</u>果物を食べなかった。

　　　b.　太郎が果物をりんご<u>しか</u>食べなかった。

　　　　　　　　　　　　　　(Aoyagi & Ishii(1994:297, (5a, b)))

(13)　a.　太郎が<u>何も</u>果物を食べなかった。

　　　b.　太郎が果物を<u>何も</u>食べなかった。　　　(同, (6a, b))

このようなAoyagi & Ishiiの主張に対し、Konomi(2000:59-64)は主語または目的語位置に現れる「不定語モ」と「しか」において、「不定語モ」は付加部位置として取り扱うのは妥当であるが、「しか」については妥当ではなく、項位置として取り扱うべきであると主張する。この主張を裏付ける根拠としてKonomiは次のような4点を挙げている。まず、第一の根拠は、「しか」は「不定語モ」と異なり、常にホスト名詞句と共起できるわけではないことである。以下の例文をみてもらいたい。

(14)　a.?*僕は学生に花子に<u>しか</u>会わなかった。

　　　b.　*僕は学生に花子に<u>しか</u>本をあげなかった 。

　　　　　　　　　　　　　　　　(Konomi(2000:60, (30)))

(15)　a.　太郎は学生に<u>誰にも</u>会わなかった。

　　　b.　太郎は学生に<u>誰にも</u>本を貸さなかった。

　　　　　　　　　　　　　　　　　　　(同:62, (35))

(15)における「不定語モ」は「学生に」というホスト名詞句と共起できるのに対し、(14)における「しか」はホスト名詞句と共起できない。

第二の根拠は、「しか」は関係節によって修飾されるのに対し、「不定語モ」は修飾されないことである。

(16) a. 言語学112の試験のパスした人<u>しか</u>この講義を取ってはいけない。

b. *言語学112の試験のパスした<u>誰も</u>来なかった。 (同, (36))

(16b)における「誰も」は付加部としての機能を果たすため、関係節によって修飾されないのに対し、(16a)における「しか」は項として機能するから関係節によって修飾されうるとKonomiは指摘する。以下の例もみてもらいたい。

(17) *太郎が本をハーバードの本屋で買った2、3冊持ってきた。

(同, (37))

(17)における量化表現「2、3冊」は付加部位置で現れるため関係節により修飾されない。これは(16b)の「誰も」の場合と平行的である。

第三の根拠として、Konomiは「-をしか」が許される場合があることを指摘している。

(18) a. 兵隊を<u>しか</u>教えたことはない。

　　　　b.　コーヒーを<u>しか</u>飲まなかったから。

　　　　c.　サンキチはその間でもハンスケにその横顔を<u>しか</u>見え続け

　　　　　　なかった。　　　　　　　　　　　　　　　　(同:63, (38))

Konomiは多くの話者によって(18)が許容されると述べる。

　最後に、「不定語モ」は多重共起が可能であるのに対し、「しか」
は不可能であることを示す。以下の例文を参照されたい。

　(19)　a.　<u>誰も</u><u>何も</u>食べなかった。　　　　　　　　　　(＝(1a))

　　　　b.　学生が2、3人本を2、3冊買った。

　　　　　　　　　　　　　　　　　　　　　　(Konomi(2000:63, (39)))

　　　　c.　*太郎<u>しか</u>りんご<u>しか</u>食べなかった。　　　　　　(＝(2a))

(19b)のように同一節内において付加部位置で生起する量化表現
「2、3人」「2、3冊」は多重共起が許される。「不定語モ」について
も量化表現と同様の機能を持つため、(19a)のように多重共起が
許容されるのに対し、(19c)における「しか」は量化表現の機能を持
たないため多重共起が不可能であると指摘する[2]。

　本書は、「主語または目的語位置に現れる「しか」は項である」と
いうKonomiの主張が妥当であると考える。実際に、本書が注目
する「しか」の用いられた多重NCI構文からでも上記のような
Konomiの指摘は支持されると考えられる。以下の例文をもって説

　2　ただし、本書は、「不定語モ」が多重共起できるのは、「不定語モ」がNCIで
　　あるからであると主張する。この点に関しては、Konomiの立場とは異なって
　　いる。

明を与える。

    (20) a. ＊太郎<u>しか</u>何<u>も</u>食べなかった。   (＝(2b))

          b. 人間は自分のために<u>しか</u>何<u>も</u>しません。   (＝(3b))

    (21) a. ＊太郎<u>しか</u>りんご<u>しか</u>食べなかった。   (＝(2a))

          b. ?学生が太郎<u>しか</u>果物をりんご<u>しか</u>食べなかった。   (＝(6))

まず、(20a)と(20b)における「しか」をみてもらいたい。上記でも述べたように、(20a)の「しか」は(20b)の「しか」と同様に「何も」と共起するが、(20a)は不適格文であるのに対し、(20b)は適格文である。次に、(21a)と(21b)における「しか」に注目してもらいたい。(21b)の「しか」はホスト名詞句と共に現れ付加部として機能するが、(21a)と異なり許容度がかなり上がる。もしAoyagi ＆ Ishiiが主張するように、(20a)と(21a)における「しか」が付加部位置に生起するのが正しいと仮定すると、(20a)と(21a)は(20b)と(21b)のように同様の適格性を持つはずであると考えられる。よって、本書は、(20a)と(21a)における「しか」の統語位置は項位置であると考える。ほかにも、久野(1999)、片岡(2006)なども主語または目的語位置に現れる「しか」を項位置として捉えている。

    次は、「1-助数詞モ」の場合についてみる。「1-助数詞モ」は前述の傾向、つまり「しか」が付加部位置に現れる際に多重共起できるという事実が一見当てはまらないようにみえる。

    (22) 「しか(付加部)－1-助数詞モ」

　　　a. *私は飲んだ時に<u>しか</u><u>一言も</u>言えない旦那が嫌です。

　　　b. *カナダとかはですね、ちゃんと灰皿がある所で<u>しか</u><u>一人も</u>
　　　　タバコを吸わないんですよ。

つまり、(22)における「しか」は付加部位置に現れているにもかか
わらず、「1-助数詞モ」と共起できない。「1-助数詞モ」は付加部位
置の「しか」となぜ共起できないのであろうか。

　(23)　「しか(付加部)－1-助数詞モ＋ホスト名詞句」

　　　a.(?)私は飲んだ時に<u>しか</u><u>一言も</u>文句を言えない旦那が嫌で
　　　　す。　　　　　　　　　　　　　　　　　　　　　(＝(3c))

　　　b.　?カナダとかはですね、ちゃんと灰皿がある所で<u>しか</u>男た
　　　　ちは<u>一人も</u>タバコを吸わないんですよ。　(＝3章,(34a))

(23)は(22)と同様に付加部位置の「しか」と「1-助数詞モ」が共起し
た文であるが、(23)の容認性は(22)より相当上がる。(23)と(22)に
おける「1-助数詞モ」の相違点は、「1-助数詞モ」のホスト名詞句が
顕在化しているか、いないかである。つまり、「1-助数詞モ」は「不
定語モ」と異なり、付加部位置の「しか」と共起する際には、必ず
「1-助数詞モ」のホスト名詞句が顕在化しなければならない。この
事実は次のような例文からも確かめられる。

　(24)　a.??<u>一人も</u><u>一つも</u>食べなかった。　　　　　　　(＝(2e))

　　　b.　そこにいた学生たちが<u>一人も</u>パンを<u>一つも</u>食べなかった。

「一人も」と「一つも」が(24a)のように用いられると、かなり不自然な文になる。Watanabe(2004)、渡辺(2005)は「1-助数詞モ」をNCIとして捉えるべきであると主張するが、(24a)における「1-助数詞モ」の振る舞いはWatanabe、渡辺には説明できない問題点である。しかし(24b)のように「一人も」と「一つも」のそれぞれのホスト名詞句が顕在化すると適格性がかなり上がる。

　上記のような「不定語モ」と「1-助数詞モ」の相違点は、管見の限りにおいて、今まで指摘されたことがない。では、なぜ「1-助数詞モ」は「不定語モ」と異なり多重NCI構文で用いられる際に、必ずホスト名詞句を必要とするのか。この理由については、さらなる研究が必要であると思われるが、現時点で本書は「1-助数詞モ」と「不定語モ」の意味的な相違点に起因するのではないかと考えている。例えば、「誰も」、「何も」と「一人も」、「一つも」の振る舞いをみてみると、前者の「誰も」「何も」は、一般的な人または物を指示しているのに対し、後者の「一人も」「一つも」はある特定の人または物を制限するような機能を担っていると考えられる。よって、(22)(24a)の「1-助数詞も」はその意味的対象であるホスト名詞句が現れないから生起できない可能性がある。

　以上、「1-助数詞モ」においても他のNCIと共起するためには、付加部位置に現れなければならないことを述べた。次は「決して」についてみる。「決して」は副詞であるため、その統語位置は当然付加部位置でしかありえないと考えられる。本書の仮説に従うと、「決して」は項位置の「しか」及びホスト名詞句を伴わない「1-助数詞

モ」とは単一否定文内において共起できないのに対し、「不定語モ」とは共起できるということが予測できる。これが正しいかどうか以下の例文で検討する。

(25) a. *太郎しか決してしゃべらなかった。　　　　　(＝(2d))
　　　b. *決して一人もしゃべらなかった。　　　　　　(＝(2f))
　　　c. あきらめからは決して何も生まれない。

(朝日新聞 2005/12/31)

　この予測通り、「決して」は確かに、(25a)(25b)のように生起している「しか」及び「1-助数詞モ」とは共起できないのに対し、(25c)のように「不定語モ」とは共起できる。一方、付加部位置の「しか」及びホスト名詞句を伴う「1-助数詞モ」と共起した場合をみてみる。

(26) 「しか(付加部)－決して(付加部)」
　　　a. 戦いに行く時にしか決して開けてはならない。

(＝(3d))

　　　b. 今の母親たちは自分と同質の人間同士でしか決して交流
　　　　 を持とうとしません。　　　　　　(＝3章, (35b))
(27) 「決して(付加部)－1-助数詞モ＋ホスト名詞句」
　　　a. 太郎は決して一つも文句を言わなかった。
　　　b. 決して学生は一人もビールを飲まなかった。

(26)と(27)から分かるように、「決して」は付加部位置の「しか」及びホスト名詞句を伴う「1-助数詞モ」と共起できる。この事実から(26)

159

と(25a)における「しか」の例、(27)と(25b)における「1-助数詞モ」の例が対照的であることが分かる。

　以下では、「不定語モ」が「1-助数詞モ」または「決して」と共起した文をみる。

(28)　「不定語モ(付加部)－1-助数詞モ(付加部)」
　　　　a.　<u>誰も</u>本を<u>一冊も</u>買わなかった。　　　　　　　(＝3章, (53a))
　　　　b.　<u>誰も</u>お酒を<u>一滴も</u>飲まなかった。
(29)　「不定語モ(付加部)－ 決して(付加部)」
　　　　a.　許可無しには<u>誰も</u><u>決して</u>できない状態だ。
　　　　b.　そのことが起こるまでは<u>何も</u><u>決して</u>変わらないだろう。

(28)は「不定語モ」の「誰も」が「1-助数詞モ」の「一冊も」と「一滴も」と共起した例文であり、(29)は「不定語モ」の「誰も」、「何も」が「決して」と共起した例文であるが、いずれも適格文である。

　以上の事実に基づき、本章の主張(7)は妥当であるといえる。(7)を以下のように言い換え、「しか」、「不定語モ」、「1-助数詞モ」、「決して」の多重共起の生起条件に関して以下のような一般化が成り立つことを指摘する。

(30)　　　「しか」、「不定語モ」、「1-助数詞モ」、「決して」の多重
　　　　　NCIにおける生起条件「しか」、「不定語モ」、「1-助数詞モ」、
　　　　　「決して」が単一否定文内で、多重共起するためにはこれ
　　　　　らの表現が必ず付加部位置に現れなければならない。

また、(30)の一般化から、「しか」、「不定語モ」、「1-助数詞モ」、「決して」が単独で用いられる場合、下記のような生起条件も守らなければならないことが示唆される。

(31)　　「しか」、「不定語モ」、「1-助数詞モ」、「決して」の生起条件これらの表現は、単一否定文内で、単独で用いられる場合付加部位置に生起しなければならない。

要するに、日本語のNCIである「しか」、「不定語モ」、「1-助数詞モ」、「決して」は、生起する統語位置が重要であるということである。このような現象は、韓国語にもみられ、大変興味深い。日韓両言語におけるNCIは何らかの理由で、Negに認可されるためには、生起する統語位置が必要条件であり、付加部位置に生起しなければならない制約が存在するのである。韓国語に関しては、後の第8章の8.3.1節でみる。

　次節では、これらの表現が用いられた多重NCI構文の解釈においても、上記の(30)と(31)の一般化が裏付けられることを述べる。

4.3. 日本語における多重NCI構文の解釈

　前節において、多くの先行研究は、日本語の「しか」はNCIと共起できないと認めていると述べた。これに対し本書は、項位置に

生起する「しか」を除き、付加部位置に生起する「しか」はNCIと共起できることを指摘した。しかしながら、Nishioka(2000)、Sells(2001)、片岡(2006)[3]は、項位置に生起する「しか」もNCIと共起できると述べる。実際に、本書がインフォーマント調査を行ったところ、下記のような結果を得た。

(32)　a. ＊太郎<u>しか</u>誰<u>も</u>いない。
　　　b. ＊服<u>しか</u>何<u>も</u>ない。
(33)　a.?? <u>誰も</u>これ<u>しか</u>読まなかった。
　　　b.?? 太郎<u>しか</u>何<u>も</u>食べなかった。

(32)と(33)は「しか」と「不定語モ」が共起しているが、(32)は不適格文であるのに対し、(33)は(32)の容認度と比べると、少し上がる。(32)と(33)の相違点は、(32)は「しか」と「不定語モ」が1項述語文(1-place predicate)に用いられ、両者が主語位置に生起しているのに対し、(33)は「しか」と「不定語モ」が2項述語文(2-place predicate)に用いられている。(33)では両表現が各々主語と目的語位置に生起している。しかし、(33)の許容度が(32)よりは少し上がるとはいえ、Nishioka、Sells、そして片岡の指摘のように、適格文にはならない。むしろほぼ不適格文に近い文であるといえるだろう。

　それにも関わらず、本書が、上記の例文をわざわざ提示したの

3　片岡の議論は、第2章の2.2.3.1節を参照。

は、日本語において(33)の容認度は相当下がるが、韓国語における(33)は日本語より許容度がかなり上がり、次のような興味深い現象がみられるからである。

　Sellsは、Nishioka、片岡と異なり(33)のような文の解釈のメカニズムに関して、興味深い現象を提示している。以下、例文と共にその内容を概観する。以下の例文の判定はSellsによるものである。

(34)　a.　誰もこれしか読まなかった。
　　　　　「解釈ⅰ．みんなこの本だけ読んだ(Everyone read only this book)。
　　　　　解釈ⅱ．誰もこの本だけ読まなかった(No one read only this book)。」
　　　b.　太郎しか何も食べなかった。　　　(Sells (2001:8, (11a)))
　　　　　「解釈ⅰ．太郎を除いて誰も何も食べなかった/太郎だけ何かを食べた(Except for Taro, no one ate anything/ Only Taro ate something)。
　　　　　解釈ⅱ．太郎だけ何も食べなかった(Only Taro didn't eat anything)。」
　　　　　　　　　　　　　　　　　　　　　　　(同:9, (12a))

(34a)(34b)の解釈を注目すると、各々の文に対して二つの解釈が存在することが分かる。ここがSellsとNishioka、片岡の大きな相違点である⁴。すなわち、Nishiokaと片岡は「しか」が「不定語モ」と

4　ほかにもSellsとNishioka、片岡には次のような相違点が存在する。Nishiokaと片岡はSellsと異なり、「しか」と「不定語モ」が共起する際、両者には語順制約が存在すると指摘する。ただし、これに関しては、Nishokaと片岡は不

共起する文の解釈は一つだけであると述べているが、Sellsは話者によって(34)のように2通りの異なる解釈に分かれると指摘する。つまり、日本語母語話者が(34)の例文を解釈する際に、話者は(解釈ⅰ)と(解釈ⅱ)の両方が得られるのではなく、両方の内どちらか一つしか解釈しないということである。事実、(34)が非文ではないと判断した本書のインフォーマントを対象に行った聞き取り調査の結果からSellsの観察が妥当であることが分かった。しかし、日本語の(34)は上記でも述べたように、多くのインフォーマントが不適格文と判断したので、その信頼性が疑われるかもしれないが、韓国語において、(34)は適格文であるし、かつインフォーマントによって2通りの異なる解釈が得られる。実は、Sellsにおいても、日本語も(34)のように2通りの異なる解釈が得られると指摘されるものの、韓国語のデータを中心に議論を行っている。よって、もっとも望ましいのは、韓国語のデータをもって説明を与えることであると考えられる。詳細は後の第8章の8.1.1節で概観する。以下では、Sellsの分析を概観し、その問題点を提示する。

　Sellsは、(34)において話者によって、2通りの異なる解釈が生じる理由は「しか」と「不定語モ」がそれぞれ二つの異なる用法(usage)が存在するからであると主張している。まず、「しか」についてみる。「しか」には二つの用法が存在し、用法ⅰはNCI[5]として

　一致が生じ、Nishiokaは「しか−不定語モ」の語順制約を提示するのに対し、片岡は第2章の2.2.3.1節でも述べたように「不定語モ−しか」の語順制約を提示する。ちなみに「しか」と「不定語モ」の語順制約に関しては、後の第5章で述べることにする。

機能すると述べる。すなわち、Negと呼応し(しか+ない)、「だけ・・・である」の解釈が得られる。これに対し、用法 ii の「しか」はNon-NCIとして機能し、この場合の「しか」はNegと呼応しないにもかかわらず、「だけ」の解釈が得られるとする。

　次は、「不定語モ」について概観する。「不定語モ」も二つの用法がそれぞれ存在し、用法 i はNCIとして機能し、全否定の解釈が得られると指摘する。これに対し、用法 ii はNon-NCIとして機能し、全称量化表現(universal quantifier)の解釈が得られると述べる。例えば、「誰も」は「全員(everyone)」の解釈に、「何も」は「全部(everything)」の解釈になる。以上の説明を表でまとめると(表1)のようになる。

(表1)　Sellsが指摘する「しか」と「不定語モ」の2用法
　　　　a.「しか」の場合

	性質	解釈
用法 i	NCI	Negと呼応し「だけ・・・である」
用法 ii	Non-NCI	Negと呼応せずに「だけ」

　　　　b.「不定語モ」の場合

	性質	解釈
用法 i	NCI	全否定の解釈
用法 ii	Non-NCI	全称量化的な解釈

5　厳密には、本書は項位置に生起する「しか」はNPIとしてみなすため、本来はNPIと呼ばなければならないが、「不定語モ」と付加部位置の「しか」との用語の混乱を防ぐため、以下、本節においてはNCIとして呼ぶことにする。

また、Sellsは、(34)の二つの異なる解釈は、「しか」と「不定語モ」はNCIの用法とNon-NCIの用法で用いられると述べる。ここで、Sellsの主な主張を述べると、日本語の多重NCI構文に用いられた複数のNCIは、すべてNCIとして機能するのではなく、一方はNCIとして、もう一方はNon-NCIとして機能することである。要するに、Negに認可される表現はNCI一つのみであり、Non-NCIはNegに認可されないということである。このことを大まかに示すと(図1)のようになる。

(図1)

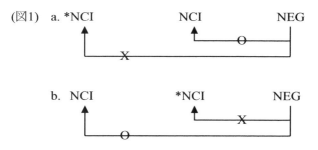

(*NCI: Non-NCI、O: Negから認可される、X: Negから認可されない)

以上のSellsの説明を(34a)と(34b)に適用すると、以下の(35)と(36)のようになる。

(35) 　　　　誰も　　　これしか　　読まなかった。
　　　解釈ⅰ: Non-NCI　NCI　　NEG →「みんなこれだけ読んだ」
　　　解釈ⅱ: NCI　　　Non-NCI　NEG →「誰もこれだけ読まなかった」

(36)　　　　太郎<u>しか</u>　　何<u>も</u>　食べ<u>なかった</u>。

　　　解釈ⅰ：　NCI　　　Non-NCI　　NEG →「太郎だけ何かを食べた」

　　　解釈ⅱ：Non-NCI　　NCI　　　　NEG →「太郎だけ何も食べなかった」

以上、Sellsの主張を概観した。このようなSellsの主張に対し、以下の説明では十分に説明ができず、反例になると考えられる。

(37)　a.　私たちは歌で<u>しか</u>何<u>も返</u>せないから、今できる最高のも

　　　　　のを見せようぜ。　　　　　　　　　　　　　（＝3章, (43b)）

　　　b.(?)戦争を味わったものに<u>しか</u>誰<u>も</u>分からない。

(37a)は、「しか」が「何も」と(37b)は「誰も」と共起した構文である。もしSellsの主張が正しいと仮定すると、(37)は以下のように話者によって2通りの異なる解釈が得られるはずである。

(38)　a.　（解釈ⅰ）：#私たちは歌でのみ全部返せるから、最高のも

　　　　　のを見せようぜ。

　　　　　（解釈ⅱ）：#私たちは歌でのみ何も返せないから、最高の

　　　　　ものを見せようぜ。

　　　b.　（解釈ⅰ）:#戦争を味わったものにのみみんな分かる。

　　　　　（解釈ⅱ）:#戦争を味わったもののみ誰も分からない。

(38a)は(37a)の予想される解釈であり、(38b)は(37b)の予想される解釈である。つまり、(38a)と(38b)の(解釈ⅰ)は「しか」がNCIとしての解釈を持ち、「不定語モ」がNon-NCIの解釈を持つ場合

で、(38a)と(38b)の(解釈ⅱ)は「しか」がNon-NCIとしての解釈を持ち、「不定語モ」はNCIとしての解釈を持つ場合であるが、いずれの解釈もSellsの予測通りの解釈は得られず、実際には上記の(37)の解釈は以下のようになる。

(39) a. (37a)の解釈:

私たちは歌でだけ恩返しができるが、他のことでは何もできないから、今できる最高のものを見せようぜ。

b. (37b)の解釈:

戦争を味わったものにだけ分かり、他の人は誰も分からない。

(39a)は(37a)の解釈であり、(39b)は(37b)の解釈であるが、(37)の「しか」と「不定語モ」はどちらもNCIとして機能する。言い換えると「しか」はNegと呼応し「だけ・・・ある」の意味を持ち、「不定語モ」は全否定の意味を持つ。これはSellsでは説明できない反例である。加えて、以下のような多重NCI構文におけるNCIもすべて真のNCIとしての解釈を持つと考えられる。

(40) a. そこにいた学生たちが一人もパンを一つも食べなかった。

(＝(24b))

b. 学生たちは一人もお酒を一滴も飲まなかった。

(40)は「1-助数詞モ」同士が同一節内で共起した例文である。Sellsの主張に従うと(40)に用いられたNCIの中で、片方は全称量

化表現として用いられるはずである。しかし、(40)で用いられた「1-助数詞モ」のいずれも、全称量化表現として用いられておらず、NCIとしてしか機能しない。また、以下のような多重NCI構文においてもSellsが主張するNon-NCIの用法はみられないと考えられる。

(41)　a.(?)私は飲んだ時にしか一言も文句を言えない旦那が嫌です。　　　　　　　　　　　　　　　　　(＝(23a))

　　　b.　今の母親たちは自分と同質の人間同士でしか決して交流を持とうとしません。　　　　　　(＝(26b))

　　　c.　誰も本を一冊も買わなかった。　　　(＝(28a))

　　　d.　許可無しには誰も決してできない状態だ。　(＝(29a))

　　　e.　太郎は決して一つも文句を言わなかった。　(＝(27a))

(41a)は「しか」と「1-助数詞モ」の「一言も」が、(41b)は「しか」と「決して」が、(41c)は「不定語モ」の「誰も」と「1-助数詞モ」の「一冊も」が、(41d)は「不定語モ」の「誰も」と「決して」が、(41e)は「決して」と「1-助数詞モ」の「一つも」が共起した例文であるが、すべて1通りの解釈しか持たない。要するに、(41)のNCIはすべて真のNCIとして機能する。

　では、本書がSellsの反例として提示した(37)(40)(41)は、なぜ1通りの解釈しか得られないのであろうか。これに対する答えとして、本書は前節で述べたNCIの生起する統語位置と密接な関係があることを提案する。要するに、前節において多重NCI構文

に用いられたNCIは、付加部位置に生起しなければならないと述べたが、この現象は多重NCI構文の解釈からでも裏付けられ、これらのNCIが付加部位置に生起すると1通りの解釈しか持たない。すなわち、(37)(40)(41)において用いられたNCI「しか」、「不定語モ」、「1-助数詞モ」、「決して」の統語位置を注目すると、すべて付加部位置に生起している。これに対し、(35)(36)の例文に用いられた「しか」の統語位置をみると、項位置に生起している。よって、「しか」が項位置に生起すると、何らかの理由で話者によって2通りの解釈が生じると考えられる。このような結論は、後の第8章でみる韓国語においても同様である。これに関しては第8章でみることにする。

　以上の多重NCI構文の解釈の現象からでもNCIの統語位置の重要性が伺えると考える。

　最後に、4.2節と4.3節の事実を踏まえ、(37)(40)(41)のような日本語の多重NCI構文の認可条件をみる。第2章の2.2.2.1節で述べたように、渡辺(2005)は、「不定語モ」同士が共起した多重NCI構文の認可条件に関して、Hiraiwa(2001)(2005)が提案した多重一致を導入する。多重一致とは認可されなければならない要素が複数存在する場合、そのすべてを一度に認可するというものである。例えば、下記のような日本語の多重主格構文の認可条件において多重一致が認められる。

(42)　　　　太郎が花子が目が悪く感じられた(こと)。　　(＝2章, (36))

(42)における下線部の三つの主格助詞「が」は認可子の時制辞
(Tense)によって認可されなければならない(cf.　Takezawa(1987)
など)。Hiraiwaは日本語の主格助詞「が」は認可子の時制辞に
よって多重一致されると主張する。すなわち、日本語の多重NCI
構文と多重主格構文の認可条件は類似するということである。

　以上な点を踏まえ、本書は日本語の多重NCI構文の認可条件
は、下記のように、Negによって多重一致されると考える。ただ
し、本書は、Watanabeと異なり、以下のNCIはすべて付加部位
置に生起しなければならないと主張する。

(図2)　　日本語の多重NCI構文の認可条件

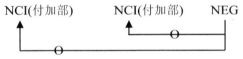

4.4. まとめ

　本章では日本語における多重NCI構文の認可条件と解釈を明
らかにした。従来の研究における「しか」、「不定語モ」、「1-助数
詞モ」、「決して」が用いられた多重NCI構文の認可条件について
解決されない課題が多く残されてきた。この主な理由は「しか」と
「1-助数詞モ」は他のNCIと多重共起しにくいのに対し、「不定語

モ」と「決して」は多重共起しやすいからである。本書ではこのような問題点を踏まえ、前章において「しか」がNCIと共起するためには、「しか」が生起する統語位置が必要条件であり、付加部位置に生起しなければならないと述べたが、「不定語モ」、「1-助数詞モ」、「決して」も「しか」と同様に、多重NCI構文に用いられるためには、これらの表現が付加部位置に生起しなければならないことを主張した。また、このことから、「しか」、「不定語モ」、「1-助数詞モ」、「決して」が単独でNCIになるためにも、付加部位置に生起しなければならないことが示唆されると述べた。

　上記のようなNCIの統語位置の重要性は、多重NCI構文の解釈からでも裏付けられると主張した。Sells(2001)は、日本語の多重NCI構文が話者によって2通りの異なる解釈に分かれることに注目し、このような現象が生じるのは、「しか」と「不定語モ」のような日本語のNCIがそれぞれNCIとNon-NCIとしての2用法を持っているからであると指摘する。また、このことから日本語の多重NCI構文の認可条件に関して、Negに認可されるのはNCI一つのみであり、Non-NCIは認可されないと述べている。このようなSellsの主張に対し、本書はNCIが付加部位置に生起する場合の多重NCI構文を反例として提示し、このような多重NCI構文は1通りの解釈しか得られないと述べた。すなわち、この場合のすべてのNCIは、Negに認可されなければならない真のNCIとして機能する。よって、本書は、日本語の多重NCI構文の認可条件に関して、Hiraiwaが日本語の多重主格構文の認可条件において用いた多

重一致を導入し、多重NCIはNegによって多重一致されると述べた。

　4.3節でも述べたように、上記で述べた日本語のNCIの認可条件は、韓国語のNCIと相当類似することで非常に興味深い。

日本語における多重NCI構文の類型とその統語構造

―「しか」と「不定語モ」が共起したタイプを中心に―

5.0. はじめに

　本章では、日本語における多重NCI構文の類型とその統語構造について述べる。第4章において日本語の多重NCI構文の生起条件として、そのNCIが付加部位置に生起しなければならないと主張した。しかしながら、NCIが付加部位置に生起しているにもかかわらず、多重NCI構文に用いられない場合がある。特に、付加部位置に生起する「しか」が「不定語モ」と共起した文において、「不定語モ」がかき混ぜ操作によって「しか」より先行したとき、不適格になる場合と、適格になる場合がある。要するに、「しか」と「不定語モ」の間に語順制約が生じる場合と生じない場合がある。加えて、多重NCI構文によって、「しか」の解釈が異なる場合がある。言い換えると、「しか」が「不定語モ」と共起した文において、「しか」が「以外」または「ほか」のような例外表現(exceptive expression)としての解釈になる場合と、Negと呼応し、「だけ」の解釈になる場合がある。また、以上の事実は「しか」と「不定語モ」が用いられた多重NCI構文に関して述べた先行研究、例えばNishioka(2000)、片岡(2006)において説明できないと考えられる。なぜなら、今までの先行研究は、日本語の多重NCI構文の類型を単一のものとして分析してきたため、上記のような非対称性が捉えられないからである。本書は、このように多重NCI構文ごとに非対称性が生じるのは、従来の先行研究と異なり、「しか」と「不定語モ」が用いられる多重NCI構文の類型は、2タイプが存在するからであり、なおかつ

その統語構造はそれぞれ異なるからであると主張する。言い換えると「しか」と「不定語モ」が同じ意味役割(semantic role)を担い単一構成素を成すタイプと、「しか」と「不定語モ」が互いに異なる意味役割を担い異なる構成素を成すタイプが存在するということである。

　本章では、今まで単一の類型として捉えられてきた日本語の多重NCI構文が、2タイプに分けられると修正し、その統語構造を明らかにすることによって、本書が今後の多重NCI構文に関する研究に貢献できると考えられる。

　5.1節では問題の所在について述べる。前章で立てた一般化と今までの先行研究からは、説明できない多重NCI構文をみる。5.2節では多重NCI構文の類型について述べ、語順制約と解釈において少なくとも2タイプに分類できることを示す。5.3節ではこの2タイプの多重NCI構文の統語構造はそれぞれ異なっており、一方のタイプは「しか」が「不定語モ」と同じ意味役割を担い単一構成素を成すのに対し、もう一方のタイプは互いに異なる意味役割を担いこれらの表現がそれぞれ異なる構成素を成すことを述べる。

5.1. 問題の所在

　前章において、日本語の多重NCI構文の認可条件において、そのNCIは必ず付加部位置に生起しなければならないという一般

化が成り立つことを主張した。このような一般化は下記の文からで
も裏付けられる。

(1)　a.　(このビルの地下は8階まであると言われているが)地下5
　　　　　階までしか誰も行ったことがない。　　　　　(＝4章, (3a))
　　　b.(?)戦争を味わったものにしか誰も分からない。

　　　　　　　　　　　　　　　　　　　　　　　　　(＝同, (37b))

(2)　a.　私の住んでいるところは、車でしかどこにも行けません。
　　　b.(?)それはあの辺しかどこにもないんじゃない？

(1a, b)は、付加部位置に生起する「しか」が付加部位置の「誰も」と
共起した例文であり、(2a, b)は、付加部位置に生起する「しか」が
付加部位置の「どこにも」と共起した例文であるため、いずれも許
容される。

　一方、(1a)と(1b)、そして(2a)と(2b)は、それぞれ「しか」が「誰も」
または「どこにも」と共起しているので、一見同様の統語構造を成し
ているようにみえる。しかし、(1a, b)と(2a, b)は、下記のようなかき
混ぜ操作(Scrambling)による結果が非対称的である。

(3)　a.　(このビルの地下は8階まであると言われているが)誰も地下
　　　　　5階までしか行ったことがない。　　　　　(＝3章, (21b))
　　　b. *誰も戦争を味わったものにしか分からない。

(4)　a.　私の住んでいるところは、どこにも車でしか行けません。
　　　b. *それはどこにもあの辺しかないんじゃない？

179

(3a, b)と(4a, b)は(1a, b)と(2a, b)の「しか-不定語モ」の語順をかき混ぜ操作により「不定語モ-しか」のように変えた文である。興味深いことに(3a)(4a)の容認度はほとんど変わらず許容されるが、(3b)(4b)の容認度は下がり、不適格文になる。要するに、(1a)と(1b)、そして(2a)と(2b)はそれぞれの振る舞いが異なることから、その類型が相違する可能性があることが示唆される。

また、以上の事実は、従来日本語における「しか」と「不定語モ」が用いられた多重NCI構文の認可条件について述べてきたNishioka(2000)と片岡(2006)においても説明できないと考えられる。Nishiokaと片岡では、多重NCI構文の認可条件に関する主張は各自異なるが、多重NCI構文を単一の類型として捉えてきたのは同じである。

次節では、上記でみた多重NCI構文の非対称性に関して、これがどのようなものであるか詳しく記述する。

5.2. 多重NCI構文の類型

本節では、「しか」と「不定語モ」が用いられた多重NCI構文は、「しか」と「不定語モ」間の語順制約と「しか」の解釈において相違することから、その類型を少なくとも2タイプに分けられることを指摘する。まず、「しか」と「不定語モ」間の語順制約についてみてみる。

5.2.1.　語順制約

以下の例文をみてもらいたい。

(5)　a.(?)戦争を味わったものに<u>しか</u>誰(に)も分からない。

　　a'.＊<u>誰(に)も</u>戦争を味わったものに<u>しか</u>分からない。

　　b.(?)実際信用できる人に<u>しか</u>誰(に)も場所は言ってないのよ。

　　b'.＊実際<u>誰(に)も</u>信用できる人に<u>しか</u>場所は言ってないのよ。

(6)　a.(?)それはあの辺(に)<u>しか</u>どこにもないんじゃない？

　　a'.＊それは<u>どこにも</u>あの辺(に)<u>しか</u>ないんじゃない？

　　b.(?)ここ(に)<u>しか</u>どこにも帰る場所などありません。

　　b'.＊<u>どこにも</u>ここ(に)<u>しか</u>帰る場所などありません。

(5a, b)と(6a, b)は「しか」が「不定語モ」より先行している文であり、これをかき混ぜ操作により「不定語モ」を「しか」より先行させたのが(5a', b')と(6a', b')である。上記の例文(5a', b')と(6a', b')から「しか」は「不定語モ」に先行されると、不適格になることが分かる。以上の(5a, b)(6a, b)と(5a', b')(6a', b')を大まかに樹形図でそれぞれ表すと、以下の(図1a)と(図1b)のようになる。

(図1)　a.

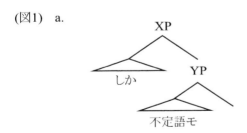

181

b.

XP

不定語モi

XP

しか

YP

X

ti

(X: かき混ぜ不可能)

　一方、以下のような文においては「不定語モ」が「しか」より先行しても適格性はほとんど変わらない。

(7)　a.　(このビルの地下は8階まであると言われているが)地下5階までしか誰も行ったことがない。　　　　　　　　　(＝(1a))

　　a'.　(このビルの地下は8階まであると言われているが)誰も地下5階までしか行ったことがない。　　　　　　　　　(＝(3a))

　　b.　カナダとかはですね、ちゃんと灰皿がある所でしか誰もタバコを吸わないんですよ。　　　　　　　　(＝4章, (11a))

　　b'.　カナダとかはですね、誰もちゃんと灰皿がある所でしかタバコを吸わないんですよ。

(8)　a.　私の住んでいるところは、車でしかどこにも行けません。

　　　　　　　　　　　　　　　　　　　　　　　　　　(＝(2a))

　　a'.　私の住んでいるところは、どこにも車でしか行けません。

　　　　　　　　　　　　　　　　　　　　　　　　　　(＝(4a))

　　b.　それまでは京橋経由でしかどこにも行けませんでしたからね。

b'. それまではどこにも京橋経由でしか行けませんでしたからね。

(7a, b)(8a, b)は各々(5a, b)(6a, b)と同様に「しか」が「誰(に)も」または「どこにも」と共起した多重NCI構文であるが、(7a', b')(8a', b')は、(5a', b')(6a', b')と同様に「不定語モ」が「しか」より先行しているにもかかわらず、(5a', b')(6a', b')と異なり容認度はほとんど下がらない。(7a, b)(8a, b)と(7a', b')(8a', b')を大まかに樹形図でそれぞれ表すと、(図2a)と(図2b)のようになる。

(図2)　a.

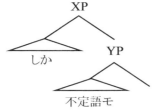

b.

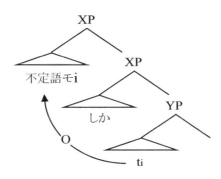

(O: かき混ぜ可能)

183

　以上、日本語における多重NCI構文はその類型によって語順制約が生じる場合と、生じない場合があることをみた。次節では「しか」の解釈においても、その類型によって異なることを述べる。

5.2.2.「しか」の解釈

　まず、(5)と(6)で用いられた「しか」の解釈についてみる。上記でみた(5a, b)と(6a, b)の例文を下記に再掲し、説明を与える。

(9)　a.(?)戦争を味わったものにしか誰(に)も分からない。
　　　b.(?)実際信用できる人にしか誰(に)も場所は言ってないのよ。
(10)　a.(?)それはあの辺(に)しかどこにもないんじゃない？
　　　b.(?)ここ(に)しかどこにも帰る場所などありません。

(＝(5a, b)(6a, b))

(9)(10)にける「しか」と「不定語モ」の共起関係は、以下のような英語の例外表現「but」と全称量化表現(universal　quantifier)である「no」の共起関係と類似していると考える。

(11)　a.　<u>No student(s) but</u> John attended the meeting.
(von Fintel(1993:124, (2a)))
　　　b.　<u>No student(s) but</u> John came.　　　　　(同:126, (10))

von Fintel(1993)は上記の「but」を以下のように定義している。

　　　The semantics of exceptive marker 'but' is primarily one

184

of subtraction from the domain of quantifier.　　(同:140)
「訳¹: 例外表現としての「but」はある数量詞の領域(domain)から差し引く(subtract)ようなものである。」

すなわち、(11)の「but」は全称量化表現「no student(s)」の領域から「John」を差し引き、これが述語「attended the meeting」または「came」に適用されるのである。加えて、von Fintelはこのような「but」句を「Domain Subtraction」と呼び、この「but」句は以下のように示すことができることを指摘する。

(12)　[students but John] = [students] − {[John]}　(同:126, (11))

また、von Fintelは、「but」句と全称量化表現「no」は単一セット(singleton set)を成すと指摘する。このような英語の例外表現「but」と全称量化表現との意味関係は、(9)(10)における「しか」と「不定語モ」との意味関係に極めて類似すると考える。第2章の2.2.2.1節でも述べたように、Watanabe(2004)は「不定語モ」を全称量化表現であると指摘する。他に、片岡(2006)においても同様な指摘がなされている。まず、(9)をみてみると、(9a)の「しか」は、全称量化表現「誰(に)も」から「戦争を味わったもの」を除外している。(9b)の「しか」も、「誰(に)も」から「信用できる人」を除外している。これを(12)のように示すと以下のようになると考えられる。

1　和訳は、本書が適宜行ったものである。

(13)　a.　[戦争を味わった人ものにしか誰も] = [人々(誰も)] − {[戦
争を味わった人]}

　　　b.　[信用できる人にしか誰も] = [人々(誰も)] − {[信用できる
人]}

次は(10)をみる。(10a)の「しか」は全称量化表現「どこにも」から「あ
の辺」を除外している。(10b)の「しか」も同じく、「どこにも」から「こ
こ」を除外している。これを(13)のように示すと下記のようになる。

(14)　a.　[あの辺しかどこにも] = [複数の場所(どこにも)] − {[「あの
辺」]}

　　　b.　[ここしかどこにも] = [複数の場所(どこにも)] − {[「ここ」]}

また、この場合の「しか」の振る舞いは「以外」または「ほか」と類似
する。実際に、従来これらの表現「しか」、「以外」、「ほか」はその
統語的・意味的類似点から山口(1991)、宮地(2007)によっては
「其他否定」表現と、江口(2000)、茂木(2005)によっては「除外」
表現と呼ばれ、同一の表現として扱われてきた。まず、第一に、
これらの表現は(15)のような構文環境において必ず否定述語と共
起しなければならないという統語的特徴を持つ。

(15)　a.　太郎しか/以外(誰も)/のほか(誰も)来なかった(*来た)。
　　　b.　進学をあきらめるしか/以外/(より)ほかなかった(*あった)。
　　　　　　　　　　　　　　　　　　　　　　　　(＝序章, (27)(28))

第二に、これらの表現について次のような意味的特徴の類似点が挙げられる。茂木(2005:15-16)は「しか/以外/ほか」がそれぞれ用いられた(15a)において、以下のように述べている。

(15a)では、「話し手が想定する人の中で「太郎」だけは「来た」ものの、「太郎」を除く残りの人は「来なかった」」という解釈がなされる。問題となっている要素(人)の集合をα「しか/以外/ほか」が後接している要素(「太郎」)をX、命題(「来る」)をPとすると、(15a)の「しか」「以外」「ほか」は「集合αにおいて、要素Xを除き命題Pが成立する要素はない(集合αにおいてPを成立させる唯一の要素である)」ということを表しているといえる。このとき、(15a)は、表面上、「Xしか/以外/のほかPない」の形をとるものの、意味的には、XはPに関して肯定され、Xを除いた集合αの残りの要素がPに関して否定される。　　(同)

茂木(2002)は上記の意味的特徴を下記のような(図3)で示している。

(図3)　集合αにおいて、要素Xを除き命題Pが成立する要素はない
　　　　(＝集合αにおいて、XはPを成立させる唯一の要素である)。

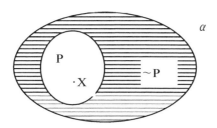

山口(1991)、江口(2000)、宮地(2007)では上記の茂木のような
具体的な説明は行われていないが、同様の指摘がなされている。

　また、片岡(2006)は「しか/以外」の意味的共通性を以下のように
示している。

(16)　　太郎{しか/以外}来なかった。

(17)　　前提: 太郎が来た。
　　　　断定: 太郎以外の人は来なかった。
　　　　NOT∃x(x≠太郎)(xが来た)(=∀x(x≠太郎)NOT(xが来た))
　　　　　　　　　　　　　　　　　　　(片岡(2006:141, (93)))

片岡は「ほか」については述べていないが、「ほか」にも(17)の特徴
は当てはまると考えられる。このような「しか/以外/ほか」の意味的
特徴は、前述した英語の例外表現「but」の意味的特徴を記述した
von Fintelと類似すると考えられる。ほかに、これらの表現「しか/以
外/ほか」はホスト名詞句との関係および統語的分布においても類
似するが、詳しいことは後の第6章で述べることにする²。

　以上のような統語的・意味的類似点から、多くの先行研究にお
いて「しか/以外/ほか」は同一の表現として捉えられてきた。さら
に、興味深いことに「以外/ほか」は以下の(18a, b)(19a, b)のように
「しか」と同じく同一節内において「不定語モ」と共起できる。

　2　ただし、本書は、「しか」は「以外/ほか」と意味的特徴は類似するが、統語論
　　　的認可条件は異なることを述べる。詳細は、第6章で述べることにする。

(18) a. この島以外どこにも行くところがない。

(朝日新聞2006/6/6)

    b. 科学技術をここまで発展させた国は日本以外どこにもない。   (朝日新聞2007/10/5)

(19) a. ホテルの周りは、歩いてはゴルフ場のほかどこにも行けない。

    b. 新製品がこれだけ大衆的に普及した国は、日本のほかどこにも見当たらない。

その上に、「以外/ほか」は「しか」と同様に、「不定語モ」との語順制約が生じる。

(20) a. *どこにもこの島以外行くところがない。

    b. *科学技術をここまで発展させた国はどこにも日本以外ない。

(21) a. *ホテルの周りは、歩いてはどこにもゴルフ場のほか行けない。

    b. *新製品がこれだけ大衆的に普及した国は、どこにも日本のほか見当たらない。

すなわち、(18)(19)の「不定語モ」をかき混ぜ操作により、「以外/ほか」より先行させると、(20)(21)のように不適格文になる。これは「しか」と「不定語モ」との語順制約(5)(6)と非常に類似する。

(22) a.(?)戦争を味わったものにしか誰(に)も分からない。

    a'. *誰(に)も戦争を味わったものにしか分からない。

189

> b.(?)実際信用できる人に<u>しか</u>誰<u>(に)も</u>場所は言ってないの
> よ。
>
> b'. ＊実際誰<u>(に)も</u>信用できる人に<u>しか</u>場所は言ってないの
> よ。

(23)　a.(?)それはあの辺(に)<u>しか</u><u>どこにも</u>ないんじゃない？

　　　a'. ＊それは<u>どこにも</u>あの辺(に)<u>しか</u>ないんじゃない？

　　　b.(?)ここ(に)<u>しか</u><u>どこにも</u>帰る場所などありません。

　　　b'. ＊<u>どこにも</u>ここ(に)<u>しか</u>帰る場所などありません。 (＝(5)(6))

以上のことから、(22)(23)において用いられた「しか」は、(7)(8)に
おいて用いられた「しか」と異なり、例外表現「以外/ほか」そして英
語の「but」と同じ意味的特徴を持つことが示された。

　以下では、(7)(8)で用いられた「しか」の解釈についてみてみ
る。上記でみた(7a, b)(8a, b)の例文を下記に再掲して説明を与え
る。

(24)　a.　(このビルの地下は8階まであると言われているが)地下5階
　　　　まで<u>しか</u>誰<u>も</u>行ったことがない。

　　　b.　カナダとかはですね、ちゃんと灰皿がある所で<u>しか</u>誰<u>も</u>タバ
　　　　コを吸わないんですよ。

(25)　a.　私の住んでいるところは、車で<u>しか</u><u>どこにも</u>行けません。

　　　b.　それまでは京橋経由で<u>しか</u><u>どこにも</u>行けませんでしたから
　　　　ね。　　　　　　　　　　　　　　　　　(＝(7a, b)(8a, b))

本書は、(24)(25)における「しか」と(22)(23)における「しか」の解釈

に注目する。上記で、(22)(23)における「しか」は例外表現として
の意味的特徴を持ち、日本語の「以外/ほか」そして英語の「but」と
類似することを述べたが、(24)(25)の「しか」は例外表現としての意
味的特徴は持たないと考える。すなわち、(24)(25)の「しか」は
Neg「ない」と呼応し、「だけ…ある(only)」の解釈になる。

　以上、「しか」と「不定語モ」が用いられた多重NCI構文におい
て、「しか」が例外表現と同様の意味的特徴を持つ場合と、持たな
い場合があることを述べた。

　次節では、前節と本節で分かった内容を簡単にまとめることに
する。

5.2.3. まとめ

　5.2.1節と5.2.2節において「しか」と「不定語モ」が用いられた多
重NCI構文の類型は少なくとも2種類が存在することを述べ、その
根拠を提示した。要するに、(22a, b)(23a, b)における多重NCI構
文(以下、タイプAとする)と(24a, b)(25a, b)における多重NCI構文
(以下、タイプBとする)は「しか」と「不定語モ」間の語順制約と「しか」
の解釈の相違点に基づき、振る舞いが異なることを述べた。この
内容を表でまとめると(表1)のようになる。

(表1)　タイプAとタイプBの相違点(√: 許される、＊: 許されない)

特徴　　　　　　　　　　　　　　　　　類型	タイプA	タイプB
① 語順制約:「しか」は必ず左側に生起しなければならない	√	＊
② a.「しか」の解釈: 　　例外表現(「以外/ほか/but」)	√	＊
② b.「しか」の解釈: 　　Negと呼応し、「だけ…ある(only)」	＊	√

(表1)から、日本語の多重NCI構文の類型は、少なくとも2タイプが存在することが明らかになった。次節ではタイプAとタイプBの相違点を引き起こす要因について分析する。

5.3. 分析

　本節では、前述の(表1)でみたタイプAとタイプBは、どのような理由によって異なる振る舞いを示すのかについて分析を行う。まず、本書の分析を以下のように示しておく。

(26)　本書の分析

　　a. タイプAとタイプBの振る舞いが異なる理由は「しか」と「不定語モ」との統語構造が相違するからである。

　　b. タイプAにおける「しか」と「不定語モ」は同じ意味役割を担

い、単一構成素を成すのに対し、タイプBにおける「しか」
と「不定語モ」は互いに異なる意味役割を担い、単一構成
素を成さず、それぞれ異なる構成素で基底生成される。

以下では(26)の分析を検証していく。

5.3.1. タイプAの統語構造

　本節ではタイプAの統語構造についてみてみる。第4章でも述べ
たようにKawashima & Kitahara(1992)、Aoyagi & Ishii(1994)、
片岡(2006)は「不定語モ」は項ではなく付加部であることを論じて
いる。この議論をここで再びみてみる。まず、以下の例文をみても
らいたい。

(27)　a.　学生が<u>誰も</u>車を買わなかった。学生が誰も車を買わな
　　　　　かった。
　　　b.　太郎が飲み物を<u>何も</u>買わなかった。　　　　(＝4章, (9))

(27)において「誰も」と「何も」はホスト名詞句「学生が」、「飲み物を」
と各々共起している。**Kawashima & Kitahara**は日本語がpro脱落
言語であることを考えると「不定語モ」が単独で現れる場合は(28)
のように非顕在的主語または目的語を含んでいると主張している。

(28)　a.　<u>pro</u> 誰も車を買わなかった。
　　　b.　太郎が<u>pro</u>何も買わなかった。　　　　(＝同, (8))

さらにKawashima & Kitahara(1992:144-151)とAoyagi & Ishii (1994:297-298)は「不定語モ」の統語的分布は遊離数量詞(floating numeral quantifier)現象と類似すると主張する。(29)と(30)をみてもらいたい。

(29) a. ジョンが<u>何も</u><u><u>果物を</u></u>食べなかった。

　　　　　　　　　　　　(Aoyagi & Ishii(1994:297, (6a))

　　　 b. ジョンが<u>3本</u><u><u>バナナを</u></u>食べた。　　　　(同:298, (8a))

(30) a. ジョンが<u><u>果物を</u></u><u>何も</u>食べなかった。　(同:297, (6b))

　　　 b. ジョンが<u><u>バナナを</u></u><u>3本</u>食べた。　　　(同:297, (8b))

(29)(30)において下線部の「何も/3本」と二重下線部の「果物を/バナナを」の分布をみると、NCI「何も」と遊離数量詞「3本」の振る舞いがまったく同様であることが分かる。言い換えると、(29)において「何も/3本」はホスト名詞句「果物を/バナナを」にそれぞれ先行していて、(30)においては「何も/3本」がホスト名詞句「果物を/バナナを」によって先行されている。このことに基づき、Kawashima & Kitaharaは「不定語モ」とそのホスト名詞句の統語構造を以下のように示す。

194

(図4)　a.

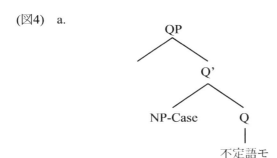

b.

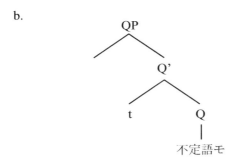

(Kawashima & Kitahara(1992:149, (35)))

Kawashima & Kitahara、は(図4a)においてホスト名詞句はQP (Quantifier Phrase)の主要部「不定語モ」の補部であり、(図4b)の「t」のように格照合のためにAgrPに移動すると提案する。

　一方、「どこにも」は「誰も」、「何も」と異なり(図4a)のようなNP-Caseが現れない。以下の例文をみてもらいたい。

　　(31)　　昨日太郎は(*pro)どこにも行かなかった。

しかし、日本語の数量詞の中には、下記のように場所を表す数量

詞も存在し、なおかつ「誰も」、「何も」との統一性を考えると、「どこにも」も「誰も」、「何も」と同様に数量詞のような表現として捉えるのが妥当であると考えられる。

(32)　　　彼らはみんな一箇所に集まった。

本書は上記のようなKawashima ＆ Kitaharaの提案を採用し、タイプAにおける統語構造を次のように提案する。

(図5)　タイプAの統語構造

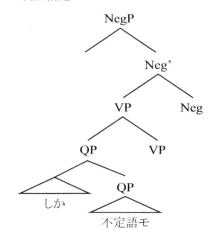

本書は(22a, b)、(23a, b)のように現れる「しか」と「不定語モ」は、(図5)のようにQPという単一構成素を成すと考える。また、このQPはVPに付加(adjoin)し、「しか」はQPにさらに付加すると考えられる。

　では、タイプAにおける「しか」はなぜ「不定語モ」より上に生起しなければならないのか。5.2節においてタイプAの「しか」は日本語の例外表現「以外/ほか」そして英語の「but」と類似した意味的特徴を持つと述べたが、興味深いことに「but」が全称量化表現「no/nobody/nothing」と共起する際に、次のような語順制約が生じる。

(33)　a.　No student(s) but John attended the meeting. （＝(11a)）
　　　　b.*But John, no student(s) attended the meeting.

(34)　a.　No student(s) but John came.　　　　　　　　（＝(11b)）
　　　　b.*But John, no student(s) came.

(35)　a.　Nobody but John came.
　　　　b.*But Taro nobody came.

(36)　a.　Taro ate nothing but Sushi.
　　　　b.*Taro ate but Sushi nothing.

(33a)-(36a)は、全称量化表現「no/nobody/nothing」が「but」より上に生起する文で、(33b)-(36b)は「but」が全称量化表現「no/nobody/nothing」より上に生起する文であるが、前者は適格になるのに対し、後者は不適格になる。事実、今までの先行研究、例えばTerazu-Imanishi(1994)などは例外表現「but」と「no/nobody/nothing」のような全称量化表現には以下のような語順制約が存在すると指摘している。

(37)　　　「no/nobody/nothing」のような全称量化表現は、例外

　　　　　　　表現「but」より必ず上に生起しなければならない。

(37)のような語順制約が生じるのは、全称量化表現「no/nobody/
nothing」と「but」句は単一セットを成し、なおかつ両者の語順は
「no/nobody/nothing-but」のように固定しているからであると考え
る。

　以上のような英語の語順制約から「しか/以外/ほか」が「不定語モ」
と共起する際に語順制約が生じる理由も伺える。「不定語モ」は、
上記でも述べたように全称量化表現であり、「しか/以外/ほか」は英
語の「but」のような例外表現としての意味機能を持つ。よって「しか
/以外/ほか」は「不定語モ」と共起する際に、単一セット、すなわち
同一の構成素を成し、これらの表現の語順は、「しか/以外/ほか-
不定語モ」のように固定しているため、語順制約が生じると考えら
れる。後の第8章でもみるが、これは韓国語の例外表現「bakk-e」、
「oe-e」においても同様の現象がみられる。このことから他の自然言
語についても例外表現が全称量化表現と共起する際には、上記
でみた日・韓・英語のように語順制約が生じる可能性があると考え
られる。

　では、日本語における「しか/以外/ほか」が「不定語モ」より上に
生起しなければならないのに対し、英語における「but」が「no/
nobody/nothing」のような全称量化表現より下に生起しなければな
らない理由は何であろうか。これに関して、現時点では、日本語に
おいては「不定語モ」が主要部(head)であり、英語においては「no/

198

nobody/nothing」が主要部であるからであると考えられる。よく知られているように、日本語は主要部後行型言語(head final language)であるのに対し、英語は主要部先行型言語(head initial language)である。よって、日本語のような主要部後行型言語においては「不定語モ」が例外表現より下に現れるのに対し、英語のような主要部先行型言語においては「no/nobody/nothing」が例外表現より上に現れるのは自然な現象であるといえる。事実、韓国語も日本語と同じく主要部後行型言語であるため、上記の日本語と同様な現象がみられる。これに関しては後の第8章でみる。

　以上、タイプAの統語構造は「しか」と「不定語モ」が単一構成素を成すことを

みた。次節ではタイプBの統語構造についてみる。

5.3.2. タイプBの統語構造

前節ではタイプAの統語構造に関して、「しか」と「不定語モ」はQPという単一構成素を成していると述べた。本節ではタイプBの統語構造をみる。本書は、タイプBの統語構造を下記のように提案する。

(図6)　タイプBの統語構造

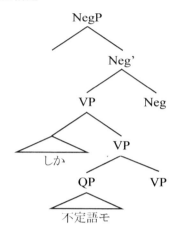

(図6)の「しか」と「不定語モ」の構造は、上記の(24)(25)において用いられた両者の統語構造である。すなわち、「しか」は上のVPに付加し、「不定語モ」は下のVPに付加する。

　(図6)のタイプBの統語構造と、(図5)のタイプAの統語構造の大きな相違点は、「しか」と「不定語モ」が単一構成素を成しているか否かである。5.2節でも述べたようにタイプBにおける「しか」は、タイプAにおける「しか」と異なり、例外表現のような意味機能は果たさないと考えられる。よって、タイプBにおける「しか」と「不定語モ」は単一セットを成さないので、語順制約は生じない。要するに「しか」が「不定語モ」と単一構成素を成し、なおかつ「しか」が例外表現としての意味機能を持つか否かがタイプAとタイプBを区分付ける重要な要素であると考えられる。

　以上、タイプBの統語構造はタイプAと異なり、「しか」と「不定語モ」がそれぞれ異なる構成素を成すことをみた。次節では、タイプAとタイプBにおける「しか」と「不定語モ」が担う意味役割も異なることを述べる。

5.3.3.　タイプAとタイプBにおける「しか」と「不定語モ」の意味役割

　5.3.1節と5.3.2節において、タイプAとタイプBにおける「しか」と「不定語モ」の統語構造は異なることを述べた。本節では、タイプAとタイプBにおける「しか」と「不定語モ」の意味役割[3]において下記のように異なることを示す。

(38)　タイプAとタイプBにおける「しか」と「不定語モ」の意味役割
　　　a.　タイプA:「しか」と「不定語モ」両者は同様の意味役割を担う
　　　b.　タイプB: タイプAと異なり、両者は互いに異なる意味役割を担う

(38)を以下の例文で確かめる。

(39)　a.(?)戦争を味わったものにしか誰(に)も分からない。(＝(22a))
　　　b.(?)それはあの辺(に)しかどこにもないんじゃない？(＝(23a))

3　厳密には、意味役割が与えられるのは「不定語モ」ではなく、「不定語モ」と単一構成素を成すホスト名詞句であるが、本書は、「不定語モ」と「不定語モ」のホスト名詞句を一つのまとまりとして考え、以下、意味役割が与えられるのは、「不定語モ」であるとする。

(40)　a.　カナダとかはですね、ちゃんと灰皿がある所で<u>しか</u><u>誰も</u>タ
バコを吸わないんですよ。　　　　　　　　　　　　（＝(24b)）

　　　b.　私の住んでいるところは、車で<u>しか</u><u>どこにも</u>行けません。
　　　　　　　　　　　　　　　　　　　　　　　　　　（＝(25a)）

(39)はタイプAであり、(40)はタイプBである。まず、(39a)の「しか」
句と「不定語モ」の意味役割は、両方とも同様に「経験者
(experiencer)」であり、(39b)の「しか」句と「不定語モ」の意味役割
は、両方とも同様に「場所(location)」である。これに対し、(40a)
の「しか」句と「不定語モ」の意味役割は、それぞれ「場所」と「動作
主(agent)」のように異なっており、(40b)の「しか」句と「不定語モ」の
意味役割も、それぞれ「道具(Instrument)」と「着点(Goal)」のよう
に異なっている。

　以上のことから、タイプAにおける「しか」と「不定語モ」は、同じ
意味役割を担い、単一構成素を成しているのに対し、タイプBに
おける両者は、互いに異なる意味役割を担い、異なる統語位置で
基底生成されることが明らかになった。

5.4. まとめと今後の課題

　本章では、「しか」と「不定語モ」が用いられた多重NCI構文の類
型とその統語構造を明らかにした。従来、日本語の多重NCI構文

に関する研究は、認可条件など主張は各自異なるが、多重NCI
構文を単一の類型として捉えてきたのは共通している。また第4章
において、付加部位置に生起する「しか」と「不定語モ」は問題なく
多重共起できることを述べたが、ここでは日本語の多重NCI構文
はある一定の構文環境において、構文ごとに非対称的な振る舞い
を示すことが明らかになった。よって、本書は日本語の多重NCI
構文の類型は、次のように2タイプ、すなわちタイプAとタイプBに
分けられ、その統語構造もそれぞれ異なると主張した。

(41)　日本語の多重NCI構文の類型
　　　タイプA：「しか」と「不定語モ」が同じ意味役割を担い、単一
　　　　　　　構成素をなすタイプ
　　　タイプB：「しか」と「不定語モ」が互いに異なる意味役割を担
　　　　　　　い、異なる構成素をなすタイプ

このことは、「しか」と「不定語モ」の語順制約と「しか」の解釈から示
唆されると述べた。つまり、タイプAには、「しか」が「不定語モ」と
共起する際に「しか」が「不定語モ」より必ず上に生起しなければな
らないという語順制約が存在するのである。これに対し、タイプB
には、上記のようなタイプAが持つ語順制約が存在しない。本書
は、タイプAとタイプBにおいてこのよう相違点が生じる要因は、
「しか」の異なる意味機能に起因すると指摘した。タイプAにおける
「しか」は日本語の例外表現「以外/ほか」、または英語の「but」とも
類似する。実際に、従来「しか/以外/ほか」は、その統語的・意味

的な類似点から同様に扱われてきた。このような「しか/以外/ほか」、「but」はそれぞれ「不定語モ」、「no/nobody/nothing」のような全称量化表現と共起する際に、同様の語順制約が生じる。要するに、日本語においては、「しか/以外/ほか」が「不定語モ」より上に、英語においては、「no/nobody/nothing」が「but」より上に生起しなければならないという語順制約が生じる。このことは、例外表現が全称量化表現と単一セットを成しているからであると指摘した。また、このような例外表現と全称量化表現との間にこのような意味関係があるということは、自然言語において普遍的な現象である可能性があると考えられる。よって、タイプAにおける「しか」と「不定語モ」には語順制約が生じるのである。

一方、タイプBにおける「しか」と「不定語モ」には前述したタイプAのような語順制約は存在しない。すなわち、「不定語モ」は「しか」より上に生起しても、下に生起しても許容されるのである。この場合の「しか」の意味機能は、タイプAの例外表現としての意味機能と異なっており、そのため「不定語モ」と単一セットを成す必然性がない。よって、タイプBにおける「しか」は「不定語モ」との語順制約が生じないのである。実際に、タイプBにおける「しか」の意味をみると、Negと呼応し、「だけ…ある」の意味を持つ。

さらに、タイプAにおける「しか」と「不定語モ」は、同じ意味役割を担うのに対し、タイプBにおける「しか」と「不定語モ」は互いに異なる意味役割を担うと述べた。

本章では、タイプAにおける「しか」が、「以外/ほか」と類似する

意味機能を持つと述べたが、次章では、これらの表現、「しか/以外/ほか」の相関関係を明らかにしたい。特に、本章では後置詞に後接する「しか」のみをみたため、後置詞に後接できない「以外/ほか」とは議論ができず、これらの表現の機能的特徴を中心に述べるに留めたが、次章では、名詞句に後接する「しか/以外/ほか」をみて、これらの表現の性質を明らかにする。

　次に今後の課題を述べる。「しか」と「何も」が共起した多重NCI構文の類型に関して研究の余地が残されている。本章では、「しか」と「何も」が共起した文は取り上げなかったが、この理由は、「しか」と「何も」は、以下のように互いに異なる意味役割を担っているのにも関わらず、「しか」と「何も」には語順制約が存在するからである。

(42)　a.　人間は自分のためにしか何もしない。
　　　b.＊人間は何も自分のためにしかしない。　　　（＝3章, (12)）

すなわち、(42a)の「しか」句と「何も」の意味役割は、それぞれ「受益者(benefactive)」と「対象(theme)」であり、互いに異なっている。これは、本章でいうタイプBに当たるため、「しか」と「何も」には語順制約が生じないはずであるが、(42b)のように語順制約が生じる。要するに、「しか」が「何も」と共起する場合は、「何も」より上に生起しなければならない。なぜ「しか」は「何も」と共起する際は、「誰も」または「どこにも」と異なり、「何も」より上に生起しなければならな

い。現時点で考えられる可能性として、「しか」が目的語位置に生起するNCIと共起する際に、「しか」は目的語位置より下に生起してはいけないという制約が存在するからではないかと考える。実際に、Yanagida(1996:26)は、「しか」のスコープは常にVPの外で(outside VP)決まると主張し、その根拠として下記のような様態副詞との語順制約を提示している。

(43)　a.　ジョンはその小説<u>しか</u> [早く読めない]。
　　　b. *ジョンは [早く小説<u>しか</u>読めない]。

(Yanagida(1996:26, (16)))

(43)は「しか」と様態副詞「早く」が用いられた文であるが、(43a)のように「しか」が「早く」より上に生起すると適格になるが、(43b)のように「早く」より下に生起すると不適格になる。要するに、様態副詞「早く」はVP-adjunctであり、「しか」がVP-adjunctより下に生起することは、当然「しか」がVP内に生起することを意味するため、(43b)は不適格になるということである。

　このようなYanagidaの議論を上記の(42)の例文に適用すると、問題が解決される可能性がある。すなわち、(42b)の「何も-しか」の語順が不適格になる理由は、「しか」がVP内に生起するからである。これに関するさらなる研究は別稿に譲りたい。

第6章

日本語における「其他否定」表現に関する一考察

─その認可条件を中心に─

6.0. はじめに

　前章において付加部位置に生起する「しか」、特にタイプAにおける「しか」は「以外/ほか」と意味機能が類似すると述べた。しかし、「以外/ほか」は「しか」と異なりそもそも後置詞に後接できないので、前章では「しか」の観察に基づく統語的研究ができなかった。よって本章では、これらの表現が主語または目的語のような名詞句に後接する場合を中心に、その性質、特に認可条件を明らかにする。

　前章で、従来の研究、山口(1991)、江口(2000)、茂木(2002)(2005)、沼田(2006)、宮地(2007)などは「しか/以外/ほか」をその類似した統語的・意味的特徴に基づき、ほぼ同一の表現として捉えてきたと述べた。またこれらの表現は、以下のような文において必ず否定文にのみ生起しなければならないという特徴から、NPIとして捉えられてきた(cf.江口(2000)、茂木(2002)[1])。

1　ただし、江口(2000)は「以外」は次の(ⅰb)のように一定の条件の下で肯定文にも出てくると述べる。

　(ⅰ)　a. *太郎以外、学生がハチマキをしていた。
　　　　b. 太郎以外、ほとんどの学生がハチマキをしていた。

　　　　　　　　　　　　　　　　　　(江口(2000:309, 脚注17(ⅲ)))
江口は、「以外」が前述の(ⅰb)のように「範囲が設定されるような表現がホスト名詞句であれば、肯定文でも使えるようになり、その場合、「除外」解釈が得られる」ことを指摘している。つまり、そのホスト名詞句が全体量化表現(universal quantifier)のようなものであると肯定文でも生起できるということである(茂木(2005:21-22))。江口と茂木はその理由については詳しく述べていない。本書もその答えは現時点では不明であるが、後の6.3節で主張するよ

(1) a. 太郎<u>しか</u>来なかった(*来た)。

   b. 太郎<u>以外</u>(誰も)来なかった(*来た)。

   c. 太郎の<u>ほか</u>(誰も)来なかった(*来た)。

(2) a. 進学をあきらめる<u>しか</u>なかった(*あった)。

   b. 進学をあきらめる<u>以外</u>なかった(*あった)。

   c. 進学をあきらめる(より)<u>ほか</u>なかった(*あった)。

(＝5章, (15))

このような先行研究の主張に対し、本書は「しか」と「以外/ほか」は一定の環境において違う振る舞いを示すことをみせ、これらの表現は同列に捉えられないと主張する。特に「しか」と「以外/ほか」はNegとの認可条件が異なり、「しか」はNPIであるのに対し、「以外/ほか」はNPIではなく名詞句にかかる一種の修飾語句であると述べる。

　これらの表現「しか/以外/ほか」は、研究者によって呼び方が異なる。例えば、山口(1991)、宮地(2007)は「其他否定」²表現と、江口(2000)、茂木(2005)は「除外」表現と呼んでいる。本書では山口に従い、「其他否定」表現と呼ぶことにする。

うに「以外」は「しか」と異なり、NPIではないからである可能性がある。これは「ほか」も同様であると考える。本書では否定と呼応する「以外」「ほか」のみ扱うことにする。

2　山口(1991)は「其他否定」を以下のように定義している。

　　その他を否定することによる反転的な限定の表現を、略して「其他否定」の表現と呼び、かつ、そのうちの「其他」も一般語と区別する意味でこの漢字表記をすることにする。　　　　　　　　　　(山口(1991:36))

ほかにも、「其他否定」表現として宮地(2007:45)は「より」、「きり」を提示している。

　本章の構成は次の通りである。まず、6.1節では、先行研究において「しか/以外/ほか」が同列に捉えられてきた根拠について概観する。特に、先行研究で指摘された「其他否定」表現の意味的及び統語的類似点についてみてみる。6.2節では、先行研究の問題点について述べる。三つの構文環境において「しか」と「以外/ほか」は異なる振る舞いを示すことを述べ、これらの表現は同列に捉えられないことを指摘する。6.3節では「しか」と「以外/ほか」に非対称性が生じるのは、Negとの認可条件が異なるからであることを主張し、各構文環境においてこの主張を確かめる。

6.1. 先行研究の概観

　本節では、「其他否定」表現の類似点に注目した先行研究を概観する。まず、「其他否定」表現の意味的類似点を概観した上で、統語的類似点をみる。

6.1.1. 「其他否定」表現の類似点

6.1.1.1. 意味的類似点

　第5章において先行研究の「其他否定」表現の意味的類似点について述べたものを、ここで再掲する。茂木(2005)は前述の「其他否定」表現がそれぞれ用いられた(1)について、以下のように述べている。

211

(1)では、「話し手が想定する人の中で「太郎」だけは「来た」ものの、「太郎」を除く残りの人は「来なかった」」という解釈がなされる。問題となっている要素(人)の集合を*α*、「しか/以外/ほか」が後接している要素(「太郎」)をX、命題(「来る」)をPとすると、(1)の「しか/以外/ほか」は「集合*α*において、要素Xを除き命題Pが成立する要素はない(集合*α*においてPを成立させる唯一の要素である)」ということを表しているといえる。このとき、(1)は、表面上、「Xしか/以外/のほかPない」の形をとるものの、意味的には、XはPに関して肯定され、Xを除いた集合*α*の残りの要素がPに関して否定される。　　(＝同, 5.2.2節)

茂木(2002)は上記の意味的特徴を下記のような(図1)で示している。

(図1)　集合*α*において、要素Xを除き命題Pが成立する要素はない。
　　　　(＝集合*α*において、XはPを成立させる唯一の要素である。)

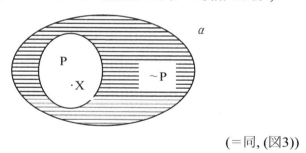

(＝同, (図3))

山口(1991)、江口(2000)、宮地(2007)などにおいて上記の茂木のような具体的な説明は行われていないが、同様の指摘がなされている。

212

　また、片岡(2006)は「其他否定」表現の意味的共通性を以下のように示している。

(3)　　　太郎{しか/以外}来なかった。

(4)　　　前提: 太郎が来た。
　　　　　断定: 太郎以外の人は来なかった。
　　　　　NOT∃x　(x≠太郎)(xが来た)　(=∀x(x≠太郎)NOT
　　　　　(xが来た))　　　　　　　　　　　(=同, (16), (17))

片岡は「ほか」については述べていないが、「ほか」にも(4)の特徴は当てはまると考えられる。また、前章においてこのような日本語におけるこれらの表現は、英語の例外表現(exceptive expression)「but」とも似ていると述べた。

(5)　a.　No student(s) but John attended the meeting.
　　　b.　No student(s) but John came.　　　　　(=同, (11))

先行研究によって用語は相違しているが、少なくとも日本語と英語における「其他否定」表現の意味的特徴は(図1)のように共通している[3]と考えられる。

　以上、「其他否定」表現の意味的類似性を概観した。次節では、その統語的類似点についてみてみる。

3　後の第8章でみる韓国語の「bakk-e」と「oe-e」においても共通すると考える。

6.1.1.2. 統語的類似点

　江口(2000)と茂木(2005)は「其他否定」表現の以下のような統語的類似点を挙げている。まず、否定述語との共起に関する類似点である。

　　(6)　a.　太郎は焼酎しか飲み物を飲まなかった(*飲んだ)。
　　　　　b.　太郎は焼酎以外飲み物を飲まなかった(*飲んだ)。
　　　　　c.　太郎は焼酎のほか飲み物を飲まなかった(*飲んだ)。

(江口(2000:292-294))

　「其他否定」表現は(6)のような文において必ず否定述語と共起しなければならない。次はホスト名詞句との関係に関する類似点をみる(以下、二重下線部はホスト名詞句を指すものとする)。

　　(7)　a.　太郎は焼酎しか飲み物を飲まなかった。
　　　　　a'.　太郎は焼酎しか飲まなかった。
　　　　　b.　太郎は焼酎以外飲み物を飲まなかった。
　　　　　b'.　太郎は焼酎以外飲まなかった。
　　　　　c.　太郎は焼酎のほか飲み物を飲まなかった。
　　　　　c'.　太郎は焼酎のほか飲まなかった。　　　　(同:292-295)

　まず、ホスト名詞句が(7a'-c')のように明示されなくてもよい。次は、(8a'-c')のように「其他否定」表現がホスト名詞句の後に位置できる。

(8)　　a.　太郎は焼酎<u>しか</u>飲み物を飲まなかった。

　　　a'.　太郎は<u>飲み物</u>を焼酎<u>しか</u>飲まなかった。

　　　b.　太郎は焼酎<u>以外</u>飲み物を飲まなかった。

　　　b'.　太郎は<u>飲み物</u>を焼酎<u>以外</u>飲まなかった。

　　　c.　太郎は焼酎<u>のほか</u>飲み物を飲まなかった。

　　　c'.　太郎は<u>飲み物</u>を焼酎<u>のほか</u>飲まなかった。　(同:294-295)

加えて、次のような類似点もみられる。前述の例文(1)と(2)から「其他否定」表現は名詞句と文への後接が可能である。

　以上の先行研究の「其他否定」表現「しか/以外/ほか」の統語的類似性をまとめると(表1)のようになる。

(表1)　「しか/以外/ほか」の統語的類似点[4]

（ⅰ） 述語の極性	否定のみ
（ⅱ） ホスト名詞句との語順制限	なし
（ⅲ） ホスト名詞句の存在	不要
（ⅳ） 名詞句/文への後接	可能

以上、先行研究では、「其他否定」表現「しか/以外/ほか」を意味的及び統語的類似点に基づき、ほぼ同列に扱われてきたことが分かった。次節では、先行研究の指摘と異なり、これらの表現がある構文的環境の下では異なる振る舞いを示すことを述べ、これらの表現を同様に扱うには無理があることを指摘し、その相違点に

4　(表1)は江口(2000:294)で提示された(10)を基に、本書が適宜修正を加えたものである。

ついて詳しく記述する。

6.1.1.2. 先行研究の問題点

　前節では、先行研究において「其他否定」表現が、(図1)のような意味的類似点と(表1)のような統語的類似点に基づき、ほとんど同様の表現として扱われてきたことを概観した。しかしながら、これからみる以下のようなデータは「しか/以外/ほか」の生起環境がまったく同様ではないことを示唆する。

　　　[同一節内におけるNCIとの共起]

(9)　　a.＊自分しか誰も信用できない孤独な人[5]。

　　　　b.　自分しか誰も信用できない孤独な人。

　　　　　　　　　　　　　　　　　　　(朝日新聞 2002/12/2)

　　　　c.　自分しか誰も信用できない孤独な人。

(10)　a.＊寝室にはベッドしか何も置かない。

　　　　b.　寝室にはベッドしか何も置かない。(朝日新聞 2002/1/18)

　　　　c.　寝室にはベッドしか何も置かない。

(11)　a.＊返還には絶対反対。この島しかどこにも行くところがない。

　　　　b.　返還には絶対反対。この島以外どこにも行くところがない。
　　　　　　　　　　　　　　　　　　　(朝日新聞 2006/6/6)

　　　　c.　返還には絶対反対。この島のほかどこにも行くところがない。

5　(9)-(11)における、「しか」と「ほか」の例文は、「朝日新聞」の記事から引用した「以外」の例文を適宜修正したものである。

(9)-(11)は、「しか/以外/ほか」が単一否定文内でNCI「不定語モ」
と同じ項位置で共起した文であるが、「しか」は(9a)-(11a)のように
不適格になるのに対し、「以外/ほか」は適格になる。実際に「しか」
に関しては、第３章でも述べたように、主語または目的語位置に
生起する「しか」は「不定語モ」、「1-助数詞モ」、「決して」のような
NCIと共起できない。すなわち、項位置に生起する「しか」は同一
節内において、Negと一対一対応関係を持たなければならない。
さらに、これは次のデータからでも確認される。

(12) a. *<u>誰も</u>「アスペクト」<u>しか</u>読まなかった。

$\qquad\qquad\qquad\qquad\qquad\qquad$ (Kato(1985:154, (45))

$\qquad$ b.(?)<u>誰も</u>「アスペクト」<u>以外</u>読まなかった。

$\qquad$ c. $\quad$ <u>誰も</u>「アスペクト」の<u>ほか</u>読まなかった。

(13) a. *太郎<u>しか</u><u>決して</u>あのお化け屋敷を訪れなかった。

$\qquad$ b. $\quad$ 太郎<u>以外</u><u>決して</u>あのお化け屋敷を訪れなかった。

$\qquad$ c. $\quad$ 太郎の<u>ほか</u><u>決して</u>あのお化け屋敷を訪れなかった。

(12)は「其他否定」表現と「誰も」がそれぞれ異なる項位置、つまり
主語位置と目的語位置で生起した文であり、(13)は、「其他否定」
表現が「決して」と共起している文であるが、「しか」と異なり、「以外
/ほか」は容認度がかなり高い。

　次は反語表現の構文(adversative　predicate)において、「其他
否定」表現の振る舞いが異なることをみる。

[反語表現構文の場合]

(14)　a. *これは彼しか誰が支援するのか？

　　　b. これは彼以外誰が支援するのか？　（朝日新聞 2005/6/8）

　　　c. これは彼のほか誰が支援するのか？

(15)　a. *太郎ができる仕事ってこれしか何があるのか？

　　　b. 太郎ができる仕事ってこれ以外何があるのか？

　　　c. 太郎ができる仕事ってこのほか何があるのか？

(16)　a. *最高の栄誉をもってまつるのを禁じている国が日本しかどこにあるのか？

　　　b. 最高の栄誉をもってまつるのを禁じている国が日本以外どこにあるのか？　　　　　(朝日新聞 2001/4/19)

　　　c. 最高の栄誉をもってまつるのを禁じている国が日本のほかどこにあるのか？

（１４）-（１６）の文中にはＮｅｇが現れないが、否定の含意(implicature)によって「以外/ほか」が適格になる。これは、「以外/ほか」が反語表現において用いられることが可能であることが分かる。これに対し、(14a)-(16a)のように「しか」が用いられた文は、明らかに不適格文になる。

　最後に、不特定読みの数量詞構文においても、「しか」と「以外/ほか」は異なる振る舞いを示すことをみる。

(17)　a. (10人が来ると思っていたのに)3人しか来なかった。

　　　b. 太郎は本代として100円しか払わなかった。

　　　c. 大学の駐車場には車が1台しかない。

   d.　韓国のソウルで日本のすし屋は一軒<u>しか</u>ない。

(18)　a. *(10人が来ると思っていたのに)3人<u>以外</u>来なかった。

   b. *太郎は本代として100円<u>以外</u>払わなかった。

   c. *大学の駐車場には車が1台<u>以外</u>ない。

   d. *韓国のソウルで日本のすし屋は一軒<u>以外</u>ない。

(19)　a. *(10人が来ると思っていたのに)3人の<u>ほか</u>来なかった。

   b. *太郎は本代として100円の<u>ほか</u>払わなかった。

   c. *大学の駐車場には車が1台の<u>ほか</u>ない。

   d. *韓国のソウルで日本のすし屋は一軒の<u>ほか</u>ない。

(17)-(19)は不特定(indefinite)読みの数量詞構文の場合である
が、「しか」は(17)から分かるように生起できるのに対し、「以外/ほ
か」は(18)(19)でみられるように生起できない。一方、以下で示す
ように、「以外/ほか」は特定(definite)読みの数量詞構文の場合
は、生起できる。

(20)　a.　(10人が来ると思っていたのに)その3人<u>しか</u>来なかった。

   b.　太郎は本代としてその100円<u>しか</u>払わなかった。

   c.　大学の駐車場には車がその1台<u>しか</u>ない。

   d.　韓国のソウルで日本のすし屋はその一軒<u>しか</u>ない。

(21)　a.　(10人が来ると思っていたのに)その3人<u>以外</u>来なかった。

   b.　太郎は本代としてその100円<u>以外</u>払わなかった。

   c.　大学の駐車場には車がその1台<u>以外</u>ない。

   d.　韓国のソウルで日本のすし屋はその一軒<u>以外</u>ない。

(22)　a.　(10人が来ると思っていたのに)その3人の<u>ほか</u>来なかった。

   b.　太郎は本代としてその100円の<u>ほか</u>払わなかった。

219

c. 大学の駐車場には車がその1台のほかない。

d. 韓国のソウルで日本のすし屋はその一軒のほかない。

　以上、本節では「しか」と異なり、「以外/ほか」が(ⅰ)NCIと共起する、(ⅱ)反語表現の構文において用いられる、(ⅲ)不特定読みの数量詞構文において生起できないことを述べた。このことを表でまとめると以下のようになる。

(表2)　「しか」と「以外/ほか」の統語的相違点(√:生起可能　*:生起不可能)

生起環境 ＼ 「其他否定」表現	しか	以外	ほか
(ⅰ) NCIとの共起	*	√	√
(ⅱ) 反語表現の構文	*	√	√
(ⅲ) 不特定読みの数量詞構文	√	*	*

(表2)から、先行研究における「しか」と「以外/ほか」を同列に扱うというアプローチは修正される必要があると考えられる。

　次節では「しか」と「以外/ほか」について、なぜ(表2)のような統語的相違点が生じるのかについて分析を行う。

6.2. 分析

本節では、「しか」と「以外/ほか」において前節の(表2)のような統

語的相違点が以下のような認可条件の相違点に起因すると主張する。

(23)　本書の分析
(ⅰ)「しか」と「以外/ほか」のNegからの認可条件は異なっている。すなわち、「しか」はNegから直接認可されるのに対し、「以外/ほか」はNegから直接認可されるのではなく、「以外/ほか」と同じ構成素を成している「不定語モ」が非顕在的に存在し、Negに認可される。
(ⅱ)「しか」と「以外/ほか」が主語または目的語位置に生起する際に、「しか」はNPIとして機能するのに対し、「以外/ほか」はNPIではなく、名詞句にかかる一種の修飾語句(modifier)として機能する。

これから、(23)を検証していく。

6.2.1.「しか」と「以外/ほか」の認可条件

本節では、(23)を裏付ける証拠を前述の(表2)の三つの構文に基づき、提示する。まず、「其他否定」表現がNCIとの共起した構文の場合からみてみる。

6.2.1.1. NCIとの共起の場合

前述の(9)-(13)において、「以外/ほか」は「しか」と異なり同一節内でNCIと共起することが可能であると述べた。その例文を以下に再掲する。

221

(24) a.(?)<u>誰も</u>「アスペクト」<u>以外</u>読まなかった。　　　（＝(12b)）

　　　b.　　<u>誰も</u>「アスペクト」の<u>ほか</u>読まなかった。　　　（＝(12c)）

(25)　a.　　太郎<u>以外</u>決してあのお化け屋敷を訪れなかった。

　　　　　　　　　　　　　　　　　　　　　　　　　　　　（＝(13b)）

　　　b.　　太郎の<u>ほか</u>決してあのお化け屋敷を訪れなかった。

　　　　　　　　　　　　　　　　　　　　　　　　　　　　（＝(13c)）

ここで、「以外/ほか」の右側に「不定語モ」を顕在化して入れてみる。二重下線部は、顕在化された「不定語モ」である。

(26)　a.　<u>誰も</u>「アスペクト」<u>以外何も</u>読まなかった。

　　　b.　<u>誰も</u>「アスペクト」の<u>ほか何も</u>読まなかった。

(27)　a.　太郎<u>以外誰も</u>決してあのお化け屋敷を訪れなかった。

　　　b.　太郎の<u>ほか誰も</u>決してあのお化け屋敷を訪れなかった。

(26)の場合「誰も」、「以外/ほか」、「何も」が、(27)においては「以外/ほか」、「誰も」、「決して」が、単一のNegの下で現れているが、これらは適格文になる。本書は(24)(25)と(26)(27)の許容度に注目したい。つまり、(26)(27)のように「不定語モ」を顕在化しようが、(24)(25)のように「不定語モ」を顕在化しまいが、その適格性はほとんど変わらない。また、(24)(25)と(26)(27)における文は意味解釈上、同義であると考えられる。これは「以外/ほか」において「不定語モ」が非顕在的に存在していることの証拠であると示唆される。要するに先行研究の指摘と違い「以外/ほか」自身はNCIではなく、非顕在的「不定語モ」がNCIとして機能するのである。この

場合の「以外/ほか」は例外表現であり、かつ付加部として機能する。これに対し、「しか」は項位置に生起し、NPIとして機能する。また、「以外/ほか」と「不定語モ」は第5章でも述べたように同じ構成素を成していると考えられる。これは両者の語順制約の現象から説明できる。

(28) a. *誰も何も_i [「アスペクト」以外 t_i] 読まなかった。

    b. *誰も何も_i [「アスペクト」のほか t_i] 読まなかった。

(29) a. *誰も_i [太郎以外 t_i] 決してあのお化け屋敷を訪れなかった。

    b. *誰も_i [太郎のほか t_i] 決してあのお化け屋敷を訪れなかった。

(28a)(29a)は(26a)(27a)の「以外-不定語モ」の語順をかき混ぜ操作により「不定語モ－以外」のように変えた文であり、(28b)(29b)は(26b)(27b)の「ほか-不定語モ」の語順を「不定語モ-ほか」のように変えた文であるが、いずれも不適格になる。この現象は(8)でみた「以外/ほか」とホスト名詞句との語順関係とは非対称的である。これは「以外/ほか」と「不定語モ」が一つのまとまりを成していることを示唆する証拠である。

それでは、なぜ「以外/ほか」は単一のNegの下で多数のNCIと共起できるのであろうか。第2章でも述べたように、Watanabe (2004)、渡辺(2005)は「不定語モ」についてこれまでの先行研究におけるNPIとしての分析と異なり、NCIとして分析を行い、「不定

語モ」は単一のNegの下で複数生起可能であると述べている。よって、「不定語モ」は「誰も何も食べなかった」のように同一節内において、単一のNegと多重共起が可能であるわけである。このようなWatanabeの説明に基づくと、「以外/ほか」が「しか」と違い、NCIとの共起が許される理由は、「不定語モ」が顕在化していなくても「以外/ほか」と単一構成素を成している非顕在的「不定語モ」が存在し、その「不定語モ」が同じNCIである「不定語モ」と共起しているため、適格文になると考えられる。また、(9b, c)-(11b, c)における「不定語モ」は顕在化され現れたものである。

　上記のようなメカニズムに基づき、(26a)において「「アスペクト」以外」の右側の二重下線部の「何も」がNegによって認可される。主語位置に「誰も」があるが、「誰も」、「何も」とも同じNCIであるため、適格文になるのである。また、(27a)においては、「太郎以外」の右側の二重下線部「誰も」がNegによる認可が行われる。第3章において、「決して」もNCIとして捉えるべきであると主張したが、この点を踏まえると、「誰も」、「決して」の共起には問題がなく適格文になる。このような分析は、(26b)(27b)の「ほか」にも同様に適用できると考えられる。

　これに対し、「しか」は「不定語モ」を顕在化できないことから、潜在的に「不定語モ」が存在しないと考えられる。よって、「しか」はNegと一対一の対応関係を持たなければならないのである[6]。

6　Nishioka(2000)は「しか」を「以外+不定語モ」のようにパラフレーズ(paraphrase)できると仮定し、「しか」においても多重NCI構文が許されると述べるが、これ

大まかではあるが、以上の「以外/ほか」の認可条件の仕組み
を示すと(図2)のようになる。

(図2)　「以外/ほか」の認可条件

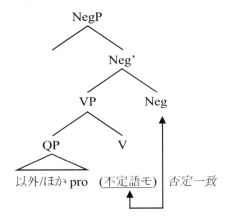

(図2)のような認可条件を仮定すると「以外/ほか」が「しか」と違い、
なぜ他のNCIと共起できるのかがうまく説明できると考えられる[7]。
また、これからみる二つの構文、つまり反語表現の構文と不特定
読みの数量詞構文も説明できる利点がある。

までの多くの先行研究(第3章を参照)と本書のインフォーマント調査から「しか」
の多重NCI構文は許されにくいことが分かっている。また、上記のような
Nishiokaの分析は以下のように付加部位置に生起する「しか」には適用でき
ない。

（ⅰ）a. 太郎は地下5階まで<u>しか</u>行ったことがない。

　　　b. 日本人の視点から<u>しか</u>撮っていない。　　　(朝日新聞 08/9/19)

7　また、「名詞句＋以外/ほか」と同じ構成素を成す非顕在的「不定語モ」の種
　類は、その名詞句と均質な属性と関わると考える。例えば、その名詞句が
　人間であると「誰も」が，物であると「何も」が、場所であれば「どこにも」が現れ
　る。

225

6.2.1.2. 反語表現の構文の場合

6.2節において「以外/ほか」は「しか」と異なり、反語表現の構文に用いられることをみた。英語のNPIをみてみると、これらは反語表現の構文において次のように生起可能であるとされる。

(30)　　I was surprised that she contributed <u>a red cent</u>.

(Linebarger(1981:67))

「訳: 私は(彼女がびた一文も寄付しないと思っていたのに)彼女が寄付金を出したことに驚いている。」

下線部の「a red cent(びた一文も)」はNPIであるにもかかわらず、Negと共起しなくても適格文になる。これは、(30)が前述の(14)-(16)のような反語表現の類に属するからである。(30)におけるNPIの認可条件について、Linebarger(1987)は以下のように二つの条件を提示している。

(31)　a.　条件 i : LF表示においてNPIがNegの「直接の作用域 (immediate scope)[8]」内にある。

　　　b.　条件 ii : NPIを含む文の含意が得られて、その含意され

---

[8] 「直接の作用域」についてLinebarger(1981)(1987)は以下のように定義している。

A negative polarity item is acceptable in a sentence S if in the LF of S the subfor-mula representing the NPI is the immediate scope of the negation operator. An element is in the immediate scope of NOT only if (1) it occurs in a proposition that is the entire scope of NOT, and (2) within this proposition there are no logical elements intervening between it and NOT.　　　　　　(Linebarger(1987:338))

　　　　　　　る文の意味表示が条件ⅰを満足するような形式
　　　　　　　を備えている。

(30)のような文は、その「that」補文に述べられていることと反対の
ことが期待されていることが含意される。よって、(30)は以下のよう
な文を含意として持つ。

(32)　　I had expected her <u>not to contribute a red cent.</u>
　　　　　「訳: 私は彼女がびた一文も寄付しないことを予測していた。」

(32)の下線部に注目すると、この部分は「a　red　cent」というNPIが
Neg「not」の直接の作用域内にある形をしている。こうして、(32)
は条件ⅱにより適格文となると説明される。このような説明は、同じ
反語表現である「以外/ほか」にも適用できると考えられる。しかし、
ここで一つ問題点が生じる。というのは、本書は「以外/ほか」の被
認可表現(licensee)は「以外/ほか」自身ではなく、「不定語モ」であ
ることを主張するが、前節で述べたように「不定語モ」はNPIではな
く、NCIであることである。それがゆえに、英語のNPIを対象に分
析したLinebargerの説明を用いると矛盾が生じる恐れがある。この
ような問題点に対し、英語のNPIに関する詳しい研究が必要ではあ
るが、本書は英語のNPIは少なくとも2種類に分けられる可能性が
あるのではないかと考えている。つまり、「anyone、anything」など
のような「any類」と上記のようないわゆる「a(n)＋名詞句」の
「minimizer」に分けることである。その理由は「minimizer」は「any類」

と違い、NCIの特徴を持っているからである。そもそもWatanabe
が「不定語モ」をNPIではなく、NCIとして捉えた根拠は、従来の
「不定語モ」に関する研究が主に英語のNPI「any類」の分析を基に
行われたことに対し、両表現を比べた場合、両表現の相違点が少
なくなかったからである。事実、Yoshida(1995)においても英語の
NPIは「any類」と「minimizer」に分けるべきであると主張されてお
り、そのいくつかの理由の中で「any類」は上記のような反語表現に
は用いられない事実をYoshidaは指摘している。

(33)　a.　Does Charlie bat <u>an eye</u> when he is threatened?

　　　　　　　　　　　　　　　　(Yoshida(1995:7, (13)))

　　　b.　Charlie does <u>not bat an eye</u> even when he is threatened.

　　　　　　　　　　　　　　　　　　(同, (14))

(34)　　　Did <u>anyone</u> call last night?　　　(同, (15))

(33a)はNPI「minimizer」の「an　eye(まゆひとつ)」が用いられた
疑問文で、(34)はNPI「anyone」が用いられた疑問文であるが、
「minimizer」は(33b)のように否定の含意が生じるのに対し、
「anyone」には(34)のように単なる疑問文の用法しか持たず、反語
表現には用いられないとYoshidaは指摘する(さらに詳細な内容は
Yoshida(1995)を参照)。本書ではこの仮説が正しいと仮定し、
Linebargerの上記のような説明を用いると、(14b, c)-(16b, c)にお
いて、「しか」と異なり「以外/ほか」が適格文になる理由は、「以外/
ほか」が英語の場合と同様にLFにおいてそれぞれ以下のような構

造を持つからであると考える。

> (35)　a.　これを支援する人は彼以外/のほか誰がいるのか？
>
> （＝(14b, c)）
>
> →LF: これを支援する人は彼以外/のほか誰もいない。
>
> b.　太郎ができる仕事ってこれ以外/のほか何があるのか？
>
> （＝(15b, c)）
>
> →LF: 太郎ができる仕事ってこれ以外/のほか何もない。

これに対し、「しか」は「不定語モ」との相関性を持たないため、(14a)-(16a)のように反語表現の構文において用いられない。

　よって、「以外/ほか」が反語表現の構文に用いられる理由は、「不定語モ」との相関性を持つためであるということが示された。

6.2.1.3.　不特定読みの数量詞構文の場合

　本節では、不特定読みの数量詞構文の場合をみてみる。前述の(18)(19)と(21)(22)において、「以外/ほか」は特定読みの数量詞構文においては、生起できるのに対し、不特定読みの数量詞構文においては生起できないと述べた。

　それではなぜ「以外/ほか」は「しか」と異なり特定の読みの場合にしか生起できないのであろうか。これに対する答えも「以外/ほか」の「不定語モ」との相関関係から導かれると考えられる。前述の(18)(19)のような不特定読みの場合は、以下のように二重下線部の「不定語モ」の生起が想定できないのである。

229

(36) a. *(10人が来ると思っていたのに)3人<u>以外/のほか</u><u>誰も</u>来な
かった。

　　　b. *太郎は本代として100円<u>以外/のほか</u><u>何も</u>払わなかった。

　　　c. *大学の駐車場には車が1台<u>以外/のほか</u><u>何も</u>ない。

　　　d. *韓国のソウルで日本のすし屋は一軒<u>以外/のほか</u><u>どこにも</u>
ない。

ではなぜ不特定読みの場合は「不定語モ」の生起が想定できない
のか。本書は、不特定読みの数量詞と「不定語モ」が意味的に不
整合であるからであると考える。すなわち、「不定語モ」というのは
文字通り、不特定読みを持つ表現であり、このような「不定語モ」が
同じく不特定読みの数量詞と共起すると不特定読みが重複し、解
釈の処理が不可能になるのである。よって、不特定読みの数量詞
と「不定語モ」は共起できないというわけである。これに対し、特定
読みの数量詞と「不定語モ」は意味的に整合し、(37)のように「不定
語モ」の想定が可能になる。

(37) a. (10人が来ると思っていたのに)その3人<u>以外/のほか</u><u>誰も</u>来
なかった。

　　　b. 太郎は本代としてその100円<u>以外/のほか</u><u>何も</u>払わなかっ
た。

　　　c. 大学の駐車場には車がその1台<u>以外/のほか</u><u>何も</u>ない。

　　　d. 韓国のソウルで日本のすし屋はその一軒<u>以外/のほか</u><u>どこ</u>
<u>にも</u>ない。

以上、本書は不特定読みの数量詞構文において、「しか」と「以外
/ほか」で非対称性が生じる理由は、「以外/ほか」については不特
定読みの数量詞と「不定語モ」が意味的に不整合であるため「以外
/ほか」の被認可表現「不定語モ」がNegに認可されないからである
と指摘した。つまり、「しか」と異なり「以外/ほか」は同じ構成素を成
している「不定語モ」がNegに認可されると仮定すれば、「しか」と「以
外/ほか」における非対称性がうまく説明できると主張した。

　6.3.1.1.節-6.3.1.3節の記述に基づき、本書の分析(23)が明ら
かになった。

6.3. まとめと今後の課題

　本章では、主語または目的語の名詞句に後接する「其他否定」
表現「しか/以外/ほか」がどのように使い分けられているかを述べ、
その非対称性が生じる理由について統語的アプローチで分析を
行った。従来「其他否定」表現の類似した意味的・統語的特徴に
基づき、「其他否定」表現をほとんど同列に取り扱ってきた。しかし
本書では、「しか」と「以外/ほか」は、いくつかの統語的環境にお
いて違う振る舞いを示すことを述べた。つまり、NCIとの共起及び
反語表現の構文において「しか」は生起できないのに対し、「以外/
ほか」は生起できるのである。また不特定読みの数量詞構文にお
いて、「しか」は用いられるのに対し、「以外/ほか」は用いられない

と指摘した。このようにこれらの表現の非対称性が生じる理由について、本書は「しか」と「以外/ほか」のNegとの認可条件が異なるからであると主張した。つまり、「しか」はNegから直接認可されなければならないのに対し、「以外/ほか」は6.3.1.1節の(図2)のように、Negから直接認可されるのではなく、「以外/ほか」と単一構成素を成している非顕在的「不定語モ」がNegにより認可されなければならないと指摘した。要するに、「以外/ほか」は「しか」と違いNPIではなく、一種の修飾要素として機能する。また、このような「以外/ほか」と「不定語モ」は一つのまとまりとして機能していることを両者の語順制約から説明した。

　以上でみた「しか/以外/ほか」は、韓国語の「bakk-e/oe-e」と統語的及び意味的側面において興味深い相関関係を持っている。これに関しては、後の第9章でみる。

　他方、上記のような本章の結果から、次のような疑問点が一つ挙げられる。それは、前章でみたタイプAにおける「しか」の認可条件は、「以外/ほか」と同様である否かである。要するに、前章において、タイプAにおける「しか」の意味機能は、「以外/ほか」と類似すると述べたが、本章で「以外/ほか」が否定文に生起する際に、Negから認可されるのは、「以外/ほか」自身ではなく、非顕在的に存在する「不定語モ」であると主張したがゆえに、タイプAにおける「しか」の認可条件も前述した「以外/ほか」と同様である可能性が残されるからである。この疑問点に対する答えは、それほど容易に得られないが、次のような点が考えられる。まず、タイプAに

232

用いられる「しか」は後置詞に後接するタイプであるが、このような構文において「以外/ほか」は「しか」と置き換えが不可能である点が挙げられる。言い換えると、「以外/ほか」は名詞句または述語には後接できる点においては「しか」と同様の分布的特徴を持つが、「-から/で/まで/と/に」などの後置詞には後接できない点で「しか」と異なっている。よって、タイプAにおける「しか」は意味役割が与えられるのに対し、「以外/ほか」は与えられないことになる。このことを考慮すると、タイプAの「しか」は、「以外/ほか」と意味機能は類似するものの、統語的認可条件は異なっており、Negに直接認可されなければならないとみなしたほうが妥当かもしれない。一方、もしタイプAにおける「しか」の認可条件が「以外/ほか」と同様の振る舞いを示すとみなした場合、付加部位置に生起する「しか」の種類は、さらに二種類に分けなければならないことになる。なぜならタイプBにおける「しか」は、「以外/ほか」と異なる振る舞いを持っているからである。このように、「しか」は複雑な性質を抱えている表現である。今後、このような課題を中心に研究を進めていきたい。

第7章

韓国語における
否定一致現象

7.0. はじめに

　本章は第2章でみた韓国語の先行研究の問題点を指摘し、本書の立場を述べる。本書は「bakk-e」、「不定語do」、「1-助数詞do」、「gyeolko」をNPIではなくNCIとして捉えるべきであると主張する。ただし、キム・ヨンファ(김영화2005)は、「不定語do」をNCIとして捉えるべきであると指摘するが、「不定語do」をNCIとして捉えるべき根拠について詳しく述べておらず、かつ「bakk-e」、「1-助数詞do」、「gyeolko」については何も指摘していないので、本章では「bakk-e」、「不定語do」、「1-助数詞do」、「gyeolko」をNCIとして捉え、その根拠を詳しく記述する。その根拠として第3章で用いたNPIとNCIを区別する五つのテスト、① 否定文ではない文に現れるか否か、② 主語位置(preverbal position)に現れるか否か、③ 「ほとんど」によって修飾されるか否か、④ 問答として省略表現が現れるか否か、⑤ 同一節内条件が守られるか否かを提示する。

　また、第2章のNam(1994)、ナム・スンホ(남승호1998)、Chung & Park(1998)の主張と違い、「bakk-e」、「不定語do」、「1-助数詞do」、「gyeolko」は同一節内において多重共起できることを述べ、そのデータを提示する。また、このことはこれらの表現がNCIであることを示す重要な特徴の一つであることを述べる。

　7.1節において、第2章で概観した先行研究の問題点と本書の立場を述べる。7.2節においては、「bakk-e」、「不定語do」、

「1-助数詞do」、「gyeolko」がNCIとして捉えるべき根拠をNPIと
NCIを区別する五つのテストと本書で加えた多重NCI現象の有無
のテストに基づき提示する。

7.1. 先行研究の問題点と本書の立場

まず、本書の立場は(1)にまとめられる。

(1)　　本書の立場
　　　「bakk-e」、「不定語do」、「1-助数詞do」、「gyeolko」は
　　　NPIではなくNCIとして捉えるべきである。

管見の限りにおいて、今までのほとんどの先行研究は「bakk-e」、
「不定語do」、「1-助数詞do」、「gyeolko」をNPIとして扱ってき
た。その根拠は、第2章でも述べたように英語のNPI「any類」と同
様にこれらの表現が否定文に生起することである。以下の例文を
みてもらいたい。

(2)　a.　(英) John didn't eat(*ate)<u>anything</u>.
　　　　　(韓) 철수는　　　　아무것도　　먹지
　　　　　　　Cheolsu-neun amugeos-do meog-ji
　　　　　　　Cheolsu-Top *anything*　　eat-Comp

238

않았다　　　(*먹었다).

anh-ass-da　　(*meog-eoss-da)

Neg-Past-Decl(eat-Past-Decl)

「チョルスは何も食べなかった(*食べた)。」

b. (英) John didn't hit(*hit)<u>anyone</u>.

(韓) 철수는　　　<u>아무도</u>　때리지

Cheolsu-neun amu-do ttaeli-ji

Cheolsu -Top *anyone*　hit-Comp

않았다　　　(*때렸다).

anh-ass-da　　(*ttaely-eoss-da)

Neg-Past-Decl(hit-Past-Decl)

「チョルスは誰も殴らなかった(*殴った)。」

英韓両言語における下線部の「anything/amugeos-do」、「anyone/amu-do」は(2)のような構文環境において否定文にのみ生起できる。よって、「不定語do」は英語の「any類」と同様にNPIとして捉えられてきたと考えられる。このことは「bakk-e」、「不定語do」、「1-助数詞do」においても同様である(詳細は序章と第2章を参照)。また、先行研究において「bakk-e」、「不定語do」、「1-助数詞do」、「gyeolko」をNCIとして捉えられなかった理由は、次のようなことがあると考えられる。　序章において典型的なNCIの言語として知られている西フラマン語には NCIの生起する語順によって二重否定が現れる場合があると述べたが、「bakk-e」、「不定語do」、「1-助数詞do」、「gyeolko」が用いられた文には二重否定が一切現れないからである。その西フラマン語の例文を以下に再掲する。

(3) a. … da Vale`re niemand nie (en)-kent.

　　　 that Vale`re nobody　not　Neg-know

　　　 '… that Vale`re doesn't know anybody.'

　 b. … da Vale`re nie niemand (en)-kent.

　　　 that Vale`re not nobody　　　Neg -know

　　　 '… that Vale`re doesn't know nobody.'

(＝3章, (3))

　第3章でも述べたが、(3a)と(3b)の解釈は異なる。すなわち、(3a)においては、否定の意味を担う表現「niemand(nobody)」と「nie(not)」が二つあるにもかかわらず二重否定にならない。一方、(3b)は(3a)と比べて「niemand」と「nie」の語順が異なるだけであるが二重否定になる。これに対し、韓国語の「bakk-e」、「不定語do」、「1-助数詞do」、「gyeolko」はその語順をいくら変えても二重否定にならない。以下の例文でこれをみてみたい。

(4) a. 철수　　밤에　　술을　　　마시지

　　　 Cheolsu bakk-e sul-eul　　masi-ji

　　　 Cheolsu *only*　alcohol-Acc drink-Comp

　　　 않았다.

　　　 anh-ass-da

　　　 Neg-Past-Decl

　　　 「チョルスしかお酒を飲まなかった。」

　 a'. 술을　　　철수　　밤에　　마시지

　　　 sul-eul　　Cheolsu bakk-e masi-ji

　　　 alcohol-Acc Cheolsu *only*　　drink-Comp

않았다.

anh-ass-da

Neg-Past-Decl

「お酒をチョルスしか飲まなかった。」

b. <u>아무도</u>　술을　　　마시지　　않았다.

amu-do sul-eul　　masi-ji　　anh-ass-da

anyone　alcohol-Acc drink-Comp Neg-Past-Decl

「誰もお酒を飲まなかった。」

b'. 술을　　　<u>아무도</u>　마시지　　않았다.

sul-eul　　amu-do masi-ji　　anh-ass-da

alcohol-Acc *anyone*　drink-Comp Neg-Past-Decl

「お酒を誰も飲まなかった。」

<u>한 사람도</u>　　술을　　　마시지

han salam-do　sul-eul　　masi-ji

a person-even　alcohol-Acc　drink-Comp

않았다.

anh-ass-da

Neg-Past-Decl

「一人もお酒を飲まなかった。」

c'. 술을　　　<u>한 사람도</u>　마시지

sul-eul　　han salam-do masi-ji

alcohol-Acc *a person-even*　drink-Comp

않았다.

anh-ass-da

Neg-Past-Decl

「お酒を一人も飲まなかった。」

철수는　　　　결코　　술을　　　　마시지
Cheolsu-neun gyeolko sul-eul　　　masi-ji
Cheolsu-Top *never*　　alcohol-Acc drink-Comp
않았다.
anh-ass-da
Neg-Past-Decl
「チョルスは決してお酒を飲まなかった。」

d'. 철수는　　　　술을　　　　결코　　마시지
Cheolsu-neun sul-eul　　　gyeolko masi-ji
Cheolsu-Top　alcohol-Acc *never*　　drink-Comp
않았다.
anh-ass-da
Neg-Past-Decl
「チョルスはお酒を決して飲まなかった。」

上記は「bakk-e」、「不定語do」、「1-助数詞do」、「gyeolko」が用いられた文で、(4a-d)の「bakk-e」、「不定語do」、「1-助数詞do」、「gyeolko」の語順を(4a'-d')のように変えても前述の西フラマン語のような二重否定の意味は一切現れない。よって、韓国語の「bakk-e」、「不定語do」、「1-助数詞do」、「gyeolko」は英語のNPI「any類」と同様に分析されてきたと考えられる。

　しかし、もし「bakk-e」、「不定語do」、「1-助数詞do」、「gyeolko」をNPIとして捉えた場合、問題点が少なくない。すなわち、第3章に挙げたNPIとNCIを区別する五つのテストによれば、「bakk-e」、「不定語do」、「1-助数詞do」、「gyeolko」はNPIではなくNCIの特

242

徴を持つことが分かるからである。これについては次節で詳しくみ
てみる。また、第2章で概観した先行研究Chung & Park(1998)、
Nam(1994)、ナム・スンホ(남승호1998)は韓国語のNPIは多重
NPI現象を許さないと指摘しているが、多くの先行研究Sells
(2001)(2005)、キム・ヨンヒ(김영희1998)、A.H.-O Kim(1997)、
シ・ジョンゴン(시정곤1997a, b, c)、Kuno & Whitman(2004)、キム・
ヨンファ(김영화2005)そして本書が行ったインフォーマント調査の
結果から韓国語の「bakk-e」、「不定語do」、「1-助数詞do」、
「gyeolko」は問題なく多重共起できることが認められる。以下の例
文でこれを確認する。

(5) a. 지금　　집에는　　　　영희　　밤에　　아무도
　　　jigeum jib-e-neun　　　Yeonghui bakk-e amu-do
　　　now　　house-Loc-Top Yeonghui *only*　*anyone*
　　　없다.
　　　eobs-da
　　　exist-Neg-Decl
　　　「(Lit.)今うちにはヨンヒしか誰もいない。」

　　　　　　　　　　　　(シ・ジョンゴン(시정곤1997c:193, (40가)))

　　b. 사람들이　　　　철이　밤에　하나도　　　입을
　　　salam-deul-i　　Cheoli bakk-e hanado　　ib-eul
　　　person-Pl-Nom Cheoli *only*　*a thing-even* mouth-Acc
　　　열지　　　않는다.
　　　yeol-ji　　　anh-neun-da
　　　open-Comp Neg-Pres-Decl

「(Lit.)人々がチョリしか一つも口を開かない。」

(キム・ヨンヒ(김영희1998:272, (20ㄷ)))

c. 노인들　　밑에　결코　이　곳을

noin-deul　bakk-e gyeolko i　gos-eul

old person-Pl *only*　*never*　this place-Acc

찾지　　않는다.

chaj-ji　　anhneun-da

visit-Comp　Neg-Pres-Decl

「(Lit.)老人たちしか決してここを訪れない。」

(同, (26ㄱ))

d. 아무도 아무것도　먹지　　않았다.

amu-do amugeos-do meog-ji　anh-ass-da

anyone anything　　eat-Comp Neg-Past-Decl

「誰も何も食べなかった。」　　(Sells(2001:8, (16)))

(5a-c)は「bakk-e」が「不定語do」、「1-助数詞do」、「gyeolko」と共起し、(5d)は「不定語モ」同士で共起しているがこれらは適格文である。この現象はこれらの表現がNCIであることを裏付けるもう一つの重要な特徴である。これに関しては後の7.2.5節でみることにする。

　一方、韓国語の多重NPI現象をみとめたSells、キム・ヨンヒ、A.H.-O Kim、シ・ジョンゴン、Kuno & Whitmanは「bakk-e」、「不定語do」、「1-助数詞do」、「gyeolko」をNPIとして捉え分析している。しかしながら、これらの先行研究は多重NPI構文の認可条件において相当の不一致を示している。例えば、これらの先行

研究はお互いの分析の問題点を指摘し、各自新たな分析を提示するが、そこからも反例が多くみられるなど多重NPI構文の認可条件のメカニズムが未だ不明であるといえる[1]。それは、NPIとして捉えてはならない表現をNPIとして捉えているため不明な点が多く残されてきたからであると考えられる。本書は「bakk-e」、「不定語do」、「1-助数詞do」、「gyeolko」をNCIとして捉えると、今まで疑問視されてきたいわゆる多重NPI構文の認可条件のメカニズムが容易く解決できる利点があることを主張する。

　第2章の2.2.5節で、キム・ヨンファ(김영화2005)は「不定語do」をNCIとして取り扱うべきであると指摘していることを概観したが、その根拠などに関しては述べられていない。また「bakk-e」、「1-助数詞do」、「gyeolko」についても一切述べられていない。よって、本書は「bakk-e」、「不定語do」、「1-助数詞do」、「gyeolko」をNCIとして捉え、これらの表現とこれらが多重共起した多重NCI構文の性質を明らかにする。

　次節ではこれらの四つの表現がNCIである根拠を提示する。

7.2. 検証

本節では「bakk-e」、「不定語do」、「1-助数詞do」、「gyeolko」がNCIであるか否か検証を行う。第3章の(36)で用いたNCIとNPI

1　これらの先行研究に関する概観は後の7.2.5節と第8章で述べることにする。

を区別する五つのテストと(40)の多重NCI現象が許されるか否か
のテストを通じ、これらの表現がNCIであることを示す。NCIとNPI
を区別する五つのテストを以下に再掲する。

(6)　NCIとNPIを区別する五つのテスト(cf. Vallduví(1994)、
　　　Giannakidou(2000))

表現が…	NCI	NPI
① 否定文ではない文に現れるか否か	現れない	現れる
② 主語位置(preverbal position)に現れるか否か	現れる	現れない
③ 同一節内条件が守られるか否か	守られる	守られない
④ 「ほとんど」によって修飾されるか否か	修飾される	修飾されない
⑤ 問答として省略表現が現れるか否か	現れる	現れない

(＝3章, (36))

次節では、英語のNPI「any類」とのコントラストを分かりやすく示す
ため、最初に「不定語do」をみた上で「1-助数詞do」、「bakk-e」、
「gyeolko」の順でみる。

7.2.1.「不定語do」

　この節では前述の五つのテストを用いて「不定語do」がNCIであ
ることをみる。まず、テスト①について観察する。

246

(7)　①　否定文ではない文に現れるか否か

    a.　Have you seen <u>anything</u>?　　　　　　(＝同, (5a))

    a'. *<u>아무것도</u>　　보았습니까?

       amugeos-do bo-ass-seubni-kka

       anything　　see-Past-Int

       「何も見ましたか？」

    b.　If John steals <u>anything</u>,　he'll be arrested. (＝同, (5b))

    b'. *<u>존이</u>　　　　(만일) <u>아무것도</u>　　훔친다면,

       Jon-i　　　(manil) amugeos-do　humchinda-myeon,

       John-Nom (if)　*anything*　　steal　　　-if

       체포되겠지요.

       chepo-doegessji-yo

       arrest-Pass-Decl

       「ジョンが(もし)何も盗んだら、逮捕されるでしょう。」

「anything」は(7a)のような疑問文と(7b)のような条件文において生起するのに対し、韓国語の「amugeos-do」は生起しない。序章でも述べたように、韓国語の「不定語do」は英語の「any類」と異なり、否定文以外の文には現れない。

　次に、テスト②主語位置(preverbal position)に現れるか否かについてみてみる。

(8)　②　主語位置(preverbal position)に現れるか否か

    a. *<u>Anybody</u> didn't criticize John.　　　　(＝同, (6a))

b. <u>아무도</u> 존을　　비판하지　　　않았다.

amu-do Jon-eul　bipanha-ji　　anh-ass-da

anyone John-Acc criticize-Comp　Neg-Past-Decl

「誰もジョンを批判しなかった。」

(8a)の「anybody」は主語位置に現れない。これに対し、(8b)にお
いて、「amu-do」は主語位置に現れる。

　次は、第三のテストに関して観察する。

(9)　　③　「almost/geoui(거의)」によって修飾されるか否か

　　　a. *John didn't eat almost <u>anything</u>.　　　　(＝同, (7a))

　　　b. 존은　　　　거의　　<u>아무것도</u>　　먹지

　　　　Jon-eun　geoui　amugeos-do meog-ji

　　　　John-Top　almost *anything*　　eat-Comp

　　　　않았다.

　　　　anh-ass-da

　　　　Neg-Past-Decl

　　　　「ジョンはほとんど何も食べなかった。」

(9b)の「anything」は「almost」によって修飾されないのに対し、
「amugeos-do」は「almost」に相応する「geoui(거의)」に修飾され
る。

　次は本書がNCIとNPIを区別するテストの中でもっとも注目する
第四のテストに関して観察する。

248

(10)　④　問答として省略表現が現れるか否か

　　　a.　質問:　What did you see ?

　　　　　答え: * Anything.　　　　　　　　　　　　　　　　(＝同, (8a))

　　　b.　質問:　무엇을 보았니?

　　　　　　　　　mueos-eul bo-ass-ni

　　　　　　　　　what-Acc see-Past-Int

　　　　　　　　　「何を見たの?」

　　　　　答え:　아무것도.

　　　　　　　　　amugeos-do

　　　　　　　　　anything

　　　　　　　　　「何も。」

(10a)の英語のNPI「anything」とは異なり、韓国語の「amugeos-do」は(10b)のように問答として省略表現が可能である。これは以下のように「amu-do」にも同様である。

(11)　質問: 누군가　　왔니?

　　　　　　　nugunga　wa-ss-ni

　　　　　　　somebody come-Pass-Int

　　　　　　　「誰か来たの?」

　　　答え: 아무도.

　　　　　　　amu-do

　　　　　　　anyone

　　　　　　　「誰も。」

このテストから韓国語の「不定語do」は[＋NEG]素性を有すること

が分かる。

　次に、(6)の第五のテストの検証を行う。

　　(12)　⑤　同一節内条件が守られるか否か
　　　　　a.　I didn't say that John admired <u>anyone</u>.　　　（＝同, (9a)）
　　　　　b. *나는　　　［존이　　　<u>아무도</u> 존경하고　　　있다고］
　　　　　　 na-neun [Jon-i　　　amu-do jongyeong-hago iss-da-go]
　　　　　　 I-Top　　John-Nom *anyone* respect-Prog-Decl-Comp
　　　　　　 말하지　　않았다.
　　　　　　 malha-ji　　anh-ass-da
　　　　　　 say-Comp Neg-Past-Decl
　　　　　　「僕はジョンが誰も尊敬していると言わなかった。」

(12a)の「anyone」はNegと異なる節に生起しているが許容される。これに対し、(12b)の「amu-do」はNegと異なる節に生起しているが許容されない。

　以上、韓国語の「不定語do」と英語の「any類」に関してNPIとNCIを区別する五つのテストを行い、「不定語do」と英語の「any類」が違う振る舞いを示すことを確認した。次の節では、「1-助数詞do」がNCIであることを示す。

7.2.2.「1-助数詞do」

　この節では前述の五つのテストを用い、韓国語の「1-助数詞do」がNCIであることをみる。まず、①のテストについて検討する。

(13) ① 否定文ではない文に現れるか否か

    a. *<u>하나도</u>　　　보았습니까?

      hana-do　　　bo-ass-seubni-kka

      a thing-even see-Past-Int

      「一つも見ましたか？」

    b. *철수가　　　(만일) <u>하나도</u>　　　훔친다면,

      Cheolsu-ga　(manil) hana-do　　　humchinda-myeon

      Cheolsu-Nom(if)　*a thing-even* steal　　　-if

      체포되겠지요.

      chepodoegessji-yo

      arrest-Pass-Decl

      「チョルスが(もし)一つも盗んだら、逮捕されるでしょう。」

「hana-do」は、(13)のように否定文以外の文例えば(13a)の疑問文または(13b)のような条件文において生起できない。序章で述べたように「1-助数詞do」は否定文にのみ生起可能である。

　次に、第二のテストを行う。

(14) ② 主語位置(preverbal position)に現れるか否か

    <u>한 사람도</u>　　　철수를　　　비판하지

    han salam-do　Cheolsu-leul　bipanha-ji

    a person-even Cheolsu-Acc　criticize-Comp

    않았다.

    anh-ass-da

    Neg-Past-Decl

    「一人もチョルスを批判しなかった。」

251

(14)において「1-助数詞do」は主語位置に現れる。

次に、第三のテストについて検討する。

(15) ③ 「geoui(거의)」によって修飾されるか否か

?철수는　　　거의　하나도　　　먹지

Cheolsu-neun geoui hana-do　　meog-ji

Cheolsu-Top almost *a thing-even* eat-Comp

않았다.

anh-ass-da

Neg-Past-Decl

「チョルスはほとんど一つも食べなかった。」

(cf.) 철수는　　　거의　아무것도　　먹지

Cheolsu-neu　geoui amugeos-do meog-ji

Cheolsu-Top almost *anything*　　eat-Comp

않았다.

anh-ass-da

Neg-Past-Decl

「チョルスはほとんど何も食べなかった。」

上記の例において「1-助数詞do」は「geoui(거의)」によって修飾される。ただし、(cf.)から分かるように、「1-助数詞do」は「不定語do」の場合と異なり許容度が下がる。このことにより、第3章の3.2.2節でみた「1-助数詞モ」と同様に、「1-助数詞do」も全称量化表現として完全に振舞っていないことが示唆される。

次に、(16)の第四のテストを行う。

252

(16) ④ 問答として省略表現が現れるか否か

   a. 質問: 파티에　　사람이　　　몇명이나

            pati-e　　salam-i　　myeochmyeong-ina

            party-Loc person-Nom how many-about

            왔니?

            wa-ss-ni

            come-Past-Int

            「パーティーに人が何人来たの?」

     答え: 한 사람도.

            han salam-do

            a person- even

            「一人も。」

   b. 質問: 사과를　　몇개나　　　　먹었니?

            sagwa-leul myeochgae-na　meog-eoss-ni

            apple-Acc　how many-about eat-Past-Int

            「りんごを何個食べたの?」

     答え: 하나도.

            hana-do

            a thing-even

            「一つも。」

ここでは、「1-助数詞do」が問答として省略表現が可能であり、よって[＋NEG]素性を有することが示唆される。

　次に(6)の第五のテストを行う。

(17) ⑤ 同一節内条件が守られるか否か

　　　a.*나는　　　[철수가　　　과일을　　<u>하나도</u>
　　　na-neun [Cheolsu-ga　gwail-eul　hana-do
　　　I-Top　　Cheolsu-Nom fruit-Acc　*a thing-even*
　　　먹었다고]　　　　　　　말하지 않았다.
　　　meog-eoss-da-go]　　　　malha-ji anh-ass-da
　　　eat-Comp Neg-Past-Decl say-Past-Decl-Comp
　　　「僕はチョルスが果物を一つも食べたと言わなかった。」

　　　b.　나는　　　[철수가　　　과일을　　<u>하나도</u>
　　　na-neun [Cheolsu-ga　　gwail-eul　hana-do
　　　I-Top　　Cheolsu-Nom fruit-Acc　*a thing-even*
　　　먹지　　않았다고]　　　　말했다.
　　　meog-ji　anh-ass-da-go]　　say-Past-Decl
　　　eat-Comp Neg-Past-Decl-Com say-Past-Decl
　　　「僕はチョルスが果物を一つも食べなかったと言った。」

(17a)は「1-助数詞do」が埋め込み節に生起し、Negが主節に生起しており不適格文になる。これに対し、(17b)は「1-助数詞do」とNeg両者が埋め込み節に生起しており適格文になる。このことから「1-助数詞do」はNegと同一節内条件を守らなければならないことが示唆される。

　以上のテストの結果から、「1-助数詞do」はNPIではなく、NCIであるといえる。

　次節では「bakk-e」について観察する。

254

7.2.3.「bakk-e」

本節では「bakk-e」についてみてみる。「bakk-e」は分布が自由であり、主語または目的語の名詞句だけではなく、後置詞など付加部の要素に後接可能である。しかし管見の限りにおいて、今までの「bakk-e」の分析を行った先行研究は名詞句に後接する「bakk-e」のみを扱ってきた。本書では名詞句だけではなく、付加部に後接する「bakk-e」についても分析を行う。まず、第一のテストを用いる。

(18)　① 否定文ではない文に現れるか否か
　　　[名詞句に後接する「bakk-e」]
　　　a.*영희　　밖에　사과를　　먹었습니까？
　　　　　Yeonghui bakk-e sagwa-leul meog-eoss-seubni-kka
　　　　　Yeonghui *only*　apple-Acc　eat-Past-Int
　　　　「ヨンヒしかりんごを食べましたか？」
　　　a'.*만일　영희　　밖에　　사과를　　먹는다면,
　　　　　manil Yeonghui bakk-e sagwa-leul meogneunda-myeon,
　　　　　if　Yeonghui *only*　apple-Acc　eat　　　　　-if
　　　　저도　먹겠습니다.
　　　　jeo-do meog-gessseubni-da
　　　　I-too　eat-will-Decl
　　　　「もしヨンヒしかりんごを食べたら私も食べます。」
　　　[付加部に後接する「bakk-e」]
　　　b.*영희는　　　　철수와　　　밖에　술을
　　　　　Yeonghui-neun Cheolsu-wa　bakk-e sul-eul
　　　　　Yeonghui-Top　Cheolsu-with *only*　alcohol-Acc

255

마셨습니까?

masy-eoss-seubni-kka

drink-Past-Int

「ヨンヒはチョルスとしかお酒を飲んだの？」

b'.*만일　영희가　　　철수와　　　밖에　술을

manil Yeonghui-ga　Cheolsu-wa　bakk-e sul-eul

if　　Yeonghui-Nom Cheolsu-with *only*　alcohol-Acc

마셨다면,　　　　　제가 화 내겠지요.

masy-eossda-myeon, je-ga hwa naegessji-yo

drink-Past-if　　　　I-Nom angry-will-Decl

「もしヨンヒがチョルスとしかお酒を飲んだら、私が怒るでしょう。」

名詞句と後置詞に後接する「bakk-e」は(18)のように否定文でない文には現れない。要するに「bakk-e」は名詞句であろうが後置詞であろうが否定文にのみ現れる。

　次に第二のテストを行う。

(19)　②　主語位置(preverbal position)に現れるか否か

　　　[名詞句に後接する「bakk-e」]

　　　a.　철수　밖에　사과를　　먹지　　않았다.

　　　　　Cheolsu bakk-e sagwa-leul　meog-ji　anh-ass-da

　　　　　Cheolsu *only*　apple-Acc　eat-Comp Neg-Past-Decl

　　　　　「チョルスしかりんごを食べなかった。」

[付加部に後接する「bakk-e」]

b. 영희와　　　　밖에　유원지에　　　가지

Yeonghui-wa　bakk-e yuwonji-e　　　ga-ji

Yeonghui-with *only*　theme park-Loc go-Comp

않았다.

anh-ass-da

Neg-Past-Decl

「ヨンヒとしか遊園地に行かなかった。」

(19a)において、名詞句に後接する「bakk-e」は主語位置に現れている。他方、後置詞に後接する「bakk-e」は付加部であるため、主語位置に現れるのは当然無理がある。これに関しては第3章でも述べたように、厳密には第二のテストは「述部の前(preverbal position)に現れるか否か」をみるものであり、後置詞に後接する「bakk-e」は(19b)のように述部の前に生起することから第二のテストを満たすと考えられる。

　次に第三のテストを検討する。

(20)　③「geoui(거의)」によって修飾されるか否か

[名詞句に後接する「bakk-e」]

a. 회의에는　　　　거의　여성들　　　밖에

hoeui-e-neun　　geoui　yeoseong-deul bakk-e

meeting-Loc-Top almost　woman-Pl　　*only*

오지　　　　않았다.

o-ji　　　　anh-assda

come--Comp Neg-Past-Decl

257

「会議にはほとんど女性たちしか来なかった。」

[付加部に後接する「bakk-e」]

b. 철수는　　　　거의　그　사람들과　　　밖에

Cheolsu-neun geoui geu salam-deul-gwa bakk-e

Cheolsu-Top almost the person-Pl-with *only*

이야기하지 않았다.

iyagiha-ji　anh-ass-da

talk-Comp　Neg-Past-Decl

「チョルスはほとんどその人たちとしかしゃべらなかった。」

(20)において、名詞句と後置詞に後接する「bakk-e」は「geoui(거의)」によって問題なく修飾されることが分かる。

次に、第四のテストを「bakk-e」にあてはめてみる。

(21) ④ 問答として省略表現が現れるか否か

[名詞句に後接する「bakk-e」]

a. 質問: 그래서　　당신은　　　철수에게　　훈장을

geulaeseo dangsin-eun Cheolsu-ege hunjang-eul

so　　　　you -Top　Cheolsu-Dat medal-Acc

수여했습니까?

suyeo-haess-seubni-kka

give-Past-Int

「そこであなたはチョルスに勲章を授与しましたか?」

答え: (아니요) 결국엔　　상장　　　밖에.

(ani-yo) gyeolgug-en sangjang　bakk-e

No-Decl finally-Top　testimonial *only*

「(Lit.)(いいえ)結局は賞状しか。」

[付加部に後接する「bakk-e」]

b.　質問: 당신은　　　　뉴욕에　　　　몇 번이나

dangsin-eun New York-e　　myeoch beon-ina

you-Top　　　New York-Loc how many times-no

가 본　　　　적이　있습니까?

ga bon　　　jeog-i issseubni-kka

less than go experience-Nom-Int

「あなたはニューヨークに何度も行ったことがありますか?」

答え: (아니요)　한 번 밖에.

(ani-yo)　han beon bakk-e

(No-Decl) once　*only*

「(いいえ)一度しか。」

(21)において、名詞句に後接する「bakk-e」(21a)と付加部に後接する「bakk-e」(21b)は問答として省略表現が可能である。よって、「bakk-e」は[＋NEG]素性を有しているといえる。

　最後に第五のテストを行う。

(22)　⑤ 同一節内条件が現れるか否か

[名詞句に後接する「bakk-e」]

a.*나는　　　[영희　　밖에　밥을

na-neun [Yeonghui bakk-e bab-eul

I-Top　　　Yeonghui *only* meal-Acc

먹었다고]　　　　　말하지　않았다.

meog-eoss-da-go]　malha-ji anh-ass-da

eat-Past-Decl-Comp say-Comp Neg-Past-Decl

「私はヨンヒしかご飯を食べたと言わなかった。」

a'. 나는　　[영희　　　밭에　　　밥을　　　　먹지

na-neun [Yeonghui bakk-e bab-eul　　meog-ji

I-Top　　　Yeonghui *only*　　meal-Acc eat-Comp

않았다고]　　　　　　　말했다.

anh-ass-da-go]　　　　mal-haess-da

Neg-Past-Decl-Comp say-Past-Decl

「私はヨンヒしかご飯を食べなかったと言った。」

b.*나는　　　[철수가　　　　영희와　　　　　밭에

na-neun [Cheolsu-ga　　Yeonghui-wa　bakk-e

I-Top　　　Cheolsu-Nom Yeonghui-with *only*

유원지에　　　갔다고]　　　말하지 않았다.

yuwonji-e　　　ga-ss-da-go] malha-ji anh-ass-da

theme park-Loc go-Past-Comp say-Comp Neg-Past-Decl

「僕はチョルスがヨンヒとしか遊園地に行ったと言わなかった。」

b'. 나는　　[철수가　　　영희와　　　밭에　유원지에

na-neun [Cheolsu-ga　Yeonghui-wa bakk-e yuwonji-e

I-Top　　　Cheolsu-Nom Yeonghui-with *only*　theme park-Loc

가지　　　않았다고]　　　　　　말했다.

ga-ji　　　anh-ass-da-go]　　　mal-haess-da

go-Comp Neg-Past-Decl-Comp say-Past -Decl

「僕はチョルスがヨンヒとしか遊園地に行かなかったと言った。」

(22a, b)は、「bakk-e」とNegが同一節内に現れない文であり不適格な文

260

になる。これに対し、(22a', b')は「bakk-e」とNegが同一節内に現れる文であり適格文になる。

以上のNPIとNCIを区別する五つのテストに基づき、名詞句と付加部に後接する「bakk-e」はNCIであることが明らかになった。ここで、名詞句に後接する「bakk-e」は第3章でみた「しか」と異なる振る舞いを示すことが分かる。すなわち、「bakk-e」は(6)の第四のテスト「問答として省略表現が可能かどうか」で相違している。以下のデータでこれを確かめる。

(23)　a.　質問: そこであなたは太郎に勲章を与えましたか？
　　　　　　答え:??(いや)結局は賞状しか。
　　　b.　質問:　그래서　　당신은　　철수에게　훈장을
　　　　　　　　　geulaeseo dangsin-eun Cheolsu-ege hunjang-eul
　　　　　　　　　so　　　　　you　-Top　Cheolsu-Dat medal-Acc
　　　　　　　　　수여했습니까？
　　　　　　　　　suyeo-haess-seubni-kka
　　　　　　　　　give-Past-Int
　　　　　　　　　「そこであなたはチョルスに勲章を授与しましたか?」
　　　　　答え:　(아니요)　결국엔　　상장　　　밖에.
　　　　　　　　　(ani-yo)　gyeolgug-en sangjang　bakk-e
　　　　　　　　　(No-Decl) finally-Top　testimonial *only*
　　　　　　　　　「(いいえ)結局賞状しか。」　　　　　　(＝(21a))

(23)から分かるように日本語の「しか」は問答として省略表現がほぼ不可能であるのに対し、「bakk-e」は可能である。また、以下のよ

261

うに両者はNCIとの共起においても違う振る舞いを示す。

> (24)　a. ＊今家には花子しか誰もいない。
>
> 　　　a'. 지금　집에는　　　　영희　　밖에　아무도
> 　　　　　 jigeum jib-e-neun　　Yeonghui bakk-e amu-do
> 　　　　　 now　 house-Loc-Top Yeonghui *only*　 *anyone*
> 　　　　　 없다.
> 　　　　　 eobs-da
> 　　　　　 exist-Neg-Decl
> 　　　　　「(Lit.)今家にはヨンヒしか誰もいない。」　　　　(＝(5a))
>
> 　　　b. ＊服しか何もなかった。
>
> 　　　b'. 옷　　　밖에　　아무것도　　없었다.　　　(Kaist 74[2])
> 　　　　　 os　　 bakk-e amugeos-do eobs-eoss-da
> 　　　　　 clothes *only*　 *anything*　 exist-Neg-Past-Decl
> 　　　　　「(Lit.)服しか何もなかった。」

(24)は「しか/bakk-e」両者が「不定語モ/do」と共起した例文である
が、「しか」では不適格になるのに対し、「bakk-e」では適格にな
る。以上のような「しか」と「bakk-e」の相違点から、今まで両者を同
列に扱ってきた多くの先行研究は修正されるべきであることが示唆
される。これに関しては後の第9章で詳しく記述する。

　次節では「gyeolko」についてみてみる。

2　(Kaist-番号): 番号は、Kaistコーパスの例文番号である。

7.2.4.「gyeolko」

本節では「gyeolko」についてみる。まず、第一のテストを用いる。

(25) ① 否定文ではない文に現れるか否か

    a. *영희는　　　　결코　　술을

       Yeonghui-neun gyeolko sul-eul

       Yeonghui-Top *never*　alcohol-Acc

       마셨습니까？

       masy-eoss-seubnikka

       drink-Past-Int

       「ヨンヒは決してお酒を飲みましたか？」

    b. *만일 영희가　　　　결코　　술을

       manil Yeonghui-ga　　gyeolko sul-eul

       if　　Yeonghui -Nom *never*　alcohol-Acc

       마셨다면,　　　　　제가　화　내겠지요.

       masyeossda-myeon, jega　　hwa naegessji-yo

       drink-Past-if　　　　I-Nom angry-will-Decl

       「もしヨンヒが決してお酒を飲んだら、私が怒るでしょう。」

(25a)は「gyeolko」が疑問文において(25b)は条件文において用いられているが不適格文になる。序章でも述べたように「gyeolko」は否定文のみに生起する。

次は第二のテストについてみてみる。

(26) ② 主語位置(preverbal position)に現れるか否か

 決코 유원지에   가지   않았다.

 gyeolko yuwonji-e   ga-ji   anh-ass-da

 never theme park-Loc go-Comp Neg-Past-Decl

 「決して遊園地に行かなかった。」

(26)において、「gyeolko」は主語位置(述部の前)に現れる。
次に第三のテストを行う。

(27) ③ 「geoui(거의)」によって修飾されるか否か

 ?그런 일은 지금 시대에는   거의   決코

 geuleon il-eun jigeum sidae-e-neun geoui gyeolko

 such thing-Top present time-Loc-Top almost *never*

 일어나지   않겠지요.

 ileona-ji   anh-gessji-yo

 happen-Comp Neg-will-Decl

 「そんなことは今の時代ほとんど<u>決して</u>起きないでしょう。」

(27)は「gyeolko」が「geoui(거의)」に修飾される例文であるが、上記でみた「bakk-e」、「不定語do」「1-助数詞do」の場合と違い容認度が下がる。このことは第3章の3.2.3節の「決して」の場合と同様である。3.2.3節において「決して」が「ほとんど」に修飾されにくいのは日本語における陳述副詞と程度副詞との語順制約に起因すると述べた。この説明は韓国語にも適用されると考えられる。その理由は韓国語の副詞についても、陳述副詞が程度副詞より上に

生起しなければならないという語順制約を持つからであると考える。事実、(27)の「gyeolko」と「geoui(거의)」の語順を変えると次のように容認度が上がる。

(28)　　　그런　　일은　지금 시대에는　　　　결코　　거의
　　　　　geuleon il-eun　jigeum sidae-e-neun　gyeolko geoui
　　　　　such thing-Top present time-Loc-Top *never*　　almost
　　　　　일어나지　　　　않겠지요.
　　　　　il-eona-ji　　　anh-gessji-yo
　　　　　happen-Comp Neg-will-Decl
　　　　　「そんなことは今の時代には決してほとんど起きないでしょう。」

次に、第四のテストについてみてみる。

(29)　④　問答として省略表現が現れるか否か
　　　a.　質問：당신,　영희에게　　　그거　　말했어요?
　　　　　　　　dangsin Yeonghui-ege geugeo mal-haesseo-yo
　　　　　　　　you　　Yeonghui-Dat it　　　say-Past-Decl
　　　　　　　　「あなた、ヨンヒにそのこと話したの？」
　　　　　答え：(아니) 결코.
　　　　　　　　(ani)　gyeolko
　　　　　　　　(no)　*never*
　　　　　　　　「(いや)決して。」
　　　b.　質問：네가　　그　케익　먹었니?
　　　　　　　　ne-ga　　geu keig meog-eoss-ni
　　　　　　　　you-Nom the cake eat-Past-Int

「君がそのケーキ食べたの？」

答え: (아니요) 결코.

(ani-yo) gyeolko

(no)   *never*

「(いや) 決して。」

ここでは、「gyeolko」が問答として省略表現が可能である。このテストによって、「gyeolko」が[+NEG]素性を持っていることが分かる。

最後に、第五のテストについて観察する。

(30) ⑤ 同一節内条件が守られるか否か

    a.*나는   [철수가   결코   유원지에

    na-neun [Cheolsu-ga   gyeolko   yuwonji-e

    I-Top   Cheolsu-Nom *never* theme park-Loc

    갔다고]   말하지 않았다.

    ga-ss-da-go]   malha-ji anh-ass-da

    go-Past-Decl-Comp say-Comp Neg-Past-Decl

    「僕はチョルスが決して遊園地に行ったと言わなかった。」

    b. 나는   [철수가   결코   유원지에

    na-neun [Cheolsu-ga   gyeolko   yuwonji-e

    I-Top   Cheolsu-Nom *never* theme park-Loc

    가지   않았다고]   말했다.

    ga-ji   anh-ass-da-go]   mal-haess-da

    go-Comp Neg-Past-Decl-Comp say-Past-Decl

    「僕はチョルスが決して遊園地に行かなかったと言った。」

266

(30)から「gyeolko」はNegと同一節内に現れないと非文になること
が分かる。

　以上のテストの結果に基づき、「gyeolko」はNPIではなく、NCI
であるといえる。

7.2.5. 多重NCI

　7.2.1節から7.2.4節まで「bakk-e」、「不定語do」、「1-助数詞do」、
「gyeolko」はNPIとしてではなくNCIとして捉えるべきであるとし、
その根拠としてNCIとNPIを区別する五つのテストを用い明らかに
した。本節ではこれらの表現がNCIであることをさらなる根拠で立
証する。第3章においても述べたようにNCIなら以下のような特徴
を持つべきである。

(31)　　　NCIなら同一節内において他のNCIと多重共起できる。

　　　　　　　　　　　　　　　　　　　　　　　（＝3章, (37)）

よって「bakk-e」、「不定語do」、「1-助数詞do」、「gyeolko」がNCI
であれば同一節内で多重共起できるはずである。これが正しいか
どうか以下の例文で確かめる。

(32)　[bakk-e － 不定語do]

　　　a.　그녀　　밭에　　아무도　알 수 없는

　　　　　geunyeo bakk-e amu-do al su eobsneun

　　　　　she　　　*only*　　*anyone*　know-can-Neg

일이었다.   (Kaist 42)

ili-eoss-da

thing-Past-Decl

「(Lit.)彼女しか誰も知らないことだった。」

b. 이것 밑에   아무도 읽지   않았다.

igeos bakk-e amudo ilg-ji   anh-ass-da

this   *only*   *anyone* read-Comp Neg-Past-Decl

「解釈 i . みんなこの本だけ読んだ(Everyone read only

this book)。

解釈 ii . 誰もこの本だけ読まなかった(No one read only

this book)。」   (Sells(2001:6, (13)[3]))

c. 옷   밑에   아무것도   없었다.

os   bakk-e amugeos-do eobs-eoss-da

clothes *only* *anything*   exist-Neg-Past-Decl

「(Lit.)服しか何もなかった。」   (＝(24b))

d. 순이 밑에 아무것도   먹지   않았다.

Suni bakk-e amugeos-do meog-ji anh-ass-da

Suni *only* *anything*   eat-Comp Neg-Past-Decl

「解釈 i . スニを除いて誰も何も食べなかった/スニだけ何

かを食べた(Except for Suni, no one ate anything/

Only Suni ate something)。

解釈 ii . スニだけ何も食べなかった(Only Suni didn't eat

anything)。」   (＝序章, (24))

(32)は「bakk-e」[4]が「不定語do」と共起した例文で、適格文であ

---

3 (32b)と(32d)の和訳は筆者によるものである。

る。ちなみに(32a)と(32b)そして(32c)と(32d)はそれぞれ「bakk-e」
が「amu-do」、「amugeos-do」と共起しているが、解釈において相
違する。これに関しては第8章の8.3.2節でみることにする。

続いて「bakk-e」が「1-助数詞do」と共起した文についてみる。

(33) [bakk-e － 1-助数詞do]

    a. 사람들이   철이 밖에   하나도   입을

        salamdeul-i Cheoli bakk-e hanado   ib-eul

        people-Nom Cheoli *only*   *a thing-even* mouth-Acc

        열지   않는다.

        yeol-ji   anh-neun-da

        open-Comp Neg-Pres-Decl

        「(Lit.)人々がチョリしか一つも口を開かない。」   (＝(5b))

---

4 本章では、名詞句に後接する「bakk-e」の多重NCI現象をみるが、以下のよ
うに「bakk-e」が後置詞に後接する場合でも、多重NCI現象は許される。

(i) a. 지하   3층까지   밖에 아무도 가본 적이   없다.

        jiha   3 cheung-kkaji bakk-e amu-do gabon jeog-i   eobs-da

        basement 3th floor-until *only* *anyone* go   experience-Nom Neg-Decl

        「地下三階までしか誰も行ったことがない。」

     b. 우리들은   노래로   밖에 아무것도 보답할 수 없으니까,

        uli-deul-eun nolae-lo   bakk-e amugeos-do bodabhal su eobseu-nikka,

        we-Pl-Top song-through *only* *anything*   pay back can Neg-because

        최고의   것을   보여 주도록 하자.

        choego-ui geos-eul boyeo judolog ha-ja.

        best-Gen thing-Acc show   let us

「私たちは歌でしか何も返せないから最高のものをみせようぜ。」

(i a)の「bakk-e」は「-kkaji(까지, まで)」に、(i b)の「bakk-e」は「-lo(로, で)」
に後接し、「不定語モ」と共起する。ただし、本書は、(32)のように名詞句に
後接する「bakk-e」は上記の(i)のように後置詞に後接する「bakk-e」とその
類型が異なると考える。これは後の第8章でみる。また、本書は「bakk-e」は
「しか」と異なり、一定の要素に後接する場合は、多重NCI現象が現れない
制限があることを述べる。これに関しては、後の第9章の9.6節でみる。

   b. 어제   회의에   철수   <u>밖에</u>

     eoje   hoeui-e   Cheolsu bakk-e

     yesterday meeting-Loc Cheolsu *only*

     학생들은   <u>한 사람도</u>   오지

     hagsaeng-deul-eun han salamdo o-ji

     student-Pl-Top   *a person-even* come-Comp

     않았다.

     anh-ass-da

     Neg-Past-Decl

     「(Lit.)昨日の会議にチョルスしか学生たちは一人も来な
かった。」

次は「bakk-e」が「gyeolko」と共起した例文をみる。

(34) [bakk-e − gyeolko]

    a. 노인들 <u>밖에</u> <u>결코</u> 이 곳을

      noin-deul bakk-e gyeolko i   gos-eul

      old people *only*   *never*   this place-Acc

      찾지   않는다.

      chaj-ji   anh-neun-da

      visit-Comp Neg-Pres-Decl

      「(Lit.)老人たちしか決してここを訪れない。」   (＝(5c))

    b. 이 엘리베이터는 비상시   <u>밖에</u> <u>결코</u>

      i   ellibeiteo-neun bisangsi   bakk-e gyeolko

      this elevator-Top   emergency *only* *never*

270

사용해서는　　　　안 된다.

sayonghaeseo-neun an doen-da

use must-Top　　　Neg become-Decl

「このエレベータは非常時にしか決して使ってはならない。」

次は「bakk-e」が二重に使われた例文をみてみる。

(35)　[bakk-e － bakk-e]

　　　?영희는　　　　축제　때　밭에　언제나 자신의

　　　Yeonghui-neun chugje ttae bakk-e eonjena jasin-ui

　　　Yeonghui-Top festival when *only*　always oneself-Gen

아빠와　밭에　　외출하지　　않는다.

　appa-wa bakk-e oechulha-ji　anh-neun-da

dad-with *only*　go out-Comp Neg-Pres-Decl

「ヨンヒはお祭りの時にしかいつも自分のお父さんとしか出かけない。」

(35)の容認度は(32)-(34)の多重NCI構文と比べ、下がると考えられる。その理由に関して現時点では「bakk-e」の意味的特徴に起因するのではないかと考える。すなわち、「bakk-e」が二重に用いられると意味解釈の処理(processsing)において不自然さが生じ、このことが文の容認度を下げる可能性がある。実際に、Kuno & Whitman(2004)においても類似した指摘が下記のようになされている。

271

It results from the general computation difficultiy in processing sentences that contain more than one token of an expression meaning '(not) any more/other than' and that there is nothing syntactic about it.

(Kuno & Whitman(2004:225))

また、これは(35)のように限定の意味を示す下線部の「man(만, だけ)」が二重に用いられると許容度が下がることから裏付けられる。

(36) ?영희는   축제   때만   언제나 자신의

Yeonghui-neun chugje ttae-man eonjena jasin-ui

Yeonghui-Top festival when-*only* always oneself-Gen

아빠와만   외출한다.

appa-wa-man oechulhan-da

dad-with-*only* go out-Decl

「ヨンヒはお祭りの時にだけいつも自分のお父さんとだけ出かけない。」

次に「不定語do」が「1-助数詞do」と共起する例文をみてもらいたい。

(37) [不定語do － 1-助数詞do]

a. <u>아무도</u> 말을   <u>한 마디도</u>   하지

amu-do mal-eul   han madi-do ha-ji

anyone talk-Acc *a word-even* do-Comp

않았다.

anh-ass-da

Neg-Past-Decl

「誰も話を一言もしなかった。」

b. 학생들은　　　　　아무도 과일을　　　하나도

hagsaeng-deul-eun amu-do gwail-eul hana-do

student-Pl-Top　　*anyone*　fruit-Acc *a thing-even*

먹지　　　않았다.

meog-ji　anh-ass-da

eat-Comp Neg-Past-Decl

「学生たちは誰も果物を一つも食べなかった。」

(37)から分かるように「不定語do」と「1-助数詞do」は同一節内で問題なく共起できる。

次は「不定語do」が「gyeolko」と共起する例文である。

(38)　[不定語do － gyeolko]

아무도 결코　　이곳을　　　　찾지　　　않는다.

amu-do gyeolko igos-eul　　chaj-ji　　anh-neun-da

anyone never　　this place-Acc visit-Comp Neg-Pres-Decl

「誰も決してここを訪れない。」

(キム・ヨンヒ(김영희1998:274, (27ㄱ)))

(38)から「不定語do」が「gyeolko」両者は共起できることが分かる。

次は「不定語do」を二重に用いられた場合をみる。

(39)　[不定語do － 不定語do]

a. 아무도 아무것도　　먹지　　않았다.

amu-do amugeos-do meog-ji　anh-ass-da

anyone anything　　eat-Comp Neg-Past-Decl （＝(5d)）

273

「誰も何も食べなかった。」

b. <u>아무도</u> <u>아무데도</u> 가지 <u>않았다</u>.

amu-do amude-do ga-ji anh-ass-da

anyone *anywhere* go-Comp Neg-Past-Decl

「誰もどこにも行かなかった。」

(39a)は「amu-do」と「amugeos-do」が、(39b)は「amu-do」と「amude-do」が共起し適格文である。

次は「1-助数詞do」と「gyeolko」が共起する例文をみる。

(40) [1-助数詞do − gyeolko]

철수는 <u>한마디도</u> 말을 <u>결코</u> 하지

Cheolsu-neun han madi-do mal-eul gyeolko ha-ji

Cheolsu-Top *a word-even* talk-Acc *never* do-Comp

않았다.

anh-ass-da

Neg-Past-Decl

「チョルスは一言も話を決してしなかった。」

(40)は「han madi-do」と「gyeolko」が共起し、適格文である。

次は「1-助数詞do」を二重に用いられた場合をみる。

(41) [1-助数詞do − 1-助数詞do]

a. 우리 가족은 <u>한 사람도</u> <u>한 번도</u> 해외에

uli gajog-eun han salam-do han beon-do haeoe-e

out family-Top *a person-even* *once-even* abroad-Loc

간 적이　　　　　　없다.

gan jeog-i　　　　　　eobs-da

go　experience-Nom Neg-have-Decl

「我が家族は一人も一度も海外に行ったことがない。」

(Kuno & Whitman 2004:220, (25b)))

b. 학생들　　　한 사람도　　　술을

hagsaeng-deul han salam-do sul-eul

student-Pl　　*a person-even* alcohol-Acc

한 모금도　　　마시지　　　않았다.

han mogeum-do masi-ji　　　anh-ass-da

a drop-even　　　drink-Comp Neg-Past-Decl

「学生たち一人もお酒を一滴も飲まなかった。」

(41a)においては「han salam-do」と「han beon-do」が、(41b)においては「han salam-do」と「han mogeum-do」が共起し、適格文である。

　以上、「bakk-e」、「不定語do」、「1-助数詞do」、「gyeolko」が同一節内で多重共起できることをみた。この事実からこれらの表現がNCIであることがさらに裏付けられる。また、このようなNCIとしての分析は、シ・ジョンゴン(1997a, b, c)、A.H.-O　Kim(1997)、キム・ヨンヒ(1998)、Sells(2001)、Kuno & Whitman(2004)など従来疑問視されてきた「bakk-e」、「不定語do」、「1-助数詞do」、「gyeolko」の多重共起現象のメカニズムが容易に解決できる利点がある。要するに、「bakk-e」、「不定語do」、「1-助数詞do」、 「gyeolko」がNCIであるため多重共起現象が容認されるわけである。

7.3. まとめ

　本章では第2章で概観した韓国語の先行研究の問題点を指摘し、本書の立場を以下のように述べた。

(42)　　本書の立場
　　　　「bakk-e」、「不定語do」、「1-助数詞do」、「gyeolko」は
　　　　NPIではなくNCIとして捉えるべきである。　　　（＝(1)）

(42)を裏付ける根拠として、第3章の日本語において適用したNCIとNPIを区別する五つのテストと本書で加えたテストを用い、「bakk-e」、「不定語do」、「1-助数詞do」、「gyeolko」がNPIではなく、NCIであることを示した。

　さらに、NPIとしての立場をとる先行研究Nam(1994)、ナム・スンホ(남승호1998)、Chung & Park(1998)は「bakk-e」、「不定語do」、「1-助数詞do」、「gyeolko」は同一節内おいて多重共起するいわゆる多重NPI現象が許されないと主張するが、最近の先行研究、シ・ジョンゴン(시정곤1997a, b, c)、A.H.-O Kim(1997)、キム・ヨンヒ(김영희1998)、Sells(2001)、Kuno & Whitman(2004)を始め、

本書が収集したコーパス資料などから「bakk-e」、「不定語do」、「1-助数詞do」、「gyeolko」が多重共起できることが示唆された。しかし、シ・ジョンゴン、A.H.-O Kim、キム・ヨンヒ、Sells、Kuno & Whitmanはこれらの表現の多重共起現象は認めるもののNPIとしての立場をとるため、そのメカニズムを十分に明らかにすることができなかった。本書は「bakk-e」、「不定語do」、「1-助数詞do」、「gyeolko」をNCIとして捉え、従ってこれらが同一節内において多重共起できるということを述べた。ほかにも、NPIとしての立場をとる先行研究Sohn(1995)、Kim(1999)などにおいて、韓国語と英語のNPIにはなぜ以下のような相違点が現れるかが疑問視されてきた。

(43)　a. なぜ英語のNPIは疑問文及び条件文にも現れるのに対し、韓国語のNPIは現れないのか

　　　b. なぜ英語のNPIは主語位置に現れないのに対し、韓国語のNPIは現れるのか

(43)は本書でみたNCIとNPIを区別する五つのテストの中で①と②の特徴である。つまり、英語のNPI「any類」と韓国語の「bakk-e」、「不定語do」、「1-助数詞do」が(43)のように相違するのはそもそも異なる表現を同一に捉えようとしたからであると考える。要するに、従来疑問視されてきた多重NPI現象も、(43)のような問題点も、NCIとしての立場をとるといずれも容易に解決できる。今までの研

究はNPIとして捉えてはならない表現をNPIとして捉えてきたため、その本質が十分捉えられなかったと考える。

　しかしながら、「bakk-e」、「不定語 do」、「1-助数詞 do」、「gyeolko」が多重共起した多重NCI構文は、第4章と第5章でみた日本語のように複雑な問題が絡んでいる。次章ではその性質を詳しく記述する。

　なお、次章から「bakk-e」、「不定語 do」、「1-助数詞 do」、「gyeolko」をNCIと、またこれらの表現が多重共起した文は多重NCI構文と統一し呼ぶことにする。

第8章

韓国語における多重NCI構文に関する考察

8.0. はじめに

前章において「bakk-e」、「不定語do」、「1-助数詞do」、「gyeolko」は従来の分析と異なりNCIとして分析すべきであると主張し、その根拠の一つとしてこれらの表現が同一節内で多重共起できる現象を挙げた。本章においてはこれらの表現が共起した多重NCI構文の性質、特に認可条件、解釈そして類型とその統語構造について記述する。

韓国語の多重NCI構文は第4章及び第5章でみた日本語の多重NCI構文と同様に、いくつかの制約を有する。これはシ・ジョンゴン(1997a, b, c)、A.H.-O Kim(1997)、キム・ヨンヒ(김영희1998)、Sells(2001)(2005)(2006)、Kuno & Whitman(2004)などの先行研究においていわゆる多重NPI構文と呼ばれ、その認可条件と解釈に関する議論が主になされてきた。特に、Kuno & WhitmanはSells(2001)が提案した韓国語の多重NCI構文の認可条件と解釈の議論が妥当ではないとし、新たなアプローチで韓国語の多重NCI構文の認可条件を提示するが、このようなKuno & Whitmanの主張に対し、さらにSells(2006)がKuno & Whitmanの問題点を再批判する。SellsとKuno & Whitmanによって続けられている議論からでも韓国語の多重NCI構文がいかに簡単ではないか思い知らされる。現段階では、韓国語の多重NCI構文の認可条件をはじめ、解釈、語順制約に関する問題は未解決のまま残されているといえる。

　しかし、本書は従来の研究と異なったアプローチ、すなわち NCIとしての分析を行うことにより韓国語の多重NCI構文の性質を 明らかにする。まず、韓国語の多重NCI構文の認可はロマンス諸 語などのNCI言語の認可と同様に単一Negから多重一致されると 提案する。ただし、韓国語の多重NCI構文はロマンス語といくつ かパラメータ的な性質がみられる。その第一点は、韓国語の多重 NCI構文の認可条件として、「bakk-e」、「不定語do」、「1-助数詞 do」、「gyeolko」すべてが付加部位置に生起しなければならない ことである。本書はこの生起条件からSells(2001)(2006)において 疑問視されてきた多重NCI構文の解釈のメカニズムが説明できる 利点があることを述べる。第二点は、韓国語の多重NCI構文の類 型である。従来韓国語の多重NCI構文の類型は単一のものとして 分析されてきた。例えばSellsとKuno ＆ Whitmanは、韓国語の 多重NCI構文におけるNCI間の語順制約について互いに反例を 提示し批判しているものの、現象の解明は未だ不十分であったと 考えられる。しかし韓国語の多重NCI構文の類型には少なくとも3 タイプが存在し、それぞれの統語構造が異なるため、NCI間の語 順制約が生じる場合と生じない場合があるという仮説を設定するこ とで、SellsとKuno ＆ Whitmanの問題点が容易に解決できると考 えられる。

　本章の構成は次の通りである。8.1節では先行研究の中で Sells(2001)とKuno ＆ Whitman(2004)を概観する。8.2節では問 題の所在について述べ、SellsとKuno ＆ Whitmanでは説明でき

ないデータと現象を取り上げることにより、その問題点を指摘する。8.3節では分析を行い、8.3.1節では韓国語の多重NCI構文の認可条件について、8.3.2節では多重NCI構文の解釈について、8.3.3節では韓国語の多重NCI構文の類型とその統語構造について、それぞれみていく。

8.1. 先行研究の概観

　本節では韓国語の多重NCI構文の認可条件について議論したSells(2001)、Kuno & Whitman(2004)について概観する。まず、Sells(2001)についてみてみる。

8.1.1. Sells(2001)

　Sells(2001)の議論は、第4章の4.3節の日本語における多重NCI構文の解釈において概観したが、本節でより詳しくみてみることにする。Sellsは韓国語における「bakk-e」、「不定語do」、「1-助数詞do」が用いられた多重NCI構文において、表面的にはすべてNCIのようにみえるが、真のNCIは一つだけであり、残りのNCIはNCIではないいわゆるNon-NCIであると主張している。要するにSellsは「bakk-e」、「不定語do」、「1-助数詞do」がそれぞれNCIとしての意味とNCIではない意味を持つ一種の多義語であるからであると指摘しているのである。またこれは4.3節でみた日本語の「し

283

か」と「不定語モ」が用いられた多重NCI構文と同様であると述べている。Sellsはこのことを韓国語の例文で説明しており、以下ではそれをみていくことにする。

(1)　a. 이것 밖에　아무도 읽지　　않았다.
　　　igeos bakk-e amu-do ilg-ji　　anh-ass-da
　　　this *only*　*anyone* read-Comp Neg-Past-Decl
　　　「解釈ⅰ. みんなこの本だけ読んだ(Everyone read only
　　　　　　 this book)。
　　　解釈ⅱ. 誰もこの本だけ読まなかった(No one read only
　　　　　　 this book)。」

　　b. 순이 밖에　아무것도　먹지　　않았다.
　　　Suni bakk-e amugeos-do meog-ji　anh-ass-da
　　　Suni *only*　*anything*　eat-Comp Neg-Past-Decl
　　　「解釈ⅰ. スニを除いて誰も何も食べなかった/スニだけ何
　　　　　　 かを食べた(Except for Suni, no one ate anything/
　　　　　　 Only Suni ate something)。
　　　解釈ⅱ. スニだけ何も食べなかった(Only Suni didn't
　　　　　　 eat anything)。」　　　　　(＝7章, (32b, d))

(1a)は「bakk-e」と「amu-do」が共起した文であり、(1b)は「bakk-e」と「amugeos-do」が共起した文であるが、いずれも適格文である。ここでSellsは(1)における文の解釈に注目する。Sellsは言語学を専門とした7人の韓国人母語話者から(1a, b)はそれぞれ2通りの異なる解釈に分かれていると述べる。言い換えると、韓国人母語話

者は(1a, b)の二つの解釈の中でどちらか一つの解釈しか持たないということである。Sellsのこのような指摘は、本書が行った50人の韓国人母語話者を対象としたインフォーマント調査からでも同様であり、Sellsの前述の指摘が裏付けられると考える。上記のSellsの指摘は、管見の限りにおいて今までの先行研究では指摘されたことがなく非常に興味深い現象であるといえる。

　以下、Sellsが主張する(1)の解釈のメカニズムとその認可条件を概観する。Sellsは(1)が話者によって2通りの異なる解釈に分かれるのは、「不定語do」と「bakk-e」が各々2用法(usage)を持っているからであると主張する。

　まず、「bakk-e」についてみる。「bakk-e」の用法ⅰはNCIとして機能する用法で、Negと共起し(「bakk-e+anh-da」)「man(만, だけ)…ida(이다, である)、以下「man…ida」とする」の解釈が得られる。これに対し、「bakk-e」の用法ⅱはNon-NCIとして機能する用法で、Negと共起しないにもかかわらず「man(만, だけ、以下「man」とする)」の解釈が得られると述べる。

　次は「不定語do」について概観する。「不定語do」についても2用法が存在し、用法ⅰはNCIとして機能する用法で、全否定の解釈を得ると指摘する。これに対し、用法ⅱはNon-NCIとして機能し、全称量化表現(universal　quantifier)の解釈が生じると述べる。例えば、「amu-do」は「全員(everyone)」の解釈に、「amugeos-do」は「全部(everything)」の解釈になる。

　以上の説明を表でまとめると(表1)のようになる。

(表1)　Sellsが指摘する「bakk-e」と「不定語do」の2用法
　　　a.「bakk-e」の2用法

	性質	解釈
用法ⅰ	NCI	Negと呼応し、「man…ida」
用法ⅱ	Non-NCI	Negと呼応せずに、「man」

　　　b.「不定語do」の2用法

	性質	解釈
用法ⅰ	NCI	全否定の解釈
用法ⅱ	Non-NCI	全称量化的な解釈

　また、Sellsは上記の解釈に基づき、韓国語の多重NCI構文の認可条件についてNegから認可されるNCIは一つのみであり、他のNCIはNon-NCIであるためNegに認可されないと主張する。要するに韓国語の多重NCI構文において、Negから認可されるのは一つのNCIのみであり、他のNCIは認可されないことである。例えば、上記の(1a, b)の(解釈ⅰ)においてNegから認可されるのは「bakk-e」であり、「不定語do」は認可されない。一方、(1a, b)の(解釈ⅱ)においてNegに認可されるのは「不定語do」であり、「bakk-e」は認可されない。このことを大まかに示すと(図1)のようになる[1]。

1　SellsはLow NegationとHigh Negationを提示し、それぞれのスコープの広さの相違点を説明する。詳細はSells(2001:11-13)を参照されたい。

(図1)　a. (1a)の(解釈ⅰ)の認可条件

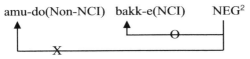

　　　b. (1a)の(解釈ⅱ)の構造

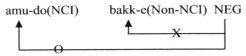

　　　c. (1b)の(解釈ⅰ)の構造

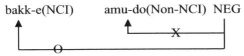

　　　d. (1b)の(解釈ⅱ)の構造

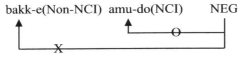

　　　　　　　(O: Negから認可される、X: Negから認可されない)

では、なぜ「bakk-e」と「不定語do」は2用法を持っているのか。

2　Sellsはこのように一方のNCIは真のNCIとして、もう一方のNCIはNon-NCI
　として機能する理由に関して、介入制限(Intervention Constraint)と関連づ
　け説明を与えている。例えば、「amu-do」が主語位置に現れ、「bakk-e」が
　目的語位置に現れる場合、「amu-do」がNon-NCIになる理由は介入制限と
　関わっていると指摘する。要するに[amu-do | bakk-e | NEG]において真ん
　中の「bakk-e」がNegと「amu-do」との意味解釈に介入するため「amu-do」が
　NCIとしての解釈ができないということである。詳細はSells(2001:15-17)を
　参照されたい。

287

Sellsはこの理由に関して、両者はそれぞれ二つの意味を持っているからであると述べる。言い換えると、「bakk-e」は否定と呼応し「man···ida」になる意味と否定と呼応せず「man」になる意味を持つとされる。また、「不定語do」において、「不定語do」が全称量化表現の意味になるのは「不定語do」の自由選択解釈(Free Choice Interpretation)と関わりがあると主張する。SellsはHorn(2000)とGiannakidou(2001)を引用し、このような「不定語do」は英語のNPI「any類」と類似すると指摘する。すなわち、「any類」も二つの異なる解釈が存在し、第一は否定極性の解釈が、第二は自由選択解釈が存在するとする。Horn(2000:162)はこのような「any類」の二つの解釈について以下のように述べている。

> NPI *any* is a minimal element on a quantity scale, Free Choice *any* a generic indefinite associate with a kind scale.

上記の説明を例文で確かめる。

(2)　a.　Did Ariadne talk to <u>anybody</u>?

　　　b.　<u>Anybody</u> can solve this problem.

(Giannakidou(2001:659, (1)))

　Giannakidouは(2a)における「anybody」はNPIとして機能し存在量化表現(existential quantifier)のような意味を持つとする。これは以下のように(2a)をパラフレーズ(paraphrase)すれば分かると

いう。

(3)　　　Is there an x, such that x is a person and Ariadne talked to x?

これに対し、(2b)は全称量化的な解釈を持つとする。これは(2b)
をパラフレーズした下記の(4)から裏付けられるという。

(4)　　　Every person x is such that x can solve this problem.

Giannakidouは(2b)の「anybody」のように全称量化的な解釈を自
由選択解釈とし、この表現を自由選択表現(Free Choice Item: 以
下、FCIとする)と呼ぶ。
　以上、Sellsの韓国語における多重NCI構文の認可条件を示す
と以下のようになる。

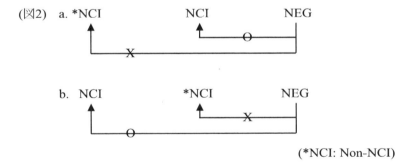

(図2)　a. *NCI　　　　　NCI　　　　　NEG

b.　NCI　　　　　*NCI　　　　　NEG

(*NCI: Non-NCI)

つまり、多重NCI構文においてNegに認可されるNCIは一つだけ
であり、残りのNCIはNegに認可されないNon-NCIである。

289

8.1.2. Kuno & Whitman(2004)

Kuno & Whitmanは韓国語の多重NCI構文の認可条件について下記のようなNCI Hierarchyを提案する。

(5) NCI Hierarchy:

強(strong) ——————————————— 弱(weak)

「bakk-e」>「1-助数詞do」>「不定語do」

(Kuno & Whitman(2004:222, (29B)))

Kuno & Whitmanは(5)のようなNCIの強弱関係を仮定し、多重NCI構文においてNegは一つの強NCIのみを認可すると主張する。つまり、左側の強NCIがNegから認可され、さらにこの強NCIが右側の弱NCIを認可するという。よって韓国語の多重NCI構文におけるNCIはこのNCI Hierarchyによって線形的に現れると指摘する。

　以上のことを(6)(7)のような具体例で確かめる。以下に挙げるすべての例文の文法性判断と訳はKuno & Whitmanによるものである³。

(6) a. 인수 <u>밖에</u>　한 마디도들　　말하지

Insu bakk-e han madido-deul malha-ji

Insu *only*　*a word-even* -Pl　say-Comp

---

3 (6)と(7)における下線と二重下線は筆者によるものである。

않았다.

anh-ass-da

Neg-Past-Decl

b. 「Only Inswu said even a single word.」 (同:223, (30a))

인수 <u>밖에</u> <u>아무것도</u> 말하지 않았다.

Insu bakk-e amugeos-do malha-ji anh-ass-da

Insu *only* *anything* say-Comp Neg-Past-Decl

「Only Inswu said anything to anyone.」 (同, (30c))

c. <u>한 사람도</u> <u>아무것도</u> 말하지 않았다.

han salam-do amugeos-do malha-ji anh-ass-da

sinlge person anything say-Comp Neg-Past-Decl

「Not even a single person said even a single word.」

(同, (30f))

(7) a.*<u>한 사람도</u> 인수와 <u>밖에</u> 만나지

han salam-do Insu-wa bakk-e manna-ji

a person-even Insu-with *only* meet-Comp

않았다.

anh-ass-da

Neg-Past-Decl

「Not a single person met anyone other than Insu.」

(同, (31a))

b.*나는 <u>아무것도</u> 인수와 <u>밖에</u> 말하지

na-neun amugeos-do Insu-wa bakk-e malha-ji

I-Top *anything* Insu-with *only* say-Comp

않았다.

anh-ass-da

Neg-Past-Decl

「I didn't say anything except to Insu.」 (同:224, (31c))

(6)の下線部のうち、左側の二重下線部は強NCIで、右側の下線部は弱NCIである。Kuno & Whitmanは二重下線部のNCIがNegから認可され、この強NCIが右側の下線部の弱NCIを認可すると指摘している。すなわち、(6a, b)において、「bakk-e」は強NCIであるため、Negによって認可される。認可された「bakk-e」は右側にある弱NCI「han madi-do」または「amugeos-do」を認可する。(6c)は「han salam-do」が「amugeos-do」より強NCIであるためNegによって認可され、この「han salam-do」が右側の弱NCI「amugeos-do」を認可する。一方、(7)においては左側に現れるNCIが右側のNCIよりNCI性が弱いのでNegによって認可されない。よって(7)のすべての例は非文になると述べている。すなわち、(7a)は弱NCIの「han salam-do」が強NCIの「bakk-e」より、左側に現れるから非文になる。(7b)もこれと同様に弱NCIの「amugeos-do」が強NCIの「bakk-e」より左側にあるので非文になる[4]。

---

4 ただし、Kuno & Whitmanは「amu-do − bakk-e」においては、「amu-do」が「bakk-e」より弱いNCIにも関わらず、(ⅰa)のように許容可能であるとする。しかし「amugeos-do」の場合は、「amu-do」と異なり(ⅰb)のように許されないとする。

(ⅰ) a. ?<u>아무도</u> 이것 <u>밖에</u>   읽지   않았다.
    amu-do igeos bakk-e ilg-ji   anh-ass-da
    anyone this *only* read-Comp Neg-Past-Decl
    「Everyone read only this.」

b. *나는 <u>아무것도</u>   인수와 <u>밖에</u> 말하지   않았다.
    na-neun amugeos-do Insu-wa bakk-e malha-ji   anh-ass-da
    I-Top *anything*   Insu-with *only* say-Comp Neg-Past-Decl
    「I didn't discuss anything except with Insu.」

                          (Kuno & Whitman(2004:224, (32))
上記の(ⅰ)における「amu-do」と「amugeos-do」の非対称性について、Kuno & Whitmanは以下のように述べる。

　最後に、Kuno & Whitmanは下記のように「1-助数詞モ」または「不定語モ」が二重に用いられると指摘している[5]。

(8)　a. <u>한 사람도</u>　　<u>한 마디도</u>들　　말하지
　　　　han salam-do　han madi-do-deul　malha-ji
　　　　a person-even　a word-even-Pl　　say-Comp
　　　　않았다.
　　　　anh-ass-da
　　　　Neg-Past-Decl
　　　　「Not even a single person said even a single word.」

（同:223, (30e)）

　　　b. 좋은 일이　　<u>아무것도</u>　　<u>아무에게도</u> 일어나지
　　　　joheun il-i　amugeos-do　amuege-do　ileona-ji
　　　　good thing-Nom *anything*　　*to anyone*　happen-Comp

　(ii) amu-do 'anyone' appearing as a clause-mate of NEG can receive a universal quantifier-like interpretation, with a slight reduction in the degree of acceptability. Amugeos-do 'anything' cannot receive such an interpretation.　　　　　　　　　　　　（同:222, (29)）
　　すなわち、(i a)の「amu-do」が認可されなくても非文にならないのは、全称量化表現(universal　quantifier)として再解釈(reinterpreted)可能であるからである。これはSellsが指摘する自由選択解釈と類似した概念であると考える。一方、(ii b)の「amugeos-do」は全称量化表現としての再解釈が不可能なので非文になるとする。要するに「amugeos-do」は自由選択解釈を得られないとする。これは前節でみたSellsと相違する指摘である。
5　ただし、「bakk-e」は二重に用いられると話者によって許容度の判断が以下のように分かれ、「不定語do」または「1-助数詞do」が二重に用いられる場合より許容度が下がるとKuno & Whitmanは指摘する。
　(i) ?/??/*인수 <u>밖에</u>　순이 <u>밖에</u> 만나지　　않았다.
　　　Insu bakk-e Suni bakk-e manna-ji　anh-ass-da
　　　Insu *only*　Suni *only*　meet-Comp Neg-Past-Decl
　　　「Only Insu met only Suni.」　　　　　　　（同:224, (33)）
　その理由について、Kuno & Whitmanは統語的要因ではなく、意味的要因であると述べる。詳細は第7章の7.2.5節を参照されたい。

않았다.

anh-ass-da

Neg-Past-Decl

「No good things happen to anyone.」　　(同:224, (31d))

(8a)は「1-助数詞do」の「han salam-do」と「han madi-do」が用いら
れた文で、(8b)は「不定語do」の「amugeos-do」と「amuege-do」が
用いられた文であるが、いずれも適格になる。

8.2. 問題の所在

　前節ではSellsとKuno & Whitmanの主張を概観した。本節では
その問題点を指摘する。

　まず、Sellsの問題点からみてみる。下記の例文はSellsの反例
になると考えられる。

(9)　　a. 우리들은　　노래로　　　밖에　아무겄도　보답할
　　　　　uli-deul-eun nolae-lo　　　bakk-e amugeos-do bodabhal
　　　　　we-Pl-Top　song-through *only*　*anything*　　pay back
　　　　　수 없으니까,　　최고의　　것을　　보여
　　　　　su eobseu-nikka choego-ui geos-eul　boyeo
　　　　　can Neg-because best-Gen　thing-Acc show
　　　　　주도록 하자.
　　　　　judolog ha-ja.
　　　　　let us

「私たちは歌でしか何も返せないから最高のものをみせよう
ぜ。」

b. 철수는　　　　영희에게　　　밖에　아무(에게)도
Cheolsu-neun Yeonghui-ege bakk-e amu(ege)-do
Cheolsu-Top　Yeonghui-Dat *only anyone*(*to*)gift-Acc
선물을　　　　주지 않았다.
seonmul-eul ju-ji anh-ass-da
give-Comp　　　Neg-Past-Decl
「チョルスはヨンヒにしか誰(に)もプレゼントをあげなかっ
た。」

(9a)は「bakk-e」と「amugeos-do」が、(9b)は「bakk-e」と「amu
(ege)-do」が共起している。Sellsの主張が正しいとすると(9)は話
者によって2通りの異なる解釈が得られるはずである。(10)で確認
する。

(10)　a.　(解釈ⅰ): #私たちは歌でのみ全部返せるから最高のもの
　　　　　　　　　　を見せようぜ。
　　　　　(解釈ⅱ): #私たちは歌でのみ何も返せないから最高のも
　　　　　　　　　　のを見せようぜ。

　　　b.　(解釈ⅰ): #チョルスはヨンヒにのみみんなにプレゼントをあ
　　　　　　　　　　げた。
　　　　　(解釈ⅱ): #チョルスはヨンヒにのみ誰(に)もプレゼントをあ
　　　　　　　　　　げなかった。

(10a)は(9a)の予想される解釈であり、(10b)は(9b)の予想される解

釈である。つまり、(10a)と(10b)の(解釈ⅰ)は「bakk-e」がNCIとしての解釈を持ち、「不定語do」がNon-NCIの解釈を持つ場合で、(10a)と(10b)の(解釈ⅱ)は「bakk-e」がNon-NCIとしての解釈を持ち、「不定語do」はNCIとしての解釈を持つ場合であるが、いずれもSellsの予測通りの解釈は得られない。上記の(9)の解釈を書き直すと以下のようになる。

(11) a. (9a)の解釈:
私たちは歌でだけ恩返しができるが、他のことでは何もできないから、今できる最高のものを見せようぜ。
b. (9b)の解釈:
チョルスはヨンヒにのみプレゼントをあげ、他の人には誰(に)もプレゼントをあげなかった。

(11)から、(9)の「bakk-e」と「不定語do」はすべてNCIとして機能することが示唆される。言い換えると「bakk-e」はNegと呼応し「man···ida」の意味を持ち、「不定語do」は全否定の意味を持つ。これはSellsでは説明できない明らかな反例であると考えられる。加えて以下のような多重NCI構文におけるNCIは、すべてNCIとしての解釈を持つ。

(12) a. 우리 가족은 　한 사람도 　　한 번도 　　해외에
uli　gajog-eun han salam-do　han beon-do haeoe-e
out　family-Top *a person-even once-even*　abroad-Loc

간　적이　　　　　　없다.

gan jeog-i　　　　eobs-da

go experience-Nom Neg-have-Decl

「我が家族は一人も一度も海外に行ったことがない。」

b. 학생들　　　　한 사람도　　　술을

hagsaeng-deul han salam-do sul-eul

student-Pl　　*a person-even* alcohol-Acc

한 모금도　　　마시지　　　않았다.

han mogeum-do masi-ji　　　anh-ass-da

a drop-even　　drink-Comp Neg-Past-Decl

「学生たち一人もお酒を一滴も飲まなかった。」

(＝7章, (41))

(12)は「1-助数詞do」が同一節内で二重に共起した文である。Kuno & Whitman(2004:220)も指摘しているように、Sellsの主張がもし正しいとすると(12)に用いられたNCIの中で片方はFCIとして用いられるはずである。しかし(12)のNCIはいずれもFCIとしての用法を持たずNCIとして機能する。

　また、以下のような多重NCI構文においてもSellsが主張するNon-NCIの用法はみられないと考えられる。

(13)　a. 어제　　회의에　　　철수　　밖에　학생들은

eoje　　　hoeui-e　　Cheolsu bakk-e hagsaeng-deul-eun

yesterday meeting-Loc Cheolsu *only*　　student-Pl-Top

한 사람도　　오지　　　않았다.

han salam-do　o-ji　　　anh-ass-da

a person-even come-Comp Neg-Past-Decl

「(Lit.)昨日の会議にチョルスしか学生たちは一人も来な

かった。」　　　　　　　　　　　　　　(＝同, (33b))

b.　노인들　　　　밖에　결코　이 곳을　　　찾지

noin-deul　　bakk-e gyeolko i gos-eul　　chaj-ji

old person-Pl *only*　*never*　this place-Acc visit-Comp

않는다.

anh-neun-da.

Neg-Pres-Decl

「(Lit.)老人たちしか決してここを訪れない。」(＝同, (34a))

c.　아무도 말을　　　한 마디도　하려　하지

amu-do mal-eul　　han madi-do ha-lyeo ha-ji

anyone words-Acc *a word-even* do-try-Comp

않았다.

anh-ass-da

Neg-Past-Decl

「(Lit.)誰も言葉を一言もしようとしなかった。」

d.　아무도 결코　　이곳을　　　찾지

amu-do gyeolko igos-eul　　chaj-ji

anyone never　　this place-Acc visit-Comp

않는다.

anh-neun-da

Neg-Pres-Decl

「誰も決してここを訪れない。」　　　　(＝同, (38))

298

e. 철수는　　　　한마디도　말을　　　결코
Cheolsu-neun hanmadi-do mal-eul　　gyeolko
Cheolsu-Top　*a word-even* words-Acc *never*
하지　　　않았다.
ha-ji　　　anh-ass-da
do-Comp Neg-Past-Decl
「(Lit.)チョルスは一言も言葉を決して話さなかった。」

(13a)は「bakk-e」と「han salam-do」が、(13b)は「bakk-e」と「gyeolko」が、(13c)は「amu-do」と「han madi-do」が、(13d)は「amu-do」と「gyeolko」が、(13e)は「han　madi-do」と「gyeolko」がそれぞれ共起した文であるが、すべて1通りの解釈、つまりNCIとしての解釈しか持たない。要するに(13)で用いられたNCIは以下のようにNegによってすべて認可されると考える。

(図3)　NCI　　　　　　NCI　　　　　NEG

これはSellsの原理では説明できない。加えて以下のような例文をみてもらいたい。

(14)　a.*우리들은　　　아무것도　　노래로　　　밖에
uli-deul-eun amugeos-do nolae-lo　　bakk-e
we-Pl-Top　*anything*　song-through *only*

299

보답할　수　없으니까,　　최고의　　것을

bodabhal su eobseu-nikka choego-ui geos-eul

pay back can Neg-because best-Gen thing-Acc

보여　주도록　　하자.

boyeo judolog ha-ja.

show　　　　let us

「(Lit.)私たちは何も歌でしか返せないから最高のものをみせようぜ。」

b.*철수는　　　　　아무(에게)도 영희에게　　　밖에

Cheolsu-neun amu(ege)-do Yeonghui-ege bakk-e

Cheolsu-Top *anyone(to)* 　Yeonghui-Dat *only*

선물을　　　　주지　　　않았다.

seonmul-eul ju-ji　　　　anh-ass-da.

gift-Acc　　　give-Comp Neg-Past-Decl

「(Lit.)チョルスは誰(に)もヨンヒにしかプレゼントをあげなかった。」

(14a)は(9a)の「bakk-e - amugeos-do」をかき混ぜ操作により「amugeos-do-bakk-e」に変えた文であり、(14b)は(9b)の「bakk-e-amu(ege)-do」をかき混ぜ操作により「amu(ege)-do-bakk-e」に変えた文であるが、いずれも不適格文になる。Sellsの主張ではかき混ぜ操作をかける前と後の適格性は変わらないはずである。最後に、SellsはNon-NCIについて主張するが、Non-NCIの定義またはその性質については何も述べていない。本書において「bakk-e」、「不定語do」、「1-助数詞-do」は単独に用いられる際には、否定文

にのみ生起しなければならないと述べたが、このようなNCIが他の
NCIとの共起の際にそのNCIの性質を失い、Non-NCIになるとい
う説明は妥当ではないと考えられる。

　次はKuno & Whitmanの問題点をみる。Kuno & Whitmanは
「bakk-e > 1-助数詞-do > 不定語do」のような線形語順を守り、左
側にある強NCIが右側にある弱NCIを認可すると主張するが、こ
れに関する反例が以下のようにみられる。

(15)　a.　<u>아무도</u> 말을　　　<u>한 마디도</u>　하려 하지
　　　　　amu-do mal-eul　　han madi-do ha-lyeo ha-ji
　　　　　anyone words-Acc *a word-even* do-try-Comp
　　　　　않았다.
　　　　　anh-ass-da
　　　　　Neg-Past-Decl
　　　　　「(Lit.)誰も言葉を一言もしようとしなかった。」　　(＝(13c))
　　　b.　학생들은　　　　　<u>아무도</u> 과일을　　<u>하나도</u>
　　　　　hagsaeng-deul-eun amu-do gwail-eul hana-do
　　　　　student-Pl-Top　　*anyone*　fruit-Acc *a thing-even*
　　　　　먹지　　　않았다.
　　　　　meog-ji　　anh-ass-da
　　　　　eat-Comp Neg-Past-Decl
　　　　　「学生たちは誰も果物を一つも食べなかった。」

(15)において「不定語do」が左側に現れ、「1-助数詞-do」が右側
に現れているのにもかかわらず許容される。続いて以下のような例

文もみてもらいたい。

(16) a. *철수   밖에   한 사람도   오지
 Cheolsu bakk-e han salam-do o-ji
 Cheolsu *only*   *a person-even* come-Comp
 않았다.
 anh-ass-da
 Neg-Past-Decl
 「チョルスしか一人も来なかった。」

 b. *옷   밖에   하나도   없다.
 os   bakk-e hana-do   eobs-da
 clothes *only*   *a thing-even* exist-Neg-Decl
 「服しか一つもない。」

 c.??한 사람도   하나도   먹지   않았다.
 han salam-do hana-do   meog-ji anh-ass-da
 a person-even a thing-even eat-Comp Neg-Past-Decl
 「一人も一つも食べなかった。」

(16a, b)は「bakk-e」と「1-助数詞do」が共起し、「bakk-e」が左側に
現れ、「1-助数詞do」が右側に現れているのにもかかわらず、不適
格文になる。また、(16c)は「1-助数詞do」が二重に用いられている
のにもかかわらず、相当不自然な文である。このような現象は
Kuno & Whitmanの説明では説明できない例文である。加えて、
以下のような反例もみられる。

302

(17)　(?)그 집은　　　산　　　　속에 있어,

geu jib-eun　　san　　　sog-e iss-eo

the　house-Top mountain inside locate-because

아무데도 차로　밖에　갈 수 없다.

amude-do cha-lo bakk-e gal su eobs-da.

anywhere car-by *only*　go can Neg-Decl

「その家は山の中にあり、どこにも車でしか行けない。」

　　(cf.)*주말은　　　　아무데도 도서관(에)　　밖에

jumal-eun　　　amude-do doseogwan(e) bakk-e

weekends-Top *anywhere*　library(Loc)　*only*

가지　　　않는다.

ga-ji　　anh-neun-da

go-Comp Neg-Pres-Decl

「(Lit.)週末はどこにも図書館(に)しか行かない。」

(18)　*아무도　철수　밖에　오지　　　않았다.

amu-do Cheolsu bakk-e o-ji　　　anh-ass-da

anyone Cheolsu *only*　come-Comp Neg-Past-Decl

「(Lit.)誰もチョルスしか来なかった。」

例文(17)は、Kuno & Whitmanの主張に基づくと非文になるはずである。なぜなら、(17)は「不定後do」である「amude-do」が「bakk-e」より先行するからである。ちなみに(17)は完全に正文とは言い切れないが、(17)の(cf.)の例文と比べると許容度が非常に上がると考える。次は(18)についてみる。上記の脚注4においてKuno & Whitmanは、「amu-do」が「bakk-e」と共起する場合は、「amu-do-bakk-e」

の語順が許され、この場合の「amu-do」は全称量化表現のような解釈を持つと述べるが、(18)は「amu-do」が「bakk-e」より先行するのに、「amu-do」は全称量化表現のような解釈は持たず、かつ不適格文になる。

　また、Kuno & Whitmanが提案したNCI Hierarchyに関して以下のような問題点が挙げられると考える。第一に、Sells(2006: 728)も指摘しているように、韓国語の多重NCI構文において左側に現れるNCIのみがNegに認可されると仮定すると、残りのNCIはNegのスコープに入らなくても生起できるという矛盾が生じることになる。第二に、Kuno & Whitmanは「bakk-e」が「不定語do」とそれぞれ主語または目的語位置に生起する場合、話者によって2通りの解釈が分かれるのを見逃している。以下の例文をみてもらいたい。

(19)　　인수 밖에　아무것도　　말하지　　않았다.

　　　Insu-bakk-e amugeos-do malha-ji　anh-ass-da

　　　Insu *only*　*anything*　　say-Comp Neg-Past-Decl

　　　「インスだけが何かを誰かに話した[6](Only Insu said anything to anyone)。」　　　　　　　　　　　　　　　　　(＝(6b))

しかしながら、8.1.1節で述べたようにSells(2001)と本書のインフォーマント調査の結果によると、話者によってもう一つの解釈「インスだけ何も話さなかった」が得られるはずである。

6　和訳は筆者によるものである。

以上、SellsとKuno ＆ Whitmanの問題点を述べた。両研究とも韓国語の多重NCI構文の認可条件についてそれぞれ異なった一般化を提示するが、この一般化に当てはまらない反例が少なくなかったことを述べた。このような問題点を踏まえ、次節から従来不明とされてきた韓国語の多重NCI構文の性質、特に認可条件、解釈、類型とその統語構造について分析していく。

8.3. 分析

まず、本書の主張を以下にまとめておく。

(20) 韓国語の多重NCI構文の性質

    a. 認可条件：「bakk-e」、「不定語do」、「1-助数詞do」、「gyeolko」が多重共起するためには、これらの表現の生起する統語位置が非常に重要な要素であり、付加部位置に生起しなければならない。また、Negからの認可は韓国語の多重主格構文の認可条件と同様に単一認可子(Neg)から多重一致される。

    b. 解釈：「bakk-e」、「不定語do」、「1-助数詞do」、「gyeolko」が項位置に生起すると話者によって2通りの異なる解釈に分かれるのに対し、付加部位置に生起すると1通りの解釈しか得られない。このことから韓国語の多重NCI構文はそのNCIの統語位置が重要であることがさらに裏付けられる。このことと(20a)の特徴から、韓国語のNCIは単独で

305

生起する場合でも、その認可条件として付加部位置に生起しなければならないことがさらに示唆される。

c. 類型とその統語構造: 韓国語の多重NCI構文の類型は少なくとも3タイプが存在し、それぞれの統語構造も異なる。第一のタイプの統語構造は名詞句に後接する「bakk-e」と「不定語do」が、単一構成素を成す。第二のタイプは、後置詞に後接する「bakk-e」と「不定語do」が同じ意味役割を担い、単一構成素を成すのに対し、第三のタイプは、両者が互いに異なる意味役割を担い、かつ各自異なる構成素で基底生成される。ここで厳密な多重NCI構文は第二と第三のタイプである。

以下では(20)の検証を行う。まず、次節では多重NCI構文の認可条件についてみる。

8.3.1. 韓国語における多重NCI構文の認可条件

本節では「不定語do」、「bakk-e」、「1-助数詞do」、「gyeolko」が多重NCI構文に用いられるためにはこれらの表現の生起する統語位置が非常に重要であることを述べ、これらの表現が必ず付加部位置に生起しないとNegから認可されないことをみる。

まず、「不定語do」についてみる。Sohn(1994b)、Jang(1995)、シ・ジョンゴン(시정곤1997b)は韓国語の「不定語do」が付加部位置に生起すると述べている。第4章でKawashima & Kitahara(1992)、Aoyagi & Ishii(1994)、Nishioka(2000)、片岡(2006)が日本語

の「不定語モ」を付加部としてみなしていると述べた。Sohn、Jang、
シ・ジョンゴンにおいて「不定語do」を付加部としてみなす根拠とし
て上記の日本語の先行研究と同様の見解が示される。以下の例
文をみてもらいたい。

(21)　a.　pro아무도　　차를　　사지　　　않았다.
　　　　　amu-do cha-leul sa-ji　　　anh-ass-da
　　　　　anyone　car-Acc buy-Comp Neg-Past-Decl
　　　　「誰も車を買わなかった。」
　　　b.　철수가　　　pro아무것도　　사지
　　　　　Cheolsu-ga　　amugeos-do sa-ji
　　　　　Cheolsu-Nom *anything*　　buy-Comp
　　　　　않았다.
　　　　　anh-ass-da
　　　　　Neg-Past-Decl
　　　　「チョルスが何も買わなかった。」

韓国語の「不定語do」は単独で現れていても、それ自体が項として
あるのではなく、空の主語/目的語に対する付加部のようなもので
あると指摘される。(21)における「amu-do」、「amugeos-do」は動
詞の項である主語、目的語と共に現れ、それらを修飾しているの
であるとされる。空の主語と目的語を示すとそれぞれ(22)のように
なる。

(22) a. 학생이　　　아무도　차를　　사지
　　　hagsaeng-i　amu-do　cha-leul　sa-ji
　　　student-Nom *anyone*　car-Acc　buy-Comp
　　　않았다.
　　　anh-ass-da
　　　Neg-Past-Decl
　　　「学生が誰も車を買わなかった。」

b. 철수가　　　음식을　　아무것도　　사지
　　　Cheolsu-ga　eumsig-eul　amugeos-do　sa-ji
　　　Cheolsu-Nom food-Acc　*anything*　　buy-Comp
　　　않았다.
　　　anh-ass-da
　　　Neg-Past-Decl
　　　「チョルスが食べ物を何も買わなかった。」

本書は、このような先行研究の主張に従い、以下のような「不定語do」は付加部位置に現れるとする。

(23)　　（이 会場의 사람들이）　　　　　　　　아무도
　　　　（i hoejang-ui salamdeul-i）　　　　　amu-do
　　　　（this meeting place-Nom　person-Pl-Nom）*anyone*
　　　　（맛있어 보이는 파티 요리를）　　아무것도　먹지
　　　　（masisseo boineun pati yoli-leul）amugeos-do meog-ji
　　　　（delicious look party food-Acc）*anything*　　eat-Comp
　　　　않았다.
　　　　anh-ass-da
　　　　Neg-Past-Decl

308

「(この会場の人たちが)誰も(おいしそうなパーティー料理を)何も食べなかった。」

次は「bakk-e」についてみる。まず下記の例文をみてもらいたい。

(24) a. 그녀　밧에 아무도　알 수 없는

　　　　geunyeo bakk-e amu-do al su eobsneun

　　　　she　　only　anyone　know can Neg

　　　　일이었다.

　　　　ili-eoss-da

　　　　thing-Past-Decl

　　　　「(Lit.)彼女しか誰も知らないことだった。」　(＝7章, (32a))

　　b. 옷　밧에　아무것도　없었다.

　　　　os　　bakk-e amugeos-do eobs-eoss-da

　　　　clothes only　anything　exist-Neg-Past-Decl

　　　　「(Lit.)服しか何もなかった。」　　　(＝同, (32c))

(24)における「bakk-e」は以下のような例外表現「oe-e」と置き換えが可能であり、意味もまったく同じである。

(25) a. 그녀　외에 아무도　알 수 없는

　　　　geunyeo oe-e amu-do al su eobsneun

　　　　she　　except anyone　know can Neg

　　　　일이었다.

　　　　il-i-eoss-da

　　　　thing-Past-Decl

「彼女以外誰も知らないことだった。」

b. 옷　　　외에　　아무것도　　없었다.

os　　　oe-e　　amugeos-do eobs-eoss-da

clothes *except* *anything*　　exist-Neg-Past-Decl

「服以外何もなかった。」

事実、「bakk-e」と「oe-e」は以下のように「外」と場所格「e」が合成し、それぞれ派生された表現である。

(26)　　　外　　　　　＋　に　＝　外に

　　a. bakk(固有語) ＋　e　＝　bakk-e

　　b. oe (漢字語) ＋　e　＝　oe-e

すなわち、「外」に対する固有語が「bakk」であり、漢字語が「oe」である。また、「oe-e」は以下のような統語環境において「bakk-e」と同様に否定文にしか生起できない。

(27) a. 철수　　　외에　(아무도) 오지　　　　않았다

　　　Cheolsu oe-e　(amu-do) o-ji　　　　anh-ass-da

　　　Cheolsu *except* (*anyone*) come-Comp Neg-Past-Decl

　　　(*왔다).

　　　(*wa-ss-da)

　　　(come-Past-Decl)

　　　「太郎以外(誰も)来なかった(*来た)。」

　　b. 진학을　　　　　　　　포기하는　　　수

　　　jinhag-eul　　　　　pogihaneun　　su

　　　entering upon studies-Acc give up

외에 (방법이)　　없었다　　　(*있었다).
oe-e (bangbeob-i)　eobs-eoss-da　(*iss-eoss-da)
except way-Nom　Neg-Past-Decl (exist-Past-Decl)
「進学をあきらめる以外(方法が)なかった(*あった)。」

このことから「bakk-e」と「oe-e」は類似する表現であるといえる。事実、シ・ジョンゴン(시정곤1997c)とA.H.-O Kim(1997)においても上記の「bakk-e」と「oe-e」の類似点から(24)で用いられた「bakk-e」は付加部位置に生起すると指摘される。またシ・ジョンゴンとA.H.-O　Kimは以下のような(28a, b)の「bakk-e」も付加部位置に生起すると指摘している。

(28)　a. 지금　집에는　　　　영희　　밑에
　　　　jigeum jib-e-neun　　Yeonghui bakk-e
　　　　now　house-Loc-Top Yeonghui *only*
　　　　없다.
　　　　eobs-da
　　　　exist-Neg-Decl
　　　　「今家にはヨンヒしかいない。」
　　　　　　　　　(シ・ジョンゴン(시정곤1997c:192, (39가)))
　　a'. 지금　집에는　　　　영희　　밑에 아무도
　　　　jigeum jib-e-neun　　Yeonghui bakk-e amu-do
　　　　now　house-Loc-Top Yeonghui *only*　*anyone*
　　　　없다.
　　　　eobs-da
　　　　exist-Neg-Decl

311

「(Lit.)今家にはヨンヒしか誰もいない。」　　　（同, (39다)）

b. 철수는　　　　　학교　밖에　못 간다.

Cheolsu-neun haggyo bakk-e mos ga-n-da

Cheolsu-Top　school　*only*　can Neg-go-Pres-Decl

「チョルスは学校しか行けない。」

b'. 철수는　　　　　학교　밖에　아무데도

Cheolsu-neun haggyo bakk-e amude-do

Cheolsu-Top　school　*only*　*anywhere*

못 간다.

mos gan-da

can Neg-go-Pres-Decl

「(Lit.)チョルスは学校しかどこにも行けない。」　　（同:197）

(28a, b)における「bakk-e」は単独で現れているが、それぞれ
(28a', b')のように「amu-do」または「amude-do」のような「不定語do」
が存在し、「bakk-e」は付加部位置に現れるとする。要するに、
シ・ジョンゴンとA.H.-O Kimは「bakk-e」は常に付加部位置に生起
し、Negによって認可されるのは「bakk-e」ではなく、「不定語do」
であると主張する。これは第6章の6.3.1.1節の(図1)でみた「以外/
ほか」の認可条件と同様である。よって、「bakk-e」は例外表現
「oe-e」と同一の表現としてみなされ付加部として捉えられている。
しかし、本書は「すべての「bakk-e」は付加部位置に生起す
る」と主張するシ・ジョンゴンとA.H.-O　Kimは妥当ではな
いと考える。その理由として、まず第一に、上記の(28a,
b)の「bakk-e」の代わりに「oe-e」を挿入した場合の許容度の

結果から分かるからである。

(29)　a.??지금　　집에는　　　　　영희　　　외에
　　　　　jigeum jib-e-neun　　　Yeonghui oe-e
　　　　　now　　house-Loc-Top Yeonghui *except*
　　　　　없다.
　　　　　eobs-da
　　　　　exist-Neg-Decl
　　　　　「(Lit.)今家にはヨンヒ以外いない。」
　　　b.??철수는　　　　학교　외에　못　　　간다.
　　　　　Cheolsu-neun haggyo oe-e　　mos　　gan-da
　　　　　Cheolsu-Top　school　*except* can Neg go-Pres-Decl
　　　　　「(Lit.)チョルスは学校以外行けない。」

(29a, b)は(28a, b)の「bakk-e」の代わりに「oe-e」を挿入した例文であるが、許容度が(28a, b)より相当下がる。シ・ジョンゴンとA.H.-O Kimの主張通り、もし(28a, b)の「bakk-e」が付加部として機能するのが正しいと仮定すると(28a, b)の「bakk-e」は「oe-e」と置き換えが可能であるはずである。第二に、以下のように後置詞に「bakk-e」が後接する場合にはそもそも「不定語do」が現れないからである。

(30)　a.　철수는　　　　지하　　5층까지　　　밖에
　　　　　Cheolsu-neun jiha　　　5 cheung-kkaji bakk-e
　　　　　Cheolsu-Top　basement 5th floor-up to *only*

　　　　　가 본　적이　　　　　없다.

　　　　　gabon jeog-i　　　　eobs-da.

　　　　　go experience-Nom exist-Neg-Decl

　　　　　「チョルスは地下5階までしか行ったことがない。」

　　b.　그　집은　　　　　산　　　　속에 있어,　　　　　차로

　　　　geu jib-eun　　san　　　sog-e iss-eo　　　　cha-lo

　　　　the house-Top mountain inside locate-because car-by

　　　　<u>밖에</u>　갈 수 없다.

　　　　bakk-e gal su eobs-da.

　　　　only go can Neg-Decl

　　　　「その家は山の中にあり、車でしか行けない。」

(30a)は「bakk-e」が「-kkaji(-까지, -まで)」に、(30b)は「-lo(-로, -で)」に後接する場合であるが、「bakk-e」句の右側に「不定語do」が現れない。これはシ・ジョンゴンとA.H.-O Kimの反例になる。ただし、(30)のような「bakk-e」は以下のような例文(31a, b)において、「不定語do」と共起できる。

　(31)　a.　지하　　　　3층까지　　　　<u>밖에</u> <u>아무도</u>

　　　　　jiha　　　　3 cheung-kkaji bakk-e amu-do

　　　　　basement 3th floor-until *only*　　*anyone*

　　　　　ga bon jeog-i　　　　eobs-da

　　　　　가 본　적이　　　　　없다.

　　　　　go experience-Nom Neg-have-Decl

　　　　　「誰も地下3階までしか誰も行ったことがない。」

a'. 지금　집에는　　　영희　　밭에 아무도
jigeum jib-e-neun　　Yeonghui bakk-e amu-do
now　house-Loc-Top Yeonghui *only*　*anyone*
없다.
eobs-da
exist-Neg-Decl
「(Lit.)今家にはヨンヒしか誰もいない。」　　（＝(28a')）

b. 그 집은　　　산 속에 있어,　　　　　　　차로
geu jib-eun　　san sog-e iss-eo　　　　　　cha-lo
the house-Top mountain inside locate-because car-by
밭에　아무데도 갈 수 없다.
bakk-e amude-do gal su eobs-da.
only　*anywhere* go can Neg-Decl
「その家は山の中にあり、車でしかどこにも行けない。」

b'. 철수는　　　　학교　밭에 아무데도
Cheolsu-neun haggyo　bakk-e amude-do
Cheolsu-Top　school　*only*　*anywhere*
못 간다.
mos gan-da
can Neg-go-Pres-Decl
「(Lit.)チョルスは学校しかどこにも行けない。」　（＝(28b')）

(31)では「bakk-e」の右側に「amu-do」、「amude-do」が現れるが、(31a, b)はシ・ジョンゴンが提示する(31a', b')とはタイプが異なると考えられる。すなわち、(31a, b)と(31a', b')の「bakk-e」句と「不定語do」の属性を考えると、(31a', b')においては両方同様である

315

に対し、(31a, b)においては両方異なっている。

　本書は(28a', b')のように「bakk-e」が他のNCIと共起する場合は「oe-e」と同様に付加部位置に生起するのに対し、(28a, b)のように「bakk-e」が主語または目的語位置に単独で生じる場合は項位置に生起すると考える。要するに前者の「bakk-e」は第6章で述べた「以外/ほか」と同様の用法であり、後者の「bakk-e」は「しか」と同様の用法である。つまり、(28a, b)と(28a', b')の「bakk-e」は同様の表現であるようにみえるかもしれないが、実は異なる用法を持つ表現なのである。

　これから(28a, b)のような「bakk-e」句が項位置に生起する根拠を提示する。ちなみに第4章の4.2節において「しか」が項であることを主張し、その根拠を提示したKonomi(2000)のテストに基づき議論する。第一の根拠は「bakk-e」は「不定語do」と異なり常にホスト名詞句と共起できるわけではないことである。以下の例文をみてもらいたい。

(32) a. *나는　　　학생　　　영희와　　　<u>밖에</u>　만나지
　　　 na-neun hagsaeng Yeonghui-wa bakk-e manna-ji
　　　 I-Top　　student　Yeonghui-with *only*　meet-Comp
　　　 않았다.
　　　 anh-ass-da.
　　　 Neg-Past-Decl
　　　 「僕は学生に花子にしか会わなかった。」

b.*나는　　　학생에게　　영희에게　　<u>밖에</u>　책을

na-neun hagsaeng-ege Yeonghui-ege bakk-e chaeg-eul

I-Top　　student-Dat　Yeonghui-Dat *only*　book-Acc

주지　　　않았다.

ju-ji　　　anh-ass-da

give-Comp Neg-Past-Decl

「僕は学生に花子にしか本をあげなかった。」

(33) a. 철수는　　　　학생　　<u>아무와도</u>　만나지

Cheolsu-neun hagsaeng amu-wa-do manna-ji

Cheolsu-Top　student　*anyone-with* meet-Comp

않았다.

anh-ass-da

Neg-Past-Decl

「チョルスは学生に誰にも会わなかった。」

b. 철수는　　　　학생　　<u>아무에게도</u> 책을

Cheolsu-neun hagsaeng amu-ege-do chaeg-eul

Cheolsu-Top　student　*anyone-to*　book-Acc

빌려주지　않았다.

billyeoju-ji anh-ass-da

lend-Comp Neg-Past-Decl

「チョルスは学生に誰にも本を貸さなかった。」

(33)における「不定語do」は「hagsaeng(학생, 学生)」というホスト名詞句と共起できるのに対し、(32)における「bakk-e」はホスト名詞句と共起できない。第二の根拠は、「bakk-e」句は関係節によって修飾されるのに対し、「不定語do」は修飾されないことである。

317

(34) a. 그 시험에　합격한　　사람 <u>밖에</u> 이 강의를

   geu siheom-e habgyeoghan salam bakk-e i gangue-leul

   the test-Loc passed person *only* this lecture-Acc

   신청할　　수 없다.

   sincheonghal su eobs-da

   apply can Neg-Decl

   「その試験にパスした人しかこの講義を取れない。」

 b.*그　시험에　합격한　　<u>아무도</u> 오지

   geu siheom-e habgyeoghan amu-do o-ji

   the test-Loc passed *anyone* come-Comp

   않았다.

   anh-ass-da

   Neg-Past-Decl

   「その試験にパスした誰も来なかった。」

(34b)における「amu-do」は付加部位置に生起するため、関係節によって修飾されないのに対し、(34a)における「bakk-e」は項位置に生起することが分かる。

　以上で述べたことをまとめると、本書は「bakk-e」が多重NCI構文に用いられる場合は付加部位置に生起するのに対し、「bakk-e」が主語または目的語の名詞句に後接し単独で現れる場合は項位置に生起すると捉えるのが妥当であると考える。ではなぜ「bakk-e」は付加部または項としての振る舞いを示すのか。これに関しては第6章でみた日本語の「其他否定」表現との対照研究から興味深い現象が分かっている。このことは後の第9章で詳しくみてみる。

最後に、「bakk-e」が下記のように後置詞または副詞句に後接する場合でも多重NCI構文が許される現象についてみる。

(35)　a.　우리들은　　　노래로　　　　<u>밖에</u>　<u>아무것도</u>　보답할
　　　　　uli-deul-eun nolae-lo　　　bakk-e amugeos-do bodabhal
　　　　　we-Pl-Top　song-through *only*　*anything*　pay back
　　　　　수 없으니까,　　　최고의 것을　　　보여 주도록
　　　　　su eobseu-nikka,　choego-ui geos-eul　boyeo judolog
　　　　　can　Neg-because best-Gen thing-Acc show
　　　　　하자.
　　　　　ha-ja.
　　　　　let us
　　　　　「私たちは歌でしか何も返せないから最高のものをみせよう
　　　　　ぜ。」　　　　　　　　　　　　　　　　　　　　　（＝(9a)）
　　　b.　이 방은　　　손님이　　왔을　　때　<u>밖에</u>　<u>아무도</u>
　　　　　i　bang-eun　sonnim-i　wasseul ttae bakk-e amu-do
　　　　　this room-Top guest-Nom came when *only*　*anyone*
　　　　　사용해서는　　　　안 된다.
　　　　　sayong-haeseoneun an doen-da
　　　　　use-must　　　　　Neg become-Decl
　　　　　「この部屋はお客様が来た時しか誰も使ってはならない。」

(35a)では「bakk-e」が「-lo(-로, -で)」、(35b)では「-ttae(-때, -時)」に後接する場合であるが、「不定語do」と問題なく生起することが分かる[7]。この場合の「bakk-e」の統語位置は当然付加部位置である。

以上、「bakk-e」が用いられた多重NCI構文における「bakk-e」の統語位置は付加部位置であることをみた。次は「1-助数詞do」についてみる。「1-助数詞do」は下記のように「不定語do」と同様の振る舞いを示すため付加部として機能すると考える。

(36) a. pro한 사람도　　차를　　사지　　　않았다.
　　　　han salam-do　cha-leul sa-ji　　anh-ass-da
　　　　a person-even car-Acc buy-Comp Neg-Past-Decl
　　　　「一人も車を買わなかった。」

　　 b. 철수가　　pro하나도　　　사지　　　않았다.
　　　　Cheolsu-ga　　hana-do　　sa-ji　　　anh-ass-da
　　　　Cheolsu-Nom *a thing-even*　buy-Comp Neg-Past-Decl
　　　　「チョルスが一つも買わなかった。」

(37) a. 학생이　　　한 사람도　　　차를　　　사지
　　　　hagsaeng-i　　han salam-do　　cha-leul sa-ji
　　　　student-Nom *a person-even*　car-Acc　buy-Comp
　　　　않았다.
　　　　anh-ass-da
　　　　Neg-Past-Decl
　　　　「学生が一人も車を買わなかった。」

　　 b. 철수가　　　음식을　　하나도　　　사지
　　　　Cheolsu-ga　　eumsig-eul hana-do　　saj-i
　　　　Cheolsu-Nom food-Acc　*a thing-even* buy-Comp

7　ただし、名詞句以外に後接する「bakk-e」がすべて他のNCIと共起できるわけではない。この点においては第3章でみた「しか」と相違する。これに関しては後の第9章の9.6.2節で述べることにする。

않았다.

anh-ass-da

Neg-Past-Decl

「チョルスが食べ物を一つも買わなかった。」

(36)(37)は前述の(21)(22)の「不定語do」の代わりに「1-助数詞do」を挿入した文であるが、「不定語do」と同じ振る舞いを示す。よって、「1-助数詞do」も「不定語do」と同様に、付加部として機能するといえる。しかしながら、以下のような多重NCI構文においては「不定語do」と相違する振る舞いを示す。

(38)　a. *철수　　밤에　　한 사람도　　오지

　　　　Cheolsu bakk-e han salam-do o-ji

　　　　Cheolsu *only*　*a person-even* come-Comp

　　　　않았다.

　　　　anh-ass-da

　　　　Neg-Past-Decl

　　　　「チョルスしか一人も来なかった。」

　　b. *옷　　밤에　　하나도　　　없다.

　　　　os　　bakk-e hana-do　　eobs-da

　　　　clothes *only*　*a thing-even* exist-Neg-Decl

　　　　「服しか一つもない。」

　　c.??한 사람도　　　하나도　　　먹지　　않았다.

　　　　han salam-do hana-do　　meog-ji　 anh-ass-da

　　　　a person-even a thing-even eat-Comp Neg-Past-Decl

　　　　「一人も一つも食べなかった。」　　　　　　　　(＝(16))

321

(38a, b)は「1-助数詞do」が付加部位置の「bakk-e」と共起し、(38c)は「1-助数詞do」同士で共起しているにもかかわらず許容されにくい。一方、(38)に対して「1-助数詞do」の代わりに「不定語do」を挿入すると以下のように適格文になる。

(39) a. 철수   밖에   아무도 오지   않았다.
          Cheolsu bakk-e amu-do o-ji   anh-ass-da
          Cheolsu *only*   *anyone* come-Comp Neg-Past-Decl
          「チョルスしか誰も来なかった。」

      b. 옷   밖에   아무것도   없다.
          os   bakk-e amugeos-do eobs-da
          clothes *only*   *anything*   exist-Neg-Decl
          「服しか何もない。」   (＝(24b))

      c. 아무도 아무것도   먹지   않았다.
          amu-do amugeos-do meog-ji   anh-ass-da
          anyone anything   eat-Comp Neg-Past-Decl
          「誰も何も食べなかった。」   (＝7章, (5d))

上記の(38)の「1-助数詞do」と(39)の「不定語do」との振る舞いの対比で、本書の主張「「bakk-e」、「不定語do」、「1-助数詞do」、「gyeolko」は多重NCI構文に用いるためには付加部位置に生起しなければならない」が一見崩れるようにみえる。しかし、以下の例文をみてもらいたい。

(40) a. 철수　　밤에　　학생들이　　　　한 사람도

Cheolsu bakk-e hagsaengdeul-i   han salam-do

Cheolsu *only*   student-Pl-Nom *a person-even*

오지　　　　않았다.

o-ji　　　　anh-ass-da

come-Comp Neg-Past-Decl

「チョルスしか学生たちが一人も来なかった。」

b. 옷　　　밤에　　쓸만한　　　것이　　　　하나도

os　　　bakk-e sseulmanhan geos-i　　hana-do

clothes *only*   usable　　　thing-Nom *a thing-even*

없다.

eobs-da

exist-Neg-Decl

「服しか使えるものが一つもない。」

c. 이 会場의　　　　　　사람들이　　　한 사람도

i　hoejang-ui　　　　salamdeul-i　　han salam-do

this meeting place-Gen person-Pl-Nom *a person-even*

맛있어　보이는 파티 요리를　　하나도　　　먹지

masisseo boineun pati yoli-leul hana-do　　　meog-ji

delicious look　　party food-Acc *a thing-even* eat-Comp

않았다.

anh-ass-da

Neg-Past-Decl

「この会場の人たちが一人もおいしそうなパーティー料理
を一つも食べなかった。」　　　　　　　　　　（＝(23)）

323

(40)は「1-助数詞do」のホスト名詞句を二重下線部のように入れた
だけであるが、容認度は(38)より相当上がる。このことから「1-助数
詞do」と「不定語do」の振る舞いがまったく同様ではないことが示唆
される。このような両者の相違点については管見の限りにおいて
従来指摘されたことがない。「1-助数詞do」が「不定語do」と異な
り、多重NCI構文に用いられる際に、必ずホスト名詞句を必要と
する理由は、日本語の「1-助数詞モ」と「不定語モ」との関係と類似
し、両者の意味的特徴の相違点に起因すると考える。詳細は第4
章の4.2節を参照されたい。

　次は「gyeolko」についてみる。「gyeolko」はそもそも陳述副詞とし
て機能するため付加部位置に生起すると考える。事実、「gyeolko」
も「1-助数詞do」と共起する際には「1-助数詞do」のホスト名詞句が
必要である。

(41)　a.??철수는　　　결코　　하나도　　　먹지
　　　　Cheolsu-neun gyeolko hana-do　　　meog-ji
　　　　Cheolsu -Top *never*　*a thing-even* eat-Comp
　　　　않았다.
　　　　anh-ass-da
　　　　Neg-Past-Decl
　　　　「チョルスは決して一つも食べなかった。」
　　b.　철수는　　　결코　　그 파티 요리를　하나도
　　　　Cheolsu-neun gyeolko geu pati　yoli-leul hana-do
　　　　Cheolsu-Top　*never*　the party　food-Acc *a thing-even*

먹지　　　　않았다.

meog-ji　anh-ass-da

eat-Comp Neg-Past-Decl

「チョルスは決してそのパーティー料理を一つも食べなかった。」

(41a)は「hana-do」のホスト名詞句が現れない文であるため許容度がかなり下がるのに対し、(41b)は二重下線部のホスト名詞句「geu pati yoli-leul(そのパーティー料理を)」が現れているため(41a)より適格性が上がる。

　以上、「bakk-e」、「不定語do」、「1-助数詞do」、「gyeolko」が多重NCI構文に現れる認可条件として付加部位置に生起しなければならないことをみた。このことから以下のように韓国語のNCIの特徴が示唆される。

(42)　　韓国語のNCI「bakk-e」、「不定語do」、「1-助数詞do」、「gyeolko」は付加部位置に生起しなければならない。

(42)は韓国語のNCIの認可条件において重要な要素である。これは第4章でみた日本語のNCIとも平行的な特徴であるといえる。またこれは多重NCI構文の解釈についても説明できる利点があると考える。これに関しては次節でみてみる。

8.3.2. 韓国語における多重NCI構文の解釈

前節においては「bakk-e」、「不定語do」、「1-助数詞do」、「gyeolko」が用いられた多重NCI構文の認可条件をみた。本節では多重NCI構文の解釈について述べる。本節の主張をまとめると以下のようになる。

(42)　　付加部位置に生起する「bakk-e」、「不定語do」、「1-助数詞do」、「gyeolko」が用いられた多重NCI構文は1通りの解釈しかない。

(42)は上記の8.1.1節でみたSells(2001)の主張と異なるものである。以下では(42)の検証を行う。

(43)　a.　[bakk-e － 不定語do]

이　아파트는　　2층에　　　밝에　사람이
i　apateu-neun　2 cheung-e　bakk-e salam-i
this apartment　2th floor-Loc *only*　person-Nom

아무도　살지　　　않는다.
amu-do　sal-ji　　anh-neun-da
anyone　live-Comp Neg-Pres-Decl

「このアパートは2階にしか人が誰も住んでいない。」

　　b.　[bakk-e － 1-助数詞do]

어제 회의에　　　　철수　밝에　학생들은
eoje hoeui-e　　　Cheolsu bakk-e hagsaeng-deul-eun
yesterday meeting-Loc Cheolsu *only*　student-Pl-Top

326

한 사람도   오지   않았다.

han salam-do o-ji   anh-ass-da

a person-even come-Comp Neg-Past-Decl

「昨日の会議にチョルスしか学生は一人も来なかった。」

(＝(13a))

c. [bakk-e － gyeolko]

노인들   밖에 결코   이 곳을   찾지

noin-deul   bakk-e gyeolko i gos-eul   chaj-ji

old person-Pl *only*   *never*   this place-Acc visit-Comp

않는다.

anh-neun-da.

Neg-Pres-Decl

「(Lit.)老人たちしか決してここを訪れない。」   (＝(13b))

d. [不定語do － 1-助数詞do]

아무도 말을   한 마디도   하려   하지

amu-do mal-eul   han madi-do ha-lyeo ha-ji

anyone words-Acc *a word-even* do-try-Comp

않았다.

anh-ass-da

Neg-Past-Decl

「(Lit.)誰も言葉を一言もしようとしなかった。」   (＝(13c))

e. [不定語do － gyeolko]

아무도 결코   이곳을   찾지

amu-do gyeolko igos-eul   chaj-ji

anyone never   this place-Acc visit-Comp

327

않는다.

anh-neun-da

Neg-Pres-Decl

「誰も決してここを訪れない。」　　　　　　　　（＝(13d)）

f.　[1-助数詞do － gyeolko]

철수는　　　　한마디도　말을　　　결코

Cheolsu-neun hanmadi-do mal-eul   gyeolko

Cheolsu-Top *a word-even* words-Acc *never*

하지　　　않았다.

ha-ji　　　anh-ass-da

do-Comp Neg-Past-Decl

「(Lit.)チョルスは一言も言葉を決してしなかった。」

g.　[不定語do － 不定語do]

아무도 아무것도　　먹지　　않았다.

amu-do amugeos-do meog-ji   anh-ass-da

anyone anything   eat-Comp Neg-Past-Decl

「誰も何も食べなかった。」　　　　　　　（＝(39c)）

h.　[1-助数詞do － 1-助数詞do]

학생들　　　　한 사람도　　술을

hagsaeng-deul han salam-do sul-eul

student-Pl　　*a person-even* alcohol-Acc

한 모금도　　　마시지　　　않았다.

han mogeum-do masi-ji   anh-ass-da

a drop-even   drink-Comp Neg-Past-Decl

「学生たち一人もお酒を一滴も飲まなかった。」　（＝(12b)）

(43)は「bakk-e」、「不定語do」、「1-助数詞do」、「gyeolko」が共起した多重NCI構文であるが、いずれの文も1通りの解釈しか持たない。要するに(43)における「bakk-e」、「不定語do」、「1-助数詞do」はSellsが主張するNon-NCIとしての用法は持たない。では、(43)の多重NCI構文はなぜ1通りの解釈しか持たないのか。本書はその答えとして多重NCI構文の解釈とNCIの統語位置と重要な関わりがあるからであると考える。要するに、付加部位置に生起するNCIが他のNCIと共起する際には、1通りの解釈しか持たないことである。

　ではSellsが指摘した例文、(44)は話者によってなぜ2通りの異なる解釈に分かれているのか。以下でこの疑問点に関して考えてみる。

(44)　a. 이것 <u>밖에</u>　<u>아무도</u> 읽지　　　않았다.
　　　　　igeos bakk-e　amu-do ilg-ji　　　anh-ass-da
　　　　　this　*only*　*anyone* read-Comp Neg-Past-Decl
　　　　　「解釈 i．みんなこの本だけ読んだ(Everyone　read　only this book)。
　　　　　　解釈 ii．誰もこの本だけ読まなかった(No one read only this book)。」
　　　b. 순이 <u>밖에</u> <u>아무것도</u>　먹지　　　않았다.
　　　　　Suni bakk-e amugeos-do meog-ji　　anh-ass-da
　　　　　Suni *only*　*anything*　　eat-Comp Neg-Past-Decl
　　　　　「解釈 i．スニを除いて誰も何も食べなかった/スニだけ何かを食べた(Except for Suni, no one ate anything/

329

Only Suni ate something)。
「解釈ⅱ. スニだけ何も食べなかった(Only Suni didn't eat anything)。」　　　　　　　　　　　(=(1))

前節において、「bakk-e」には統語位置によって2用法が存在しており、付加部位置に生起する用法と項位置に生起する用法があることを述べた。本書はこのような2用法の「bakk-e」に注目し、(44a, b)が話者によって2通りの異なる解釈に分かれるのは、話者によって「bakk-e」の用法が2通りに分かれて用いられるからであると考える。(44a, b)の(解釈ⅰ)における「bakk-e」は付加部として機能する用法である。このことは「bakk-e」の代わりに例外表現「oe-e」を置き換えても、また「bakk-e/oe-e」の右側に「不定語do」を顕在化し示しても意味が変わらないことから裏付けられる。以下の例文をみてもらいたい。

(45)　a. 이것 {밖에/외에}　아무것도　아무도 읽지
　　　igeos{bakk-e/oe-e} amugeos-do amu-do ilg-ji
　　　this　{only/except} anything　anyone read-Comp
　　　않았다.
　　　anh-ass-da
　　　Neg-Past-Decl
　　　「(Lit.)これ{しか/以外}何も誰も読まなかった。」
　　b. 순이{밖에/외에}　아무도 아무것도　먹지
　　　Suni{bakk-e/oe-e}amu-do amugeos-do meog-ji
　　　Suni{only/except} anyone anything　eat-Comp

않았다.

anh-ass-da

Neg-Past-Decl

「(Lit.)スニ{しか/以外}何かを食べ、他の人は誰も何も食べなかった。」

(45a)の「bakk-e/oe-e」の右側に太字の「amugeos-do」を、(45b)には太字の「amu-do」を挿入すると、(44a, b)の(解釈ⅰ)と類似した解釈が得られることが分かる。よって、この場合の「bakk-e」はNCIとして機能すると考えられる。また、(44a, b)の(解釈ⅰ)における「bakk-e」と「不定語do」はすべて付加部位置に生起するので(44a, b)の(解釈ⅰ)は真の多重NCI構文であることが示唆される。これに対し、(44a, b)の(解釈ⅱ)における「bakk-e」は付加部位置に生起せず、項位置に生起すると考えられる。その理由はこの場合の「bakk-e」は例外表現「oe-e」との置き換えが不可能であり、かつ「oe-e」のような意味を持たないからである。よって、この場合の「bakk-e」はNCIとして機能しないことが示唆される[8]。また、(44a, b)の(解釈ⅱ)における「不定語do」は付加部位置に生起するのに対し、「bakk-e」は項位置に生起するため(44a, b)の(解釈ⅱ)は真の多重NCI構文ではないことが示唆される。

　他方、(44)の「不定語do」の解釈について、Sellsは(解釈ⅰ)の「不定語do」はFCIとして機能するのに対し、(解釈ⅱ)の「不定語

---

[8]　これに関しては「bakk-e」の認可条件の説明と共に、後の第9章の9.4節でみてみることにする。

do」はNCIとして機能すると指摘していることを8.1.1節で概観した。このようなSellsの指摘に対し、本書は(44a, b)のいずれの文における「不定語do」はFCIとしてではなく、NCIとして機能すると提案する。その理由は、(44b)の「amugeos-do」の(解釈ⅰ)をみると、この場合の「amugeos-do」はFCIとしてではなく、NCIとして機能することが上記の(45b)の文からでも明らかに分かるからである。また、(44a)の「amu-do」の(解釈ⅰ)をみても、上記の(45a)の文の解釈から「amu-do」がNCIとして機能することが分かる。ではなぜ(44a)における「amu-do」は「みんな(everyone)」の解釈が得られるのか。さらなる研究が必要であると思われるが、現時点でNCIとして用いられる「amu-do」が主語位置に生起し他のNCIと共起する場合、何らかの理由で「みんな(everyone)」のような解釈が得られやすいと考えられる。これと類似した指摘がKuno & Whitman(2004)にもなされている(本章の脚注4(ⅱ)を参照)。要するに、Sellsが挙げるFCIの概念を韓国語の「不定語do」に適用するのは妥当かどうかに関しては再考すべきであると考える⁹。8.1.1節でも概観したようにSellsは「不定語do」を英語のNPI「any類」と同様に捉え、「any類」が以下の(46a)のように自由選択の解釈を持つことから、「不定語do」も自由選択の解釈を持つと述べている。

---

9 このことは、日本語においても同様であると考えられる。

332

(46) a. <u>Anybody</u> can solve this problem.　　　　　　(＝(2b))

　　 b. {*아무도/아무나} 이　문제를　　　풀 수 있다.

　　　　{amu-do /amu-na} i　munje-leul　pul su iss-da

　　　　{*anyone /everyone}*this problem-Acc can solve-Decl

　　　　「*誰も/誰もがこの問題を解ける。」

しかしながら、(46a)の構文環境をみると、肯定文において「anybody」が生起しているのが分かる。これに対し、(46b)における「不定語do」は否定文に生起しなければならないため許容されない。(46a)の「anybody」に対応する表現は、「amu-na(아무나, 誰もが)」が挙げられる。実際に、Lee(2002)などは「amu-na(아무나, 誰もが)」をFCIとして捉えている。要するに、英語の「any類」が持つFCIの性質は韓国語の「不定語do」には現れないと考える。本書において「不定語do」はNPIではなく、NCIであることを主張しているので、「不定語do」が上記の(46)のような英語のNPI「any類」と異なり、FCIの性質を持たないことは自然な現象であるといえる。

　以上、(44)の文において話者によって2通りの異なる解釈に分かれるのは、「bakk-e」の性質に起因し「bakk-e」には付加部位置に生起する用法及び項位置に生起する用法の2用法が存在するためであると述べた。言い換えると、付加部としての用法、つまりNCIとしての用法の「bakk-e」で捉える話者は(44a, b)における(解釈ⅰ)のように、項としての用法、つまりNon-NCIとしての用法の「bakk-e」で捉える話者は(44a, b)における(解釈ⅱ)のように解釈を行う。

　しかしながら、Non-NCIとしての用法の「bakk-e」がどのようなメカニズムでNegと呼応せずに「man」の意味になるのかに関しては現時点では不明である。ただし、本書が行ったインフォーマント調査によると、(44a, b)の(解釈ⅱ)のようにNon-NCIとしての「bakk-e」の用法で解釈を行った話者は27パーセントに過ぎなかったことから、Non-NCIとしての「bakk-e」の用法は主な用法ではない可能性がある。これに関しては今後の課題としたい。

　本節では付加部位置に生起する「bakk-e」、「不定語do」、「1-助数詞do」、「gyeolko」が共起した多重NCI構文は1通りの解釈しかないことを述べた。このことから前節の(42)で述べた主張、つまり「bakk-e」、「不定語do」、「1-助数詞do」、「gyeolko」がNCIと認可されるためには、これらの表現の生起する統語位置が重要であることがさらに裏付けられたと考える。また、多重NCI構文の認可条件はSellsの指摘と異なり、すべてのNCIがNegに認可されなければならないことが分かった。本書は第4章の4.3節でみた日本語の多重NCI構文の認可条件と同様に、韓国語の多重NCI構文におけるNCIはNegによって多重一致されると提案する。

(図4)

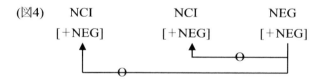

(図4)のような認可条件は下記の韓国語の多重主格構文の認可条

件と類似する。

(47)　　　山田　　　선생님이　　　자택이　　　으리으리하다.
　　　　　Yamada seonsaengnim-i jataeg-i　　　euli-euliha-da
　　　　　Yamada teacher-Nom　　　house-Nom splendid-Decl
　　　　　「山田先生が自宅がご立派だ。」　　　(金(2001:60, (5b)))

(47)の下線部の主格助詞は認可子である時制辞によって多重一
致される。

　次節では、韓国語の「bakk-e」と「不定語do」が共起した多重
NCI構文の類型とその統語構造についてみる。

8.3.3. 韓国語における多重NCI構文の類型とその統語構造
　　　　　—「bakk-e」と「不定語do」が共起したタイプを中心に—

8.3.1節と8.3.2節において「bakk-e」と「不定語do」は付加部位置
に生起すると、NCIとして機能し、多重NCI現象が許されることを
述べた。本節では「bakk-e」と「不定語do」が用いられた多重NCI
構文の類型についてみることにする。本節でみる内容をまとめると
以下の通りである。

(48)　(ⅰ)「bakk-e」と「不定語do」が用いられた多重NCI構文の類
　　　　　　型は従来単一のものであると指摘されてきた。このような
　　　　　　先行研究の指摘に対し、本書は少なくとも三つのタイプ
　　　　　　が存在すると主張する。

(ⅱ) 上記の主張(ⅰ)は「bakk-e」と「不定語do」との語順制約と「bakk-eの解釈そして「bakk-e」と「不定語do」の意味役割の付与における相違点から裏付けられる。

(ⅲ) 前述の(ⅱ)のように各タイプによって、相違点が生じるのは、各々の統語構造が異なっているからである。また、厳密な多重NCI構文の類型は、日本語と同様に、二つのタイプが存在する。

8.3.3.1. 多重NCI構文の類型

シ・ジョンゴン(1997a, b, c)、A.H.-O Kim(1997)、キム・ヨンヒ(김영희 1998)、Sells(2001)(2005)(2006)、Kuno & Whitman(2004)において韓国語の多重NCI構文の類型は単一のものであると捉えられてきた。しかしながら、本書は韓国語の多重NCI構文は少なくとも三つのタイプに分けられることを指摘する。以下では、その根拠を三つ提示する。

8.3.3.1.1. 語順制約

本節では、名詞句または後置詞に後接する「bakk-e」と「不定語do」との語順制約が生じることをみる。まず、名詞句に後接する「bakk-e」の場合からみてみる。以下の例文をみてもらいたい。

(49) a. 　철수　　밑에　아무도 오지　　　　　않았다.
　　　　Cheolsu bakk-e amu-do o-ji　　　　anh-ass-da
　　　　Cheolsu *only*　*anyone* come-Comp Neg-Past-Decl
　　　　「(Lit.)チョルスしか誰も来なかった。」　　　(＝(39a))

a'. *아무도　철수　<u>밖에</u>　오지　　　않았다.

amu-do Cheolsu bakk-e o-ji   anh-ass-da

anyone Cheolsu *only*   come-Comp Neg-Past-Decl

「(Lit.)誰もチョルスしか来なかった。」

b.(?)이런 멋진　　　찻집은　　　여기　　<u>밖에</u>

ileon meosjin   chasjib-eun   yeogi   bakk-e

such a wonderful coffee house-Top this place *only*

<u>아무데도</u> 없을 거에요.

amude-do eobs-eul geo-eyo

anywhere Neg-exist thing-Decl

「(Lit.)こんなにすばらしい喫茶店はここしかどこにもない
でしょう。」

b'. *이런 멋진　　　찻집은　　　<u>아무데도</u>

ileon meosjin   chasjib-eun   amude-do

such a wonderful coffee house-Top *anywhere*

여기　<u>밖에</u> 없을　　거에요.

yeogi   bakk-e eobs-eul geo-eyo

this place *only* Neg-exist thing-Decl

「(Lit.)こんなにすばらしい喫茶店はどこにもここしかない
でしょう。」

(49a, b)は「bakk-e」が「不定語do」より上に生起する文であり、これ
をかき混ぜ操作により「不定語do」を「しか」より先行させたのが
(49a', b')である。上記から「bakk-e」が「不定語do」の「amu-do」、
「amude-do」に先行する場合は不適格文になることが分かる。次
は、後置詞に後接する「bakk-e」の場合をみる。

(50) a. 철수는　　　영희에게　　밖에　아무(에게)도

　　　　Cheolsu-neun Yeonghui-ege bakk-e amu(ege)-do

　　　　Cheolsu-Top Yeonghui-Dat *only*　*anyone(to)*

　　　선물을　　　주지　　　않았다.

　　　seonmul-eul ju-ji　　　anh-ass-da

　　　gift-Acc　　give-Comp Neg-Past-Decl

　　　「(Lit.)チョルスはヨンヒにしか誰(に)もプレゼントをあげな

　　　かった。」　　　　　　　　　　　　　　　　(＝(9b))

　a'.*철수는　　　　아무(에게)도 영희에게　　　밖에

　　　Cheolsu-neun amu(ege)-do Yeonghui-ege bakk-e

　　　Cheolsu-Top *anyone(to)*　Yeonghui-Dat *only*

　　　선물을　　　주지　　　않았다.

　　　seonmul-eul ju-ji　　　anh-ass-da

　　　gift-Acc　　give-Comp Neg-Past-Decl

　　　「(Lit.)チョルスは誰(に)もヨンヒにしかプレゼントをあげな

　　　かった。」　　　　　　　　　　　　　　　(＝(14b))

　b. 주말은　　　도서관에　밖에　아무데도 가지

　　　jumal-eun　　doseogwan-e bakk-e amude-do ga-ji

　　　weekends-Top library-Loc　*only*　*anywhere* go-Comp

　　　않는다.

　　　anh-neun-da

　　　Neg-Pres-Decl

　　　「(Lit.)週末は図書館にしかどこにも行かない。」

　b'.*주말은　　　　아무데도　도서관에　　밖에 가지

　　　jumal-eun　　　amude-do doseogwan-e bakk-e ga-ji

　　　weekends-Top *anywhere*　library-Loc　*only*　go-Comp

않는다.

anh-neun-da

Neg-Pres-Decl

「(Lit.)週末はどこにも図書館にしか行かない。」

$(=(17(\text{cf.})))$

(50)の事実から、後置詞に後接する「bakk-e」も、(49)でみた名詞句に生起する「bakk-e」の場合と同様に、「不定語do」と共起する際には、「bakk-e」が「不定語do」より必ず上に生起しなければならないことが示唆される。この(49a, b)-(50a, b)と(49a', b')-(50a', b')を大まかに樹形図でそれぞれ表すと(図5a)と(図5b)のようになる。

(図5)　　a.

b.

(X: かき混ぜ不可能)

一方、以下のような文においては「不定語do」が「bakk-e」より先行しても適格性はそれほど変わらない。

(51) a. 이 아파트는   2층에   밝에 사람이
   i apateu-neun 2 cheung-e bakk-e salam-i
   this apartment-Top 2th floor-Loc *only* person-Nom
   아무도 살지   않는다.
   amu-do sal-ji   anh-neun-da
   anyone live-Comp Neg-Pres-Decl
   「このアパートは2階にしか人が誰も住んでいない。」

             （＝(43a)）

 a'. 이 아파트는   사람이   아무도 2층에
   i apateu-neun salam-i   amu-do 2 cheung-e
   this apartment-Top person-Nom *anyone* 2th floor-Loc
   밝에 살지   않는다.
   bakk-e sal-ji   anh-neun-da
   only   live-Comp Neg-Pres-Decl

「このアパートは人が誰も2階にしか住んでいない。」

b. 그 집은　　　산　　　속에 있어,

geu jib-eun　　san　　　sog-e iss-eo

the house-Top mountain inside locate-because

차로 밖에　아무데도 갈 수 없다.

cha-lo bakk-e amude-do gal su eobs-da.

car-by *only*　*anywhere*　go can Neg-Decl

「その家は山の中にあり、車でしかどこにも行けない。」

(＝(31b))

b'. 그 집은　　　산　　　속에 있어,

geu jib-eun　　san　　　sog-e iss-eo

the house-Top mountain inside locate-because

아무데도 차로 밖에　갈 수 없다.

amude-do cha-lo bakk-e gal su eobs-da.

anywhere car-by *only* go can Neg-Decl

「その家は山の中にあり、どこにも車でしか行けない。」

(＝(17))

(51a, b)は(50a, b)と同じく、後置詞に後接する「bakk-e」が「amu-do」または「amude-do」と共起した多重NCI構文であるが、(51a', b')は(50a', b')と異なり「不定語do」が「bakk-e」より先行しているにもかかわらず、容認度はほとんど変わらないことが分かる。この(51a, b)と(50a', b')を大まかに樹形図でそれぞれ表すと以下の(図6a)と(図6b)のようになる。

(図6)　　a.

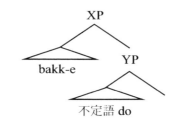

　　　　　b.

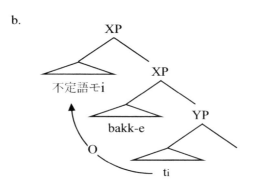

(O: かき混ぜ可能)

　以上、韓国語における多重NCI構文はその文によって語順制限が生じることをみた。次節では「bakk-e」の解釈においても文によって非対称性が生じることを述べる。

8.3.3.1.2.「bakk-e」の解釈

　まず(49)のように名詞句に後接する「bakk-e」の解釈についてみる。上記でみた(49a, b)の例文を下記に再掲し説明を与える。

(52) a. 철수　<u>밖에</u>　<u>아무도</u> 오지　　　 않았다.

　　　Cheolsu bakk-e amu-do o-ji 　　　 anh-ass-da

　　　Cheolsu *only*　　*anyone* come-Comp Neg-Past-Decl

　　　「チョルスしか誰も来なかった。」

b.(?)이런　멋진　　 찻집은　　　　 여기　　<u>밖에</u>

　　　ileon　meosjin　chasjib-eun　　 yeogi　　bakk-e

　　　such a wonderful coffee house-Top this place *only*

　　　<u>아무데도</u> 없을 거에요.

　　　amude-do eobs-eul geo-eyo

　　　anywhere Neg-exist thing-Decl

　　　「(Lit.)こんなにすばらしい喫茶店はここしかどこにもない

　　　でしょう。」　　　　　　　　　　　　　　　（＝(49a, b)）

8.3.1節において、(52)のように生起する「bakk-e」は実は例外表
現「oe-e」と類似し、付加部として機能することを述べた。また、この
ような「bakk-e/oe-e」が「不定語do」と共起する文は、以下のような日
本語の「以外/ほか」が「不定語モ」と、そして英語の例外表現「but」
が全体量化表現「no/nothing/nobody」と共起する文と類似している。

(53) [日本語]

　　a. 太郎{<u>以外</u>/<u>のほか</u>}<u>誰も</u>来なかった。

　　b. こんなにすばらしい喫茶店はここ<u>以外</u>[10]<u>どこにも</u>ないでしょ
　　　う。

10　ただし、「ほか」は分布上指示詞に後接できないが、「以外」は可能なため、
　　例として提示することにする。

(54) ［英語］

    a. <u>No student(s) but</u> John attended the meeting.

    b. <u>No student(s) but</u> John came.   （＝5章, (11)）

第5章の5.2.2節において、von　Fintel(1993:140)は英語の例外表現「but」の意味的特徴を以下のように示し、これは日本語の「以外/ほか」にも類似すると述べた。

> The semantics of exceptive marker 'but' is primarily one of subtraction from the domain of quantifier.
> 「訳: 例外表現としての「but」はある数量詞の領域(domain)から差し引く(subtract)ようなものである。」（＝同, 5.2.2節）

このことは(52)のような「bakk-e」にも適用できると考える。次の(55)をみてもらいたい。

(55) a. [Cheolsu bakk-e amu-do] = [salamdeul(amu-do)]-
        Cheolsu *only*   *anyone*   people   *anyone*
        {[Cheolsu]}
        Cheolsu

      b. [yeogi   bakk-e amude-do] = [places(amude-do)]-
        this place *only* *anywhere*   *anywhere*
        {[yeogi]}
        this place

すなわち、(52a)の「bakk-e」は(55a)のように、「amu-do」という領

域(domain)から「Cheolsu」を差し引く(subtract)ような意味構造を持ち、(52b)の「bakk-e」は(55b)のように、「amude-do」という領域から「yeogi(ここ)」の領域を差し引くような意味構造を持つ。

次に、(50a, b)で用いられた「bakk-e」の解釈をみると、前述の名詞句に後接する「bakk-e」の意味的特徴と類似すると考えられる。もちろん、(50a, b)で用いられた「bakk-e」は後置詞に後接するので、例外表現「oe-e」との置き換えは不可能であるが、第5章での5.3.1節でみたタイプAにおける「しか」と同様に、例外表現としての意味的特徴を持つと考える。(50a, b)の意味的特徴を上記の(55)のように示すと下記のようになる。

(56)　a.　[Younghui-ege bakk-e amu(ege)-do]
　　　　　Younghui- Dat *only*　　*anyone(to)*
　　　　　= [salamdeul(amu(ege)-do)]- {[Younghui]}
　　　　　　　people　*anyone(to)*　　　　Younghui
　　　b.　[doseogwan-e bakk-e amude-do]
　　　　　library-Loc　*only*　　*anywhere*
　　　　　= [places(amude-do)]- {[doseogwan]}
　　　　　　anywhere　　　　　　library

(56)から(50a, b)における「bakk-e」は、名詞句に後接する「bakk-e」と同様に、例外表現のような意味的特徴を持つことが示唆される。

次は(51a, b)で用いられた「bakk-e」の解釈についてみてみる。上記でみた(51a, b)の例文を下記に再掲し説明を与える。

345

(57) a. 이   아파트는   2층에   <u>밖에</u> 사람이
　　　　　i   apateu-neun 2 cheung-e bakk-e salam-i
　　　　　this apartment-Top 2th floor-Loc *only*   person-Nom
　　　<u>아무도</u> 살지   않는다.
　　　amu-do sal-ji   anh-neun-da
　　　anyone   live-Comp Neg-Pres-Decl
　　　「このアパートは2階にしか人が誰も住んでいない。」

　　　b. 그 집은   산   속에 있어,
　　　　　geu jib-eun   san   sog-e iss-eo
　　　　　the house-Top mountain inside locate-because
　　　차로 <u>밖에</u>   <u>아무데도</u> 갈 수 없다.
　　　cha-lo bakk-e amude-do gal su eobs-da.
　　　car-by *only*   *anywhere* go can Neg-Decl
　　　「その家は山の中にあり、車でしかどこにも行けない。」

　　　　　　　　　　　　　　　　　　　　　　　　（＝(51a, b)）

(57)の「bakk-e」の解釈に注目すると、上記の(55)(56)の意味構造を持つ「bakk-e」とは異なっている。(55)(56)の「bakk-e」句と「不定語do」は両者が「人」または「場所」で同じ属性を持っているが、(57a)における両者は「場所(「bakk-e」句)-人(amu-do)」、(57b)は「手段(「bakk-e」句)-場所(amude-do)」のように、互いに異なっている。(57)の「bakk-e」はNeg「anh-da」と呼応し、「man…ida」の意味になる。

　以上、「bakk-e」の解釈についてみた。次節では、意味役割の付与においても構文によって相違点が生じることを述べる。

8.3.3.1.3.　意味役割の付与

　まず、上記の(49a, b)における「bakk-e」句をみると、この場合の「bakk-e」は、日本語の「以外/ほか」のように例外表現として機能するので、意味役割は付与されないと考えられる。これに対し、(50a, b)と(51a, b)において用いられた「bakk-e」は後置詞に後接するため、意味役割が付与される。では、以下で、両者の相違点をみてみる。

　まず、(50a, b)の例文と(51a, b)の例文を以下にそれぞれ再掲する。

(58)　a.　철수는　　　영희에게　　밑에　아무(에게)도
　　　　　Cheolsu-neun Yeonghui-ege bakk-e amu(ege)-do
　　　　　Cheolsu-Top　Yeonghui-Dat *only*　*anyone(to)*
　　　　　선물을　　　　주지　　　　않았다.
　　　　　seonmul-eul　ju-ji　　　anh-ass-da
　　　　　gift-Acc　　　give-Comp Neg-Past-Decl
　　　　　「(Lit.)チョルスはヨンヒにしか誰(に)もプレゼントをあげなかった。」

　　　b.　주말은　　　　도서관에　　밑에　아무데도
　　　　　jumal-eun　　doseogwan-e bakk-e amude-do
　　　　　weekends-Top library-Loc　*only*　*anywhere*
　　　　　가지　　　않는다.
　　　　　ga-ji　　　anh-neun-da
　　　　　go-Comp Neg-Pres-Decl
　　　　　「(Lit.)週末は図書館にしかどこにも行かない。」

　　　　　　　　　　　　　　　　　　　　　　　　　　　(＝(50a, b))

347

(59) a. 이 아파트는　　　　2층에　　　밖에　사람이

i apateu-neun　　　2 cheung-e　bakk-e salam-i

this apartment-Top 2th floor-Loc *only*　person-Nom

아무도　살지　　　　않는다.

amu-do　sal-ji　　　anh-neun-da

anyone　live-Comp Neg-Pres-Decl

「このアパートは2階にしか人が誰も住んでいない。」

b. 그 집은　　　　산　　　속에 있어,　　　　차로

geu jib-eun　　　san　　sog-e iss-eo　　　cha-lo

the house-Top mountain inside locate-because car-by

밖에　아무데도 갈 수 없다.

bakk-e amude-do gal su eobs-da.

only　　*anywhere* go can Neg-Decl

「その家は山の中にあり、車でしかどこにも行けない。」

(＝(53a, b))

(58)と(59)で用いられた「bakk-e」と「amu-do/amude-do」[11]に付与
された意味役割の相違点をみると、(58a)における「bakk-e」と「amu
(ege)-do」は「着点」という同じ意味役割を付与されるのに対し、
(59a)の「bakk-e」は「場所」、「amu-do」は「動作主」のように互いに
異なる意味役割が付与される。このことは、(58b)と(59b)にも同様
にみられ、(58b)における「bakk-e」と「amude-do」は両方とも「場所」
が付与されるのに対し、(59b)の「bakk-e」は「道具」、「amu-do」は

---

11 厳密には、意味役割を与えられるのは「不定語do」ではなく、「不定語do」と
　単一構成素を成すホスト名詞句であるが、本書は、「不定語do」と「不定語
　do」のホスト名詞句を一つのまとまりとして考え(後の8.3.3.2節を参照)、以
　下、意味役割を与えられるのは、「不定語do」であるとする。

348

「場所」のように互いに異なる意味役割が付与される。

　以上、各構文によって、各表現が担う意味役割が異なることを
みた。次節では、8.3.3.1.1-8.3.3.1.3節において明らかになった
事実をまとめる。

8.3.3.1.4.　まとめ

　本書は、「bakk-e」と「不定語do」が用いられた多重NCI構文の
類型は三つのタイプ、つまり(49)のようなタイプ(以下、タイプCと
する[12])、(50)のようなタイプ(以下、タイプAとする)そして、(51)の
ようなタイプ(以下、タイプBとする)が存在することを提案する。こ
れらのタイプの類似点と相違点をまとめると以下のようになる。

(表2)　タイプA・B・Cの類似点と相違点(√:許される、＊:許されない)

特徴 ＼ 類型	タイプC	タイプA	タイプB
① 語順制約:「bakk-e」は必ず左側に生起しなければならない	√	＊	√
② a.「bakk-e」の解釈:　例外表現(「oe-e/以外/ほか/but」)	√	＊	√
② b.「bakk-e」の解釈:　Negと呼応し、「man…ida(only)」	＊	√	＊
③ a. 意味役割の付与	＊	√	√
③ b. 意味役割の付与:「bakk-e」と「不定語do」の意味役割が同様である	＊	＊	√

12　日本語と平行的に考えるため、日本語の「しか」にはみられない(49)のような
　　タイプは、適宜タイプCと呼ぶことにする。

(表2)から韓国語の多重NCI構文は従来の指摘と異なり、単一の類型ではないことが明らかになった。要するに、韓国語のタイプC は第6章でみた日本語の「以外/ほか」と、タイプAは第5章でみた日本語のタイプAと、タイプBは第5章でみた日本語のタイプBとそれぞれ対応するといえる。このことから「bakk-e」は「しか」だけではなく、「以外/ほか」とも対応することが再び示唆される。

　次節ではタイプC・A・Bの相違点を引き起こすのは、これらの統語構造が異なるからであるとし、各々の統語構造を提示する。

8.3.3.2. タイプCとタイプAの統語構造

　本節ではタイプCとタイプAの統語構造についてみてみる。本書は、第6章でみた「以外/ほか」の統語構造はタイプAと、第5章でみた日本語のタイプCの統語構造はタイプAと、それぞれ同様であることを提案する。以下では、その根拠を述べる。

　韓国語の「不定語do」とそのホスト名詞句の統語的分布をみると「不定語モ」と同じく遊離数量詞現象と類似するからである。これを(60)と(61)で確認する。

(60)　a.　철수가　　　아무것도　　과일을　　먹지
　　　　　Cheolsu-ga　　amugeos-do　gwa-il-eul　meog-ji
　　　　　Cheolsu-Nom *anything*　　　fruit-Acc　eat-Comp
　　　　　않았다.
　　　　　anh-ass-da
　　　　　Neg-Past-Decl

350

「チョルスが何も果物を食べなかった。」

    b. 철수가   <u>3개(의)</u>   <u>바나나를</u>   먹었다.

        Cheolsu-ga   3 gae(ui)   banana-leul meog-eoss-da

        Cheolsu-Nom 3 pieces(Gen)banana-Acc eat-Past-Decl

        「チョルスが3つ(の)バナナを食べた。」

(61) a. 철수가   <u>과일을</u>   <u>아무것도</u>   먹지

        Cheolsu-ga   gwa-il-eul amugeos-do meog-ji

        Cheolsu-Nom fruit-Acc *anything*   eat-Comp

        않았다.

        anh-ass-da

        Neg-Past-Decl

        「チョルスが果物を何も食べなかった。」

    b. 철수가   <u>바나나를</u>   <u>3개</u>   먹었다.

        Cheolsu-ga   banana-leul   3 gae   meog-eoss-da

        Cheolsu-Nom banana-Acc 3 pieces eat-Past-Decl

        「チョルスがバナナを3つ食べた。」

(60)(61)において下線部の「amugeos-do/3 gae(3本)」と二重下線部の「gwail-eul(果物を)/banana-leul(バナナを)」の分布をみると、NCI「amugeos-do」と遊離数量詞「3 gae(3本)」の振る舞いがまったく同様であることが分かる。言い換えると、(60)において「amugeos-do/3gae(3本)」はホスト名詞句「gwail-eul(果物を)/banana-leul(バナナを)」をそれぞれ先行していて、(61)においては「amugeos-do/3 gae(3本)」がホスト名詞句「gwail-eul(果物を)/banana-leul(バナナを)」によって先行されている。このような「不定語do」の特

351

徴から、第5章の5.3.1節でみたKawashima & Kitahara(1993)の
主張を受け継ぎ、Sohn(1994b)、シ・ジョンゴン(시정곤1997b)、
Jang(1995)は日本語の「不定語モ」とそのホスト名詞句の統語構造
を韓国語にも適用できると考えている。このことを以下に示す。

(図7)　a.

　　　b.

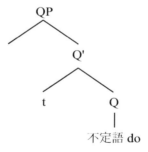

(図7a)において、ホスト名詞句はQP(Quantifier Phrase)の主要部
「不定語do」の補部であり、(図7b)の「t」のように格照合のために
AgrPに移動すると提案する。

352

　本書は、タイプAは第6章の6.3.1.1節でみた「以外/ほか」の統語構造と、タイプBは、第5章の5.3.1節で指摘した日本語のタイプAの統語構造とまったく一致すると提案する。よって、それぞれの統語構造をここで援用し示すと次のようになる。

(図8) タイプCの統語構造　　　(図9) タイプAの統語構造

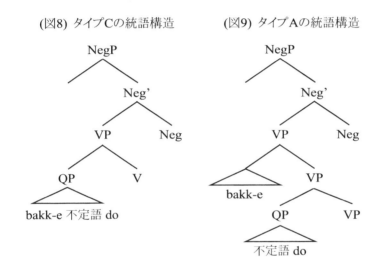

　本書は、タイプCとタイプAにおける「bakk-e」、「不定語do」は、(図8)(図9)のように「bakk-e」と「不定語do」がQPという単一構成素を成すと考えられる。要するに、「bakk-e」と「不定語do」は一つのまとまりを成す単一セット(singleton　set)のようなものであるといえる。ただし、タイプCとタイプAにおけるQPはVPに付加(adjoin)しているのは共通するが、タイプAにおける「bakk-e」は、タイプCの「bakk-e」と異なり、VPにさらに付加すると考えられる。また、タイ

プCにおける「bakk-e」句は、「不定語do」にただ付加しており、意味役割が付与されないのに対し、タイプAにおける「bakk-e」句は意味役割が付与されるという点で意味役割の有無が、タイプAとタイプBの大きな相違点になる。

　以上、タイプCとタイプAの統語構造は「bakk-e」と「不定語do」が単一構成素を成すことをみた。次節ではタイプBの統語構造についてみる。

8.3.3.3. タイプBの統語構造

　前節ではタイプCとAの統語構造について述べ、「bakk-e」と「不定語do」は単一構成素QPを成していると主張した。本節ではタイプBの統語構造をみる。本書は韓国語のタイプBの統語構造においても第5章の5.3.2節で述べた日本語のタイプBと同様であると考える。よって、日本語のタイプBの統語構造を援用し、(図10)のようになると提案する。

(図10) タイプBの統語構造

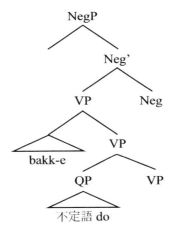

タイプBの統語構造は(図10)のように「bakk-e」は上のVPに付加し、「不定語モ」は下のVPに付加すると考える。(図10)のタイプBの統語構造と(図8)(図9)のタイプC・Aの統語構造のもっとも大きな相違点は「bakk-e」と「不定語do」が単一構成素を成しているか否かである。要するに、タイプBの「bakk-e」と「不定語do」はタイプC・Aと異なり、単一セットを成さない。8.3.3.1.4節でも述べたようにタイプBにおける「bakk-e」はタイプC・Aの「bakk-e」と違い、例外表現のような機能は持たない。よって、タイプBにおける「bakk-e」は「不定語do」と異なる構成素を成し、語順制約が生じないのである。また、タイプBはタイプCと違い、意味役割を担っている。以上のことから、「bakk-e」が例外表現として機能し、「不定語do」と単一構成素を成すか否か、なおかつ意味役割を担っているか否

かがタイプC・A・Bを区別する要素であることが示唆される。

　以上、タイプC・A・Bの性質と統語構造の相違点を明らかにした。ここでタイプCの認可条件に関して一つ述べておきたい。8.3.3.2節でタイプCの「bakk-e」は日本語の「以外/ほか」と対応すると述べたが、本書の第6章において、「以外/ほか」は先行研究ではNCIとして捉えられてきたが、本書はNCIではなく名詞句にかかる一種の修飾語句であると主張した。本書ではこの点に従い、タイプCにおける「bakk-e」はNCIではなく、「以外/ほか」と同様に修飾語句であると提案する[13]。要するに、この場合の「bakk-e」はNegから認可されないことになるため、厳密には韓国語の多重NCI構文の類型は、タイプAとタイプBのみであり、これは第5章でみた日本語のタイプAとタイプBと平行的であるといえる。

8.4. まとめと今後の課題

　本章では従来、例えばSells(2001)(2006)とKuno & Whitman(2004)などにおいて未だ解決されていない「bakk-e」、「不定語do」「1-助数詞do」、「gyeolko」の用いられた多重NCI構文の性質、特に認可条件、解釈、類型とその統語構造を明らかにした。

13　シ・ジョンゴン(1997c)においても類似した指摘がなされている。ただし、シ・ジョンゴンは韓国語の多重NCI構文の類型をタイプCのみに限っていることで、本書と大きな相違点がみられる。シ・ジョンゴンの議論とその問題点は、また第9章でも述べることにする。

　SellsとKuno ＆ Whitmanは「bakk-e」、「不定語do」「1-助数詞do」、「gyeolko」をNPIとして捉え、これらの表現が用いられた多重NCI構文の認可条件に関して詳細な主張は異なるが、Negから認可されるのは複数のNPIの中で一つのNCIのみであるということは共通している。SellsとKuno ＆ Whitmanはその主張の根拠として多重NCI構文の解釈またはNCI間の語順制約を提示している。しかしながら、両者の主張はお互いの問題指摘をみても分かるように解決できない問題点が少なくない。よって、本書は今までの立場と異なりNCIとしてのアプローチから韓国語の多重NCI構文の性質を明らかにした。本書における第一の成果は、多重NCI構文の認可条件を明らかにしたことである。「bakk-e」、「不定語do」、「1-助数詞do」、「gyeolko」が多重共起される認可条件として、これらの表現の統語位置が重要であることを述べた。すなわち、これらの表現は付加部位置に生起しなければならないということである。このような認可条件から次のような二つの示唆が与えられる。第一は、韓国語のNCIは付加部位置に生起しなければならないことであり、第二は、西フラマン語またはロマンス諸語のようなNCI言語と違い、韓国語そして第4章でみた日本語のNCIは生起する統語位置が相当重要であり、必ず付加部位置に生起しなければならないことである。また、多重NCI構文におけるNCIの認可条件は以下のようにNegによって多重一致されると指摘した。

(図11)　　NCI　　　　　　　　NCI　　　　　　　　NEG
　　　　　[+NEG]　　　　　　 [+NEG]　　　　　　 [+NEG]

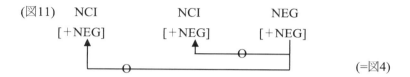

(=図4)

　第二の成果は、多重NCI構文の解釈を明らかにしたことである。Sells(2001)は韓国語の多重NCI構文の解釈は話者によって2通りの異なる解釈に分かれ、一方のNCIはNCIとして機能し、もう一方のNCIはNon-NCIとして機能すると主張している。本書はこのようなSellsの指摘に対し、付加部位置に生起するNCIが多重NCI構文に用いられる場合は、1通りの解釈しか得られないことと、この場合のNCIはすべてNCIとして機能すると述べた。また、話者によって2通りの異なる解釈に分かれる理由に関して、名詞句に後接する「bakk-e」は項及び付加部として機能する二つの異なる用法を持っているからであると述べた。要するに項位置に生起する「bakk-e」はNon-NCIであり、付加部位置に生起する「bakk-e」はNCIであるという提案である。このような多重NCI構文の解釈から、韓国語のNCIにおいて統語位置がどのように重要であるかがさらに裏付けられる。

　第三の成果は、「bakk-e」と「不定語do」が用いられた多重NCI構文の類型とその統語構造を明らかにしたことである。従来韓国語の多重NCI構文の類型が単一のものとして捉えられてきた事実に対し、韓国語の多重NCI構文の類型は少なくとも三つのタイプが存在すると主張した。Kuno & Whitman(2004)と Sells(2005)に

おいてNCI間の語順制約が疑問視されているが、これは韓国語の多重NCI構文の類型が三つのタイプ(タイプA・B・C)が存在するためNCI間の語順制約が生じる場合と生じない場合が現れると述べた。言い換えるとタイプA・Cにおける「bakk-e」と「不定語do」は、常に「bakk-e-不定語do」の語順を守らなければならないのに対し、タイプBにおける「bakk-e」と「不定語do」は前者のような語順制約はまったくみられない。加えて、タイプA・Cにおける「bakk-e」は例外表現のような意味的特徴を持つのに対し、タイプCにおける「bakk-e」は例外の意味ではなく、「man…ida」の意味を持つ。その理由として本書はタイプA・CとタイプBの統語構造が異なるからであると述べ、タイプA・Cは「bakk-e」と「不定語do」両者が単一構成素を成しているのに対し、タイプBは両者が異なる構成素を成していることを指摘した。最後に、タイプCは、日本語の「以外/ほか」が「不定語モ」と共起した文と同様であり、タイプCにおける「bakk-e」はNCIでないと述べた。よって、韓国語の厳密な多重NCI構文は日本語におけるタイプA・Bと同様であり、両言語ともにタイプAにおける「bakk-e/しか」と「不定語do/モ」は同じ意味役割を担っているのに対し、タイプBにおける両者は互いに異なる意味役割を担っているのであると述べた。

　第3章-第6章における日本語の記述、第7章-第8章における韓国語の記述から両言語の否定一致現象はほとんど類似していることが示唆される。ただし、日本語の「しか」と韓国語の「bakk-e」に関しては相違点がみられ、特に両者がNCIと共起した多重NCI構

文においては異なる振る舞いを示すことをみた。このような点を踏まえ、次章では「しか」と「bakk-e」の性質について述べる。また、両者の研究から今まで課題として残されてきた両者の性質も明らかにする。

　次は、今後の課題について述べる。本書では、「bakk-e」が用いられた多重NCI構文の類型をみる際に、「bakk-e」が「amugeos-do」と共起する場合については述べなかった。その理由は、「amugeos-do」はその類型と関係なく、「bakk-e」より上に生起してはいけない制約が存在するからである。

(62)　a.(?)그는　　　인터넷 게시판에서　　　　익명으로
　　　　　geu-neun inteones gesipan-eseo　　　igmyeong-eulo
　　　　　he-Top　internet　bulletin boord-Loc anonymity-in
　　　　　밖에　아무것도　말할　수 없다.
　　　　　bakk-e amugeos-do malhal su eobs-da
　　　　　only　*anything*　say can　Neg-Decl
　　　　　「彼はインターネットの掲示板で匿名でしか何も言えない。」
　　　b. *그는　　　아무것도　인터넷　　　　게시판에서
　　　　　geu-neun amugeos-do inteones　　　gesipan-eseo
　　　　　he-Top　*anything*　internet bulletin boord-Loc
　　　　　익명으로　　　밖에　말할　수 없다.
　　　　　igmyeong-eulo bakk-e malhal su eobs-da
　　　　　anonymity-in　*only*　say can　Neg-Decl
　　　　　「彼は何もインターネットの掲示板で匿名でしか言えない。」

(62a)の文の類型は、タイプBに当たると考えられる。よって、
「amugeos-do」は「bakk-e」より上に生起しても適格になることが予
測されるが、(62b)からでも分かるように、この予測は崩れる。この
ことは、第5章の5.4節でみた「しか」と「何も」との関係と類似する。
要するに、「しか」が「何も」と共起する場合は、その類型と関係なく
「しか」は「何も」より常に上に生起しなければならないと述べた。こ
のことが起きる可能な説明として、「しか」はそのスコープの特徴
上、目的語位置より下に生起すると「しか」のスコープが及ばないと
いう制約が存在すると述べた。「bakk-e」においても前述した「しか」
と同様な制約が存在すると考えられる。これは、以下のような韓国
語の様態副詞「ppalli(빨리, 早く)」と「bakk-e」との語順制約から裏
付けられる。

(63)　a.　철수는　　　일요일　밑에　[빨리　일어날 수
　　　　　Cheolsu-neun il-yo-il bakk-e ppalli il-eonal su
　　　　　Cheolsu -Top　Sunday *only*　　quickly get up can
　　　　　없다].
　　　　　eobs-da
　　　　　Neg-Decl
　　　　　「チョルスは日曜日しか早く起きれない。」
　　　b.*철수는　　　[빨리　　일요일 밑에　일어날 수
　　　　　Cheolsu-neun ppalli　il-yo-il bakk-e il-eonal su
　　　　　Cheolsu-Top　quickly Sunday *only*　get up can

없다].

eobs-da

Neg-Decl

「(Lit.)チョルスは早く日曜日しか起きれない。」

(63a)は「bakk-e」が様態副詞「ppalli(빨리, 早く)」より上に生起する文であり、(63b)は「bakk-e」が様態副詞「ppalli(빨리, 早く)」より下に生起する文であるが、前者は適格文であるのに対し、後者は不適格文である。様態副詞はVP-adjunctであることを考えると、「bakk-e」のスコープも「しか」と同じく、VPの外で(outside VP)決まる可能性が高い。これに関する詳しい研究は、稿を改めて論じたい。

第9章

日韓両言語における
否定呼応表現の対照研究

—「しか」と「bakk-e」を中心に—

9.0. はじめに

　本章では日韓両言語における否定呼応表現「しか」と「bakk-e」との対照研究を行い、従来課題とされてきた両者の性質を明らかにする。

　その第一の課題は「「しか」と「bakk-e」は果たしてまったく同列に捉えてよいのか」である。従来「しか」と「bakk-e」はMartin(1975)、洪(1979)、Nam(1994)、ナム・スンホ(남승호1998)、ホン・サマン(홍사만2002a)、チョ・エスク(조애숙2007[1])など多くの研究において、両者の類似した統語的・意味的特徴に基づき両者をまったく同列に捉えてきた。しかしながら、最近の研究、**Kuno & Whitman**(2004)とSells(2005)は「しか」と「bakk-e」を同一の表現として扱ってよいかどうか、疑問を呈している[2]。その理由は、本書の第7章と第8章でも述べたように、「しか」と「bakk-e」はNCIと共起する際に相違点が生じるからである。すなわち、「しか」はNCIと共起しにくいのに対し、「bakk-e」は共起できる。実際に、両者は反語表現の構文においても相違点がみられ、「しか」は用いられないのに対し、「bakk-e」は用いられる。このような事実を踏まえ、本書は両者

1　チョ・エスク(조애숙2007)は厳密に「しか」と「bakk-e」は格助詞との承接関係においては相違点がみられるとし、例えば、「しか」は対格助詞とコピュラ(copular)に後接できるのに対し、「bakk-e」はできないと指摘している。しかし、チョ・エスクはこのような相違点を除き、両者を同列に捉えている。

2　しかし、**Kuno & Whitman**とSellsはこのような疑問点を示すのみで、その理由に関する詳細な議論は行っていない。これに関しては後の9.2節で再び述べる。

は同一の表現ではないと主張する。多くの先行研究において、両者が同列に捉えられてきたのは、「しか」と「bakk-e」の表面的な特徴のみが注目され、両者の厳密な研究が今まで成されてきていないからであると考えられる。よって本章では両者の類似点と相違点を詳しく記述しその性質を明らかにする。両者に相違点がみられるのは、「bakk-e」が、「しか」と異なり、多機能的な(multi-functional)特徴を持つ表現であることに起因すると述べる。つまり、「bakk-e」は「しか」だけではなく、「ほか/以外」とも対応する。要するに「bakk-e」は第6章でみた日本語の「其他否定」表現をすべて含んでいる表現である。また、「bakk-e」はそれぞれの用法によって認可条件も異なることを述べる。言い換えると「しか」と対応する用法の「bakk-e」は「しか」と同様に、「ほか/以外」と対応する用法の「bakk-e」は「ほか/以外」と同様な認可条件を持つ。このような「bakk-e」の特徴が、第8章でみた2用法の「bakk-e」を引き起こすわけである。また、「bakk-e」が「しか」と異なり「ほか/以外」の用法まで含んでいる理由について、これらの表現の(i)形態的特徴と、(ii)NCIへの文法化過程の類似点をもって明らかにする。

　第二の課題は、「「しか」が持つ機能の源流はどのようなものであるのか」である。従来「しか」が持つ機能の源流は諸説あるが、いずれの説においても証拠が不足しているため不明とされてきた。本章では「しか」が持つ機能の源流に注目し「bakk-e」との対照的観点から可能性のある説明を与える。

　本章の構成は次の通りである。まず、9.1節では「しか」と

「bakk-e」の先行研究を概観する。9.2節では「しか」と「bakk-e」の相違点、特に統語的相違点に着目し先行研究の問題点と本書の立場を述べる。9.3節においては多機能的な特徴を持つ「bakk-e」について述べ、「ほか/以外」と対応する「bakk-e1」と「しか」と対応する「bakk-e2」の用法をみる。それから9.4節において「bakk-e1」と「bakk-e2」の認可条件を明らかにする。9.5節では「bakk-e」が「しか」と違い「ほか/以外」の用法まで含んでいる理由について、これらの表現の形態的類似点とNCIへの文法化過程の類似点をもって明らかにする。最後に、9.6節では今まで不明とされてきた「しか」が持つ機能の源流について述べる。

9.1. 先行研究の概観

　本節では「しか」と「bakk-e」に関する先行研究を概観する。従来多くの先行研究Martin(1975)、洪(1979)、Nam(1994)、ナム・スンホ(남승호1998)、ホン・サマン(홍사만2002a)、チョ・エスク(조애숙2007)などは「しか」と「bakk-e」両者をまったく同列に捉えている。このことは、両者の統語的・意味的特徴が類似することに基づく。以下で、両者の統語的・意味的類似点をみる。まず統語的類似点から概観する。

　第一に、第3章及び第7章ですでにみたように「しか」と「bakk-e」は否定文にのみ生起可能である。以下の例文をみてもらいたい。

(1)　a.　太郎<u>しか</u>りんごを食べなかった(*食べた)。

　　　b.　타로 <u>밖에</u>　　사과를　　　먹지

　　　　　Talo bakk-e sagwa-leul meog-ji

　　　　　Taro *only*   apple-Acc eat-Comp

　　　　　않았다　　　　(*먹었다).

　　　　　anh-ass-da　　(*meog-eoss-da)

　　　　　Neg-Past-Decl(eat-Past-Decl)

(2)　a.　太郎はりんご<u>しか</u>食べなかった(*食べた)。

　　　b.　타로는　　　사과 <u>밖에</u>　　　먹지

　　　　　Talo-neun sagwa-bakk-e meog-ji

　　　　　Taro-Top apple-*only*　　eat-Comp

　　　　　않았다　　　　(*먹었다).

　　　　　anh-ass-da　　(*meog-eoss-da)

　　　　　Neg-Past-Decl(eat-Past-Decl)

第二に、両者の構文上の分布的特徴が類似する。先行研究において上記の「しか」の統語的特徴のほかに、以下のような統語的特徴も持つとされる。

(3)　　　「しか」は分布が自由であり、名詞句、後置詞、副詞/副詞句、述語、節など種々の要素に後接可能である(寺村(1991)、沼田(2006)など)。

例えば、「しか」は(1)と(2)の主語/目的語のほかに、下記の(4)-(9)のように種々の要素に後接可能である。この特徴は「bakk-e」においても同様であるとされる(ホン・サマン(홍사만2002a:214-216)、

チョ・エスク(조애숙2007:146-149))。以下の例文をみてもらいたい。

(4)　[後置詞の後]

    a.　山小屋はここから<u>しか</u>見えなかった。

                                (沼田(2006:191, (2a)))

    b.　산장은　　　여기에서　　　<u>밖에</u>　보이지

       sanjang-eun yeogi-eseo　　　　bakk-e boi-ji

       lodge　-Top this place-from *only*　　see-Comp

       않았다.

       anh-ass-da

       Neg-Past-Decl

(5)　[副詞/副詞句の後]

    a.　ゆっくり<u>しか</u>歩けない。　　　　(寺村(1991:140, (509)))

    b.　천천히　　　<u>밖에</u>　걸을　　　수 없다.

       cheoncheonhi bakk-e geol-eul　su eobs-da

       slowly　　　　*only*　walk-Acc can Neg-Decl

(6)　[述語の後]

    a.　指名された以上はやる<u>しか</u>ない。

                                (寺村(1991:141, (523)))

    b.　지명된　　　이상은　　　할 수　<u>밖에</u>　없다.

       jimyeongdoen isang-eun　hal su　bakk-e eobs-da

       appointed　　　since-Top　do can *only*　Neg-Decl

(7)　[動詞のテ形節の後]

    a.　患者団体を通じて<u>しか</u>扱わないという。

                                (朝日新聞 2008/2/7)

      b. 환자　　단체를　　통해서　　밝에　　취급하지

        hwanja danche-leul tonghaeseo bakk-e chwigeubha-ji

        patient group-Acc through   *only* treat-Comp

        않는다고　　　　　　한다.

        anh-neun-da-go　　　han-da

        Neg-Pres-Decl-Comp say-Decl

(8)　[引用節の後]

      a. ただ、時間をつぶしていると<u>しか</u>思えない。

                               (朝日新聞 2008/5/5)

      b. 그저　　시간을　　때운다고　　　밝에　　생각할

        geujeo sigan-eul ttaeun-da-go　　bakk-e saenggaghal

        just　　time-Acc kill-Decl-Comp *only*　think

        수　없다.

        su　eobs-da

        can Neg-Decl

(9)　[コト節の後]

      a. 人を減らすこと<u>しか</u>思いつかない。　(朝日新聞 2008/1/3)

      b. 사람을　　감축하는　　것 밝에　　생각이

        salam-eul　gamchughaneun geos bakk-e saenggag-i

        person-Top reduce　　　　　thing *only*　idea-Nom

        나지　　　않는다.

        na-ji　　　anh-neun-da

        have-Comp Neg-Pres-Decl

「しか」と「bakk-e」は上記の例文からでも分かるように、(4)の後置詞の後[3](ホン・サマン(홍사만2002a:214-216における(表1)(表2)

を一部改変))、(5)の副詞/副詞句の後、(6)の述語の後、(7)の動詞のテ形節の後、(8)の引用節の後、そして(9)のコト節の後に生起可能である。また、宮地(2000:78-79)は、「しか」は構文的に他の助詞との相互承接において格助詞や名詞相当句の限定に働く接尾語・副助詞類に必ず後接し、これらの助詞に後接されることはないと指摘している。これは「bakk-e」もまったく同様である(cf. チョ・エスク(조애숙2007:146-149))。以下のデータでそれを確認する。

(10)　a.　今日は太郎としか会わない。　　　　(宮地(2000:78, (2a)))

　　　a'.　오늘은　　타로와　　밭에　만나지　　않는다.
　　　　　oneul-eun Talo-wa　bakk-e manna-ji　anh-neun-da
　　　　　today-Top Taro-with *only*　meet-Comp Neg-Pres-Decl

　　　b.　*今日は太郎しかと会わない。　　　　　　(同, (2b))

　　　b'.*오늘은　　타로 밭에와　　만나지　　않는다.
　　　　　oneul-eun Talo　bakk-e-wa manna-ji　anh-neun-da
　　　　　today-Top Taro *only*-with　meet-Comp Neg-Pres-Decl

3　ホン・サマン(홍사만2002a)は、「しか」と「bakk-e」の助詞との共起に関する共通点を以下のように提示し、両者はまったく同様の表現であると述べている。
　(ⅰ)「しか」と「bakk-e」における助詞との後接関係(＋: 後接可能、ー: 後接不可能)

後＼前	が	の	を	に	へ	で	と	から	より
しか	ー	ー	(＋)	＋	＋	＋	＋	＋	＋
bakk-e	ー	ー	ー	＋	＋	＋	＋	＋	＋

371

以下では、先行研究では指摘されたことがない上記の特徴以外に
みられる両者の統語的類似点についてみる。沼田(2006:190-
191)は「しか」には任意性もあり、次のように「しか」がなくても成立
すると指摘する。

(11) a. 山小屋はここからしか/Ø見えなかった。

(沼田(2006:191, (2a)))

   b. 산장은 여기에서 밖에/Ø 보이지

     sanjang-eun yeogi-eseo bakk-e boi-ji

     lodge-Top this place-from *only* see-Comp

     않았다.

     anh-ass-da

     Neg-Past-Decl

このような「しか」の任意性は、「bakk-e」においても(11b)のように
同様である。次は、両者とホスト名詞句との関係の類似点が挙げ
られる。第6章でも概観したように江口(2000)では「しか」は下記の
ような特徴を持つとされるが、この特徴は「bakk-e」にも同様である
と考えられる。以下の例文をみてもらいたい。

(12) (ⅰ) ホスト名詞句が明示されなくてもよい。

   a. 太郎は焼酎しか飲み物を飲まなかった。

   a'. 太郎は焼酎しか飲まなかった。   (＝6章, (7a, a'))

   b. 타로는 소주 밖에 음료를 마시지

     Talo-neun soju bakk-e eumlyo-leul masi-ji

     Taro-Top sake *only* drink-Acc drink-Comp

않았다.

anh-ass-da.

Neg-Past-Decl

b'.　타로는　　소주 <u>밖에</u>　마시지　　　않았다.

Talo-neun soju bakk-e masi-ji　　　anh-ass-da

Taro-Top sake *only*　drink-Comp Neg-Past-Decl

(ii) ホスト名詞句の後に位置できる。

c.　太郎は焼酎<u>しか</u><u>飲み物を</u>飲まなかった。

c'.　太郎は<u>飲み物を</u>焼酎<u>しか</u>飲まなかった。　　(＝同, (8a, a'))

d.　타로는　　소주 <u>밖에</u>　<u>음료를</u>　　마시지

Talo-neun soju bakk-e eumlyo-leul masi-ji

Taro-Top sake *only*　drink-Acc　drink-Comp

않았다.

anh-ass-da.

Neg-Past-Decl

d'.　타로는　　<u>음료를</u>　　소주 <u>밖에</u>　마시지

Talo-neun eumlyo-leul soju bakk-e masi-ji

Taro-Top drink-Acc　sake *only*　drink-Comp

않았다.

anh-ass-da.

Neg-Past-Decl

(12)はホスト名詞句と日韓両言語の「其他否定」表現との関係を記述したものである。日本語の「しか」について江口(2000)は、(i)(12a, a')からホスト名詞句が明示されなくてもよい、(ii)(12c, c')からホスト名詞句の後に位置できるという二つの共通点を指摘し

ている。これは韓国語の「bakk-e」についても(12b, b')(12d, d')から日本語と同様であることが確認できる。

　以上、「しか」と「bakk-e」両者の統語的類似点について述べた。これを表でまとめると以下のようになる。

(表1)　「しか」と「bakk-e」の統語的類似点

a. 述語の極性	否定のみ
b. 分布の自由性	許容
c. 任意性	許容
d. 助詞などに後接のみ	許容
e. ホスト名詞句との語順制限	なし
f. ホスト名詞句の存在	不要

次は、「しか」と「bakk-e」両者の意味的な類似点についてみる。第6章において、「しか」の意味的特徴として以下のように述べられていることを概観した。

(13)　　　太郎しか来なかった。

(14)　　　前提: 太郎が来た。

　　　　　断定: 太郎以外の人は来なかった。

　　　　　　　$\mathrm{NOT} \exists \mathrm{x} \ (\mathrm{x} \neq 太郎)(\mathrm{x}が来た)(= \forall \mathrm{x}(\mathrm{x} \neq 太郎)$

　　　　　　　$\mathrm{NOT}(\mathrm{x}が来た))$　　　　　　　　　(=同, (4))

加えて沼田(2006)は「しか」の意味を、次のように表示する(詳細は沼田(2006:191-192を参照))。

(15) 「しか」主張: 断定・自者−否定

含み: 断定・他者−肯定　　　　(沼田(2006:192, (11)))

「bakk-e」の意味表示に関する先行研究パク・スンユン(박승윤1997)、시정곤(シ・ジョンゴン1997c)、Sells(2001)、チョ・エスク(조애숙2007)においても詳細な記述は異なるが、結局上記の片岡(2006)、沼田(2006)と同様な指摘が成されていると考えられる。

　以上、先行研究における「しか」と「bakk-e」の統語的・意味的類似点を概観した。このような両者の類似点のため、多くの先行研究Martin、Nam、ナム・スンホ、ホン・サマン、チョ・エスクなどが「しか」と「bakk-e」をまったく同一の表現として扱うのも一見当然に思えるかもしれない。しかしながら、最近の研究、Kuno & Whitman(2004)とSells(2005)は「しか」と「bakk-e」を果たして同列に捉えてよいのかどうか、疑問点を示している。その根拠となる例文を以下でみる。

(16)　a. *太郎しか誰も来なかった。

b. 순이 밖에　아무도 오지　　　않았다.

Suni bakk-e amu-do　o-ji　　　anh-ass-da

Suni *only*　*anyone*　come-Comp Neg-Past-Decl

(Kuno & Whitman(2004:221, 脚注(ⅱ)))

(16)は「しか/bakk-e」がNCI「誰も/amu-do」と共起する例文であるが、「bakk-e」は許されるのに対し、「しか」は許されない。

　次節では両者を同列に捉えられないことを指摘し、先行研究の
問題点を述べる。

9.2. 先行研究の問題点と本書の立場

　前節では従来ほとんどの研究が「しか」と「bakk-e」がその統語
的・意味的特徴に基づき同列に捉えられてきたことを概観した。上
記でみたKuno ＆ WhitmanとSellsは「しか」と「bakk-e」両者が同
列ではない可能性があるという事実を挙げたのみで、両者の相違
点に関する詳細な研究は行っていない。これに対し、本書は「し
か」と「bakk-e」は同一の表現ではないことを指摘し、特に両者の
認可条件が異なることを主張する。以下では「しか」と「bakk-e」は
同一の表現ではないという根拠を提示し、両者がなぜ同一ではな
いのかについて分析を行う。

　まず、以下で「しか/bakk-e」がNCIと共起する文の観察をより詳
細に行う。以下の例文をみてもらいたい。

(17)　a. *彼女しか誰も知ることができないことだった。

　　　 a'. 그녀　　밖에　아무도　알 수 없는

　　　　　geunyeo bakk-e amu-do al su eobsneun

　　　　　she　　 *only*　*anyone*　know-can-Neg

376

일이었다.

ili-eoss-da

thing-Past-Decl　　　　　　　　　　　（＝8章, (24a)）

b. *今うちにはヨンヒしか誰もいない。

b'. 지금　　집에는　　　　　영희　　　밖에　　아무도

jigeum jib-e-neun　　　Yeonghui bakk-e amu-do

now　house-Loc-Top Yeonghui *only*　*anyone*

없다.

eobs-da

exist-Neg-Decl　　　　　　　　　　（＝同, (31a')）

(18)　a. *服しか何もなかった。

a'. 옷　　　밖에　　아무것도　　없었다.

os　　bakk-e amugeos-do eobs-eoss-da

clothes *only*　　*anything*　exist-Neg-Past-Decl

　　　　　　　　　　　　　　　　（＝同, (39b)）

b. *クモしか何もいなかった。

b'. 거미　밖에　아무것도　없었다.

geomi bakk-e amugeos-do eobs-eoss-da

spider *only*　　*anything*　exist-Neg-Past-Decl

(17)(18)は「しか/bakk-e」が一項述語文においてNCI「不定語モ/do」と共起した例文であるが、「しか」は(17a, b)(18a, b)のように用いられないのに対し、「bakk-e」は(17a', b')(18　a', b')のように用いられる。このことは(19)(20)のような二項述語文においても同様である。

(19) a. *私たちはあなた<u>しか</u>誰<u>も</u>信じません。

b. 우리는 당신   <u>밖에</u> <u>아무도</u> 믿지
　　uli-neun dangsin bakk-e amu-do mid-ji
　　we-Top you   *only* *anyone* believe-Comp
　　않습니다.　　　　　　　　　　　(Kaist 2617)
　　anh-seubni-da
　　Neg-Pres-Decl

(20) a. *花子は葉書一枚<u>しか</u>何<u>も</u>持っていない。

b. 하나코는   엽서   한 장   <u>밖에</u> <u>아무것도</u>
　　Hanako-neun yeobseo han jang bakk-e amugeos-do
　　Hanako -Top postcard a sheet *only* *anything*
　　가지고 있지   않다.　　　　　　(Kaist 1387)
　　gaji-go iss-ji   anh-da
　　have-Prog-Comp Neg-Decl

(19)(20)においても「しか」は「不定語モ」と共起できないのに対し、「**bakk-e**」は「不定語**do**」と共起できる。また、以下のように「しか/**bakk-e**」がそれぞれ「不定語モ/**do**」と異なる項位置で用いられた場合においても同様の現象がみられる。

(21) a. *誰<u>も</u>「アスペクト」<u>しか</u>読まなかった。　　(＝2章, (15d))

b. <u>아무도</u> '아스펙트' <u>밖에</u>   읽지   않았다.
　　amu-do Aspects   bakk-e ilg-ji   anh-ass-da
　　anyone Aspects *only*   read-Comp Neg-Past-Decl
　　「解釈 i . すべての人が「アスペクト」だけ読んだ。
　　解釈ⅱ. 誰も「アスペクト」だけ読まなかった。」

(22)　a. ＊ジョン<u>しか</u>何<u>も</u>食べなかった。　　　　　　　（＝同, (19a))

　　　b　순이 <u>밖에</u>　<u>아무것도</u>　먹지　　　않았다.

　　　　　Suni bakk-e amugeos-do meog-ji　anh-ass-da

　　　　　Suni *only*　*anything*　　eat-Comp　Neg-Past-Decl

　　　　「解釈ⅰ. スニを除いて誰も何も食べなかった/スニだけ何

　　　　　　　　 かを食べた(Except for Suni, no one ate anything/

　　　　　　　　 Only Suni ate something)。

　　　　　解釈ⅱ. スニだけ何も食べなかった(Only Suni didn't eat

　　　　　　　　 anything)。」　　　　　　　　　　　　（＝8章, (44b))

(21)において「誰も/amu-do」は主語位置に、「しか/bakk-e」は目
的語位置に生起しているが、これは日本語では許されないのに対
し、韓国語では許される。また(22)において「しか/bakk-e」は主語
位置に、「何も/amugeos-do」は目的語位置に生起しているが、日
本語では許容されないのに対し、韓国語では許容される。このよ
うな「しか/bakk-e」は以下のように「1-助数詞モ/do」、「決して
/gyeolko」と共起する場合でも同様である。

(23)　a. ＊部屋には服<u>しか</u>物が<u>一つも</u>なかった。

　　　　b. 방에는　　　　　옷　　<u>밖에</u> 물건이　<u>하나도</u>

　　　　　　bang-e-neun　os　　bakk-e mulgeon-i hana-do

　　　　　　room-Loc-Top clothes *only*　　thing-Nom *a thing-even*

　　　　　　없었다.

　　　　　　eobs-eoss-da

　　　　　　exist-Neg-Past-Decl

(24)　a.??老人たち<u>しか</u><u>決して</u>ここを訪れない。

　　　b.　노인들　　　<u>밖에</u>　　<u>결코</u>　　이 곳을　　　　찾지

　　　　　noin-deul　　bakk-e gyeolko i gos-eul　　　chaj-ji

　　　　　old person-Pl *only*　*never*　this place-Acc visit-Comp

　　　　　않는다.

　　　　　anh-neun-da

　　　　　Neg-Pres-Decl　　　　　　　　　　　　　(＝8章, (43c))

(23)は「しか/bakk-e」が「一つも/hana-do」と共起し、(24)は「決して/gyeolko」と共起した例文であるが、「しか」は容認されにくいのに対し、「bakk-e」は容認される。

　ほかにも、「しか」と「bakk-e」が異なることを示す例が存在する。以下の例文をみてもらいたい。

(25)　a.＊これを支援する人は彼<u>しか</u>誰がいるのか？

　　　b.　이것을　지원할　사람은　　　그 사람　<u>밖에</u>

　　　　　igeos-eul jiwonhal salam-eun　geu salam bakk-e

　　　　　this-Acc　support　person-Top he　　　　　*only*

　　　　　누가　　　(또)　　있겠는가？

　　　　　nu-ga　　(tto)　　issgessneun-ga

　　　　　who-Nom (again)exist-will-Int

(26)　a.＊太郎ができる仕事ってこれ<u>しか</u>何があるのか？

　　　　　　　　　　　　　　　　　　　　(＝6章, (15a))

　　　b.　타로가　　할 수　있는　　일이라는 것이　이것　<u>밖에</u>

　　　　　Talo-ga　　hal su　issneun ililaneun geos-i igeos bakk-e

　　　　　Taro-Nom do can work　thing-Nom　　　this　*only*

380

뭐가　　　　(또)　　　있겠는가？

mwo-ga　　(tto)　　　issgessneun-ga

what-Nom (again) exist-will-Int

(25)(26)は反語表現の構文で、第6章でも述べたように「しか」は
(25a)(26a)のように用いられない。これに対し、「bakk-e」は
(25b)(26b)のように問題なく用いられる。

　以上、「しか」と「bakk-e」の統語的相違点についてみた。これを
まとめると以下の(表2)のようになる。

(表2)　「しか」と「bakk-e」の統語的相違点(√：可能　＊：不可能)

生起環境　　　　　　　　　　表現	しか	bakk-e
a. NCIとの共起	＊	√
b. 反語表現の構文	＊	√

「しか」と「bakk-e」がまったく同一の表現であるという従来の研究の
指摘がもし正しいとすると(表2)における両者の非対称性は生じな
いはずである。従って、(表2)から「しか」と「bakk-e」はまったく同
一ではないことが示唆される。

　次節では「bakk-e」が「しか」と異なる振る舞いを示す理由につい
て述べる。

9.3. 多機能的な特徴を持つ「bakk-e」

　本書は「bakk-e」が上記の(表2)のように「しか」と異なる振る舞いを示す理由は、「bakk-e」が多機能的な特徴を持つからであると主張する。言い換えると「bakk-e」は「しか」だけではなく、「ほか/以外」とも対応するということである。第6章において「其他否定」表現「しか/ほか/以外」についてみたが、「bakk-e」はこれらの表現の用法をすべて含んでいる。以下の例文をみてもらいたい。

(27)　a.　太郎{しか/以外(誰も)/のほか(誰も)}来なかった(＊来た)。

　　　b.　進学をあきらめる{しか/以外/(より)ほか}なかった(＊あった)。

　　　　　　　　　　　　　　　　　　　　　　　　　(＝6章, (1)(2))

(28)　a.　타로　밝에　　　오지　　　　　않았다

　　　　　Talo　bakk-e o-ji　　　　　anh-ass-da

　　　　　Taro　*only*　　come-Comp Neg-Past-Decl

　　　　　(＊왔다).

　　　　　(＊wa-ss-da)

　　　　　(come-Past-Decl)

　　　b.　진학을　　　　　　　　포기하는　　수 밝에

　　　　　jinhag-eul　　　　　　pogihaneun su bakk-e

　　　　　entering upon studies-Acc give up　　　*only*

　　　　　없었다　　　　(＊있었다).

　　　　　eobs-eoss-da　(＊iss-eoss-da)

　　　　　Neg-Past-Decl(exist-Past-Decl)

382

(27)における日本語の「其他否定」表現「しか/ほか/以外」は韓国語において(28)のように「bakk-e」がそれぞれ対応していることが分かる。また、これらの四つの表現は以下のようにホスト名詞句との関係においても同様である。

(29) (ⅰ) ホスト名詞句が明示されなくてもよい。

    a. 太郎は焼酎{しか/のほか/以外}飲み物を飲まなかった。

    a'. 太郎は焼酎{しか/のほか/以外}飲まなかった。

(＝同, (7))

    b. 타로는　　소주　밖에　술을　　　마시지
      Talo-neun soju bakk-e sul-eul　　masi-ji
      Taro-Top sake *only* alcohol-Acc drink-Comp
      않았다.
      anh-ass-da
      Neg-Past-Decl

    b'. 타로는　　소주　밖에　마시지　　　않았다.
      Talo-neun soju bakk-e masi-ji　　anh-ass-da
      Taro-Top sake *only* drink-Comp Neg-Past-Decl

(＝(12b, b'))

(ⅱ) ホスト名詞句の後に位置できる。

    c. 太郎は焼酎{しか/のほか/以外}飲み物を飲まなかった。

    c'. 太郎は飲み物を焼酎{しか/のほか/以外}飲まなかった。

(＝6章, (8))

    d. 타로는　　소주　밖에　음료를　　마시지
      Talo-neun soju bakk-e eumlyo-leul masi-ji
      Taro -Top sake *only* drink-Acc　　drink-Comp

383

　　　　　　　　　　않았다.

　　　　　　　　　　anh-ass-da

　　　　　　　　　　Neg-Past-Decl

　　　　　d'. 타로는　　　음료를　　　　소주 밖에　　마시지

　　　　　　　Talo-neun　eumlyo-leul soju　bakk-e masi-ji

　　　　　　　Taro -Top　drink-Acc　　sake *only*　drink-Comp

　　　　　　　않았다.

　　　　　　　anh-ass-da

　　　　　　　Neg-Past-Decl　　　　　　　　　　　　（＝(12d, d')）

　また、第6章および本章の9.1節においてみたようにこれらの表現の意味的特徴も類似している。以下では「ほか/以外」と対応する「bakk-e」と「しか」と対応する「bakk-e」について記述していく。

　次節ではまず「ほか/以外」と対応する「bakk-e」についてみてみる。

9.3.1. 「ほか/以外」と対応する「bakk-e」

　9.2節において「しか」と「bakk-e」はNCIとの共起と反語表現の構文において非対称性が生じることを述べた。本節では「ほか/以外」と対応する「bakk-e」を対象とし、「しか」を「ほか/以外」に置き換えた例文を観察する。以下の例文でそれを確認する。

　(30)　a. 彼女{のほか/以外}誰も知ることができないことだった。

　　　　a'. 그녀　　　밖에　　아무도 알 수 없는　　　일이었다.

　　　　　　geunyeo bakk-e amu-do al su eobsneun ili-eoss-da

　　　　　　she　　　*only*　*anyone* know-can-Neg　thing-Past-Decl

　　　　　　　　　　　　　　　　　　　　　　　　（＝(17a')）

b.　今うちにはヨンヒ{のほか/以外}誰もいない。

b'.　지금　집에는　　　　영희　　　밖에　아무도
　　jigeum jib-e-neun　　Yeonghui bakk-e amu-do
　　now　　house-Loc-Top Yeonghui *only*　*anyone*
　　없다.
　　eobs-da
　　exist-Neg-Decl　　　　　　　　　　　（＝(17b')）

c.　服{のほか/以外}何もなかった。

c'.　옷　　　밖에　　아무것도　　　없었다.
　　os　　bakk-e amugeos-do eobs-eoss-da
　　clothes *only*　*anything*　　exist-Neg-Past-Decl
　　　　　　　　　　　　　　　　　　（＝(18a')）

d.　クモ{のほか/以外}何もいなかった。

d'.　거미　밖에　아무것도　　　없었다.
　　geomi bakk-e amugeos-do eobs-eoss-da
　　spider *only*　*anything*　　exist-Neg-Past-Decl
　　　　　　　　　　　　　　　　　　（＝(18b')）

(30a-d)の例文は(17a, b)(18a, b)の「しか」の代わりに「ほか/以外」を入れた文であるが、「しか」と違い適格文である。実際に第6章の6.2節において「ほか/以外」は「しか」と異なりNCIとの共起が許されることと第8章の8.3節で「ほか/以外」と「bakk-e」はNCIとの共起が許されることをみた。このことから「ほか/以外」は(30a'-d')の「bakk-e」と対応していることが分かる。続いて以下のような例文をみても同様な現象が現れることが分かる。

(31)　a.　私たちはあなた{のほか/以外}誰も信じません。

　　　a'.　우리는　당신　밖에　아무도　믿지

　　　　　uli-neun dangsin bakk-e amu-do mid-ji

　　　　　we-Top you　　*only*　*anyone* believe-Comp

　　　　　않습니다.

　　　　　anh-seubni-da

　　　　　Neg-Pres-Decl　　　　　　　　　　　（＝(19b)）

　　　b.　花子は葉書一枚{のほか/以外}何も持っていない。

　　　b'.　하나코는　　　엽서　　한 장　　밖에　　아무것도

　　　　　Hanako-neun yeobseo han jang bakk-e amugeos-do

　　　　　Hanako -Top postcard a sheet　*only*　　*anything*

　　　　　가지고　　　　　있지 않다.

　　　　　gaji-go　　　　iss-ji anh-da

　　　　　have-Prog-Comp Neg-Decl　　　　　　（＝(20b)）

(32)　a.(?)誰も「アスペクト」{のほか/以外}読まなかった。

　　　a'.　아무도 '아스펙트' 밖에　읽지　　　않았다.

　　　　　amu-do Aspects　bakk-e ilg-ji　　　anh-ass-da

　　　　　anyone Aspects　*only*　read-Comp Neg-Past-Decl

　　　　　「解釈 i . すべての人が「アスペクト」だけ読んだ。

　　　　　解釈 ii. 誰も「アスペクト」だけ読まなかった。」

　　　　　　　　　　　　　　　　　　　　　　（＝(21b)）

　　　b.(?)太郎{のほか/以外}何も食べなかった。

　　　b'.　타로 밖에 아무것도　　　먹지　　　않았다.

　　　　　Talo bakk-e amugeos-do meog-ji　　anh-ass-da

　　　　　Taro *only*　*anything*　　eat-Comp Neg-Past-Decl

　　　　　「解釈 i . 太郎を除いて誰も何も食べなかった/太郎だけ

何かを食べた(Except for Taro, no one ate anything/ Only Taro ate something)。

解釈ⅱ. 太郎だけ何も食べなかった(Only Taro didn't eat anything)。」　　　　　　　　　　　　　　(＝(22b))

(31a, b)(32a, b)は(19a)-(22a)の「しか」の代わりに「ほか/以外」を入れた文であるが、「ほか/以外」は「しか」と異なり、韓国語の「bakk-e」と同様に容認される⁴。また、「ほか/以外」は下記のように「1-助数詞モ」、「決して」とも共起でき、「bakk-e」と対応していることが分かる。

(33) a. 部屋には服{のほか/以外}物が一つもなかった。

　　 a'. 방에는　　　옷　　밖에　물건이　　하나도
　　　　 bang-e-neun　os　　bakk-e mulgeon-i　hana-do
　　　　 room-Loc-Top clothes *only*　　thing-Nom *a thing-even*
　　　　 없었다.
　　　　 eobs-eoss-da
　　　　 exist-Neg-Past-Decl　　　　　　　　　　(＝(23b))

　　 b. お年寄り{のほか/以外}決して訪れない。

　　 b'. 노인　　밖에　　결코　　방문하지　　않는다.
　　　　 noin　　bakk-e gyeolko　bangmunha-ji anh-neun-da
　　　　 old man *only*　*never*　visit-Comp　Neg-Pres-Decl

---

4 ただし、(32a, b)の解釈はそれぞれ(32a', b')の(解釈ⅰ)のみが得られる。この理由は「bakk-e」は「ほか/以外」と異なり2用法が存在し、このことによって二つの異なる解釈が得られると考える。詳細は後の9.4節で述べる。

　ほかにも、以下のような反語表現の構文においても同じ現象が
みられる。

(34)　a　これを支援する人は彼{のほか/以外}誰がいるのか？

　　　b.　이것을　　지원할　사람은　　　그 사람　밑에

　　　　　igeos-eul jiwonhal salam-eun　geu salam bakk-e

　　　　　this-Acc　support　person-Top　he　　　　*only*

　　　　　누가　　　(또)　　있겠는가？

　　　　　nu-ga　　(tto)　　issgessneun-ga

　　　　　who-Nom (again) exist-will-Int　　　　　　(＝(25b))

(35)　a.　太郎ができる仕事ってこれ{のほか/以外}何があるのか？

　　　b.　타로가　　할 수 있는　　　일이라는 것이 이것

　　　　　Talo-ga　　hal su issneun　　ililaneun geos-i igeos

　　　　　Taro-Nom　can do thing-Nom this

　　　　　밑에　뭐가　　(또)　　있겠는가？

　　　　　bakk-e mwo-ga　(tto)　　iss-gess-neunga

　　　　　only　what-Nom (again) exist-will-Int　(＝(26))

すなわち、(34a)(35a)の「ほか/以外」は上記の(25a)(26a)の「しか」
と異なり反語表現の構文において用いられる。実際に、第6章の
6.2節において「ほか/以外」は「しか」と違い、反語表現の構文に用
いられることを述べた。

　以上、「ほか/以外/bakk-e」は「しか」と違いNCIとの共起、反語
表現の構文において容認されることをみた。以上のことをまとめる
と(表3)のようになる。

(表3)　「しか」と「ほか/以外/bakk-e」の統語的相違点及び「ほか/以外/bakk-e」の統語的類似点

表現　　　　　生起環境	しか	ほか	以外	bakk-e
a. NCIとの共起	*	√	√	√
b. 反語表現の構文	*	√	√	√

要するに「しか」が持っていない用法を「ほか/以外/bakk-e」は持っているのである。

9.3.2.　「しか」と対応する「bakk-e」

前節では「しか」が持っていない「ほか/以外/bakk-e」の用法をみた。本節では「ほか/以外」が持っていない「しか/bakk-e」の用法をみる。まず、「ほか/以外」は「しか/bakk-e」ほど分布の自由性がみられない。以下の例文で確認する。

(36)　[後置詞の後]

 a.　山小屋はここから{しか/*ほか/*以外}見えなかった。

 b.　산장은　　　여기에서　　　밑에　보이지
  sanjang-eun yeogi-eseo　　　bakk-e boi-ji
  lodge　-Top this place-from *only*　see-Comp
  않았다.
  anh-ass-da
  Neg-Past-Decl　　　　　　　　　　　　　　(＝(4b))

(37) [副詞/副詞句の後]

    a. ゆっくり{しか/*ほか/*以外}歩けない。

    b. 천천히   밖에   걸을   수   없다.

       cheoncheonhi bakk-e geol-eul su eobs-da

       slowly   *only*   walk-Acc can Neg-Decl （＝(5b)）

(38) [動詞のテ形節の後]

    a. 患者団体を通じて{しか/*ほか/*以外}扱わないという。

    b. 환자   단체를   통해서   밖에   취급하지

       hwanja danche-leul tonghaeseo bakk-e chwigeubha-ji

       patient group-Acc through   *only*   treat-Comp

       않는다고   한다.

       anh-neun-da-go   han-da

       Neg-Pres-Decl-Comp say-Decl   （＝(7b)）

(39) [引用節の後]

    a. ただ、時間をつぶしていると{しか/*ほか/*以外}思えない。

    b. 그저   시간을   때운다고   밖에   생각할

       geujeo sigan-eul ttaeun-da-go   bakk-e saenggaghal

       only   time-Acc kill-Decl-Comp *only*   think

       수   없다.

       su   eobs-da

       can Neg-Decl   （＝(8b)）

(36)-(39)において「しか」と「bakk-e」は用いられるが、「ほか/以外」は用いられない。

　次は、不特定読み(indefinite)の数量詞構文においても非対称性が生じることを示す。まず、以下の例文をみてもらいたい。

(40)　a.　(10人が来ると思っていたのに)3人{しか/*のほか/*以外}
　　　　　来なかった。　　　　　　　　　　(＝6章, (17a)-(19a))

　　　a'.　(10명이　　　　온다고　　　　　　생각했었는데)
　　　　　(10 myeong-i　on-da-go　　　　saenggaghaess-eoss-neunde)
　　　　　10 people-Nom come-Decl-Comp think-Past-though
　　　　　3 명　　　　밖에　　오지　　　　않았다.
　　　　　3 myeong bakk-e　o-ji　　　　　anh-ass-da.
　　　　　3 people　*only*　come-Comp Neg-Past-Decl

　　　b.　太郎は本代として100円{しか/*のほか/*以外}払わなかっ
　　　　　た。　　　　　　　　　　　　　　(＝同, (17b)-(19b))

　　　b'.　타로는　　　책　　값으로　　100엔　　밖에　지불하지
　　　　　Talo-neun chaeg gabs-eulo 100 en　　bakk-e jibulha-ji
　　　　　Taro-Top　book price-for　100 Yen *only*　pay-Comp
　　　　　않았다.
　　　　　anh-ass-da
　　　　　Neg-Past-Decl

　　　c.　大学の駐車場には車が1台{しか/*のほか/*以外}ない。
　　　　　　　　　　　　　　　　　　　(＝同, (17c)-(19c))

　　　c'.　대학　　　주차장에는　　　　　차가　　한 대 밖에
　　　　　daehag　　juchajang-e-neun　　cha-ga　han dae bakk-e
　　　　　university parking lot-Loc-Top car-Nom one　　*only*
　　　　　없다.
　　　　　eobs-da
　　　　　exist-Neg-Decl

　　　d.　韓国のソウルで日本のすし屋は一軒{しか/*のほか/*以
　　　　　外}ない。　　　　　　　　　　　(＝同, (17d)-(19d))

391

d'. 한국의　　　서울에서　일본의　　　초밥　　집은

hangug-ui Seoul-eseo ilbon-ui　　chobab jib-eun

Korea-Gen Seoul-Loc Japan-Gen Sushi　shop-Top

한　곳　<u>밖에</u>　없다.

han gos　bakk-e eobs-da

one place *only*　exist-Neg-Decl

(41) a. (10人が来ると思っていたのに)その3人{<u>しか</u>/<u>のほか</u>/<u>以外</u>}来なかった。　　　　　　　　(＝同, (20a)-(22a))

a'. (10명이　　　　온다고　　　　생각했었는데)

(10 myeong-i　on-da-go　　saenggaghaess-eoss-neunde)

10 people-Nom come-Decl-Comp think-Past-though

그　3명　　<u>밖에</u>　오지　　　　않았다.

geu 3myeong bakk-e o-ji　　　　anh-ass-da.

the 3 people *only*　come-Comp Neg-Past-Decl

b. 太郎は本代としてその100円{<u>しか</u>/<u>のほか</u>/<u>以外</u>}払わなかった。

b'. 타로는　　책　　값으로　그　100엔　<u>밖에</u>

Talo-neun chaeg gabs-eulo geu 100 en　bakk-e

Taro-Top book　price-for the 100 Yen *only*

지불하지　않았다.

jibulha-ji　anh-ass-da

pay-Comp Neg-Past-Decl　　(＝同, (20b)-(22b))

c. 大学の駐車場には車がその1台{<u>しか</u>/<u>のほか</u>/<u>以外</u>}ない。　　　　　　　　　　　(＝同, (20c)-(22c))

c'. 대학　　주차장에는　　　　　차가　　그 한 대

daehag　juchajang-e-neun　cha-ga　geu han dae

university parking lot-Loc-Top car-Nom the one

　　　밖에　　없다.

　　　bakk-e eobs-da

　　　only　　exist-Neg-Decl

d. 韓国のソウルで日本のすし屋はその一軒{しか/のほか/以外}ない。　　　　　　　　　　　　　　　　　（＝同, (20d)-(22d)）

d'. 한국의　　서울에서　일본의　　초밥　집은　　그

　　 hangug-ui Seoul-eseo ilbon-ui　chobab jib-eun　geu

　　 Korea-Gen Seoul-Loc Japan-Gen Sushi shop-Top the

　　 한　곳　　밖에　　없다.

　　 han gos　bakk-e eobs-da

　　 one place *only*　　exist-Neg-Decl

第6章の6.2節においても述べたように、「しか」は(40a-d)の不特定読み、及び(41a-d)の特定読みの数量詞構文において用いられるのに対し、「ほか/以外」は特定読みの数量詞構文にのみ用いられる。これに対し、「bakk-e」は(40a'-d')と(41a'-d')で分かるように、特定及び不特定読みの数量詞構文に用いられる。このような「bakk-e」は「しか」と同様である。

　以上、「ほか/以外」が持っていない「しか/bakk-e」の用法をみた。これをまとめると以下の(表4)のようになる。

(表4) 「しか/bakk-e」と「ほか/以外」の統語的相違点

統語環境　　　　　　　　　表現	しか	bakk-e	ほか	以外
a. 分布の自由性(後置詞・副詞/副詞句・動詞のテ形節・引用節への後接)	√	√	*	*
b. 不特定読みの数量詞構文	√	√	*	*

9.3.3. まとめ

　本節では日韓両言語の「其他否定」表現「しか/ほか/以外/bakk-e」の統語的類似点と相違点をまとめることにする。これらの四つの表現の統語的類似点と相違点を示すと(表5)のようになる。

(表5) 「しか/ほか/以外/bakk-e」の統語的類似点と相違点

統語環境　　　　　　　　　表現	しか	ほか	以外	bakk-e
a. 述語の極性: 否定のみ	√	√	√	√
b. ホスト名詞句との関係 ① ホスト名詞句との語順制限:なし ② ホスト名詞句の存在: 不要	√	√	√	√
c. 名詞句・述語・コト節への後接	√	√	√	√
d. NCIとの共起	*	√	√	√
e. 反語表現の構文	*	√	√	√
f. 分布の自由性(後置詞・副詞/副詞句・動詞のテ形節・引用節への後接)・任意性	√	*	*	√
g. 不特定読みの数量詞構文	√	*	*	√

上記の(表5a-c)は「しか/ほか/以外/bakk-e」の類似点であり、(表5d-g)はそれぞれの表現において相違点がみられる特徴である。ここで本書が注目するのは「bakk-e」の振る舞いである。(表5a-g)において「bakk-e」はすべての生起環境で生起可能な唯一の表現である。以上の観察に基づき「bakk-e」は「しか」及び「ほか/以外」の用法を含む多機能的な表現であることが明らかになった。

　以下、本書では「しか」と対応する「bakk-e」を「bakk-e1」に、「ほか/以外」と対応する「bakk-e」を「bakk-e2」に分け、それぞれの認可条件が異なると主張する。次節では「bakk-e1」と「bakk-e2」のそれぞれの認可条件について述べ、「bakk-e」をこのように二つに分ける必然性について論じる。

9.4.「bakk-e」の認可条件

　従来「bakk-e」の認可条件に関して述べてきた先行研究シ・ジョンゴン(시정곤1997c)、A.H.-O Kim(1997)、Kuno & Kim(1999)、Kuno & Whitman(2004)などは「bakk-e」の認可条件を一つ挙げており、それぞれ異なる分析を行っている。しかしこの場合、日本語の「其他否定」表現との対照研究から得た上記の(表5)における「bakk-e」の用法がうまく説明できない問題点が生じる。第6章の6.3節において「しか」と「ほか/以外」は認可条件が互いに異なると主張し、その根拠を提示したが、「bakk-e」は「しか」だけではなく、「ほか/以

外」の用法も含んでいるので、当然「bakk-e1」と「bakk-e2」の認可条件も互いに異なることになる。以下では、「bakk-e1」と「bakk-e2」の認可条件を提案し、その根拠を提示する。

9.4.1. 「bakk-e1」の認可条件

　本節では「bakk-e1」の認可条件についてみる。上記で「bakk-e1」は「しか」と対応する用法であると述べたが、その認可条件も「しか」と同様であると提案する。すなわち、第6章の6.3節でみた「しか」の認可条件と同様にNegから直接認可されると提案する。これを以下の樹形図で確認する。

(図1)　「bakk-e1」の認可条件(主語位置に現れる場合)

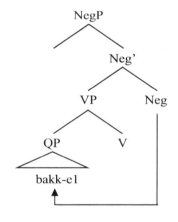

上記の(図1)は「bakk-e1」が主語位置に現れる場合である。主語または目的語位置に現れる「bakk-e1」の統語位置は第8章の8.3節でみたように項位置に生起すると考えられる。また、後置詞など

に後接する付加部位置の「bakk-e1」もNegから直接認可されると
考えられる。

9.4.2. 「bakk−e2」の認可条件

　本節では「bakk-e2」の認可条件についてみてみる。「bakk-e1」
は「ほか/以外」と対応する用法であるため、その認可条件も「ほか/
以外」の場合と同様であると提案する。つまり、「bakk-e2」は第6
章の(図2)でみた「ほか/以外」の認可条件と同様に、それ自体が
Negに認可されるのではなく、「bakk-e2」と同じ構成素を成して
いる非顕在的「不定語do」が認可されると考えられる。要する
に「bakk-e2」は「bakk-e1」と異なり項として機能するのではなく、
名詞句にかかる一種の例外表現の修飾語句(modifier)であるとい
うことである。このことを樹形図で示すと次のようになる。

(図2)　「bakk-e2」の認可条件(主語位置に現れる場合)

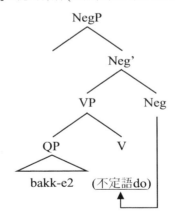

上記の(図2)は「bakk-e2」が主語位置に生起する場合である。この場合、「bakk-e2」は付加部として機能するためproが存在している。

　以下、この提案を例文で確かめてみる。まず、NCIと共起した文についてみる。

(42) a. <u>아무도</u> '아스펙트' 밖에 읽지　　　 않았다.
　　　 amu-do Aspects　　bakk-e ilg-ji　　　 anh-ass-da
　　　 anyone Aspects　　*only* read-Comp Neg-Past-Decl
　　　 「解釈 i . すべての人が「アスペクト」だけ読んだ。
　　　 解釈 ii . 誰も「アスペクト」だけ読まなかった。」　(＝(32a'))

　　 b. <u>아무도</u> '아스펙트' 밖에　<u>아무것도</u>　　 읽지
　　　 amu-do Aspects　bakk-e amugeos-do ilg-ji
　　　 anyone Aspects　*only*　 *anything*　　read-Comp
　　　 않았다.
　　　 anh-ass-da
　　　 Neg-Past-Decl
　　　 「(Lit.)誰も「アスペクト」しか何も読まなかった。」

(43) a. 타로 <u>밖에</u>　　<u>아무것도</u>　　먹지　　　 않았다.
　　　 Talo bakk-e amugeos-do meog-ji　　anh-ass-da
　　　 Taro *only*　 *anything*　　　eat-Comp Neg-Past-Decl
　　　 「解釈 i . 太郎を除いて誰も何も食べなかった/太郎だけ何
　　　　　　　 かを食べた(Except for Taro, no one ate anything/
　　　　　　　 Only Taro ate something)。
　　　 解釈 ii . 太郎だけ何も食べなかった(Only Taro didn't eat
　　　　　　　 anything)。」　　　　　　　　　　　　(＝(32b'))

    b. 타로 <u>밖에</u>　<u>아무도</u>　<u>아무것도</u>　먹지

      Talo bakk-e amu-do amugeos-do meog-ji

      Taro *only*　*anyone anything*　　eat-Comp

      않았다.

      anh-ass-da

      Neg-Past-Decl

      「(Lit.)太郎しか誰も何も食べなかった。」

(44)　a.　노인　　<u>밖에</u>　<u>결코</u>　방문하지　　　않는다.

      noin　　bakk-e gyeolko bangmunha-ji anh-neun-da

      old man *only*　*never*　visit-Comp　　Neg-Pres-Decl

      「(Lit.)お年寄りしか決して訪れない。」　　　　(＝(33b'))

    b.　노인　　<u>밖에</u>　<u>아무도</u>　<u>결코</u>　방문하지

      noin　　bakk-e amu-do gyeolko bangmunha-ji

      old man *only*　*anyone never*　visit-Comp

      않는다.

      anh-neun-da

      Neg-Pres-Decl

      「(Lit.)お年寄りしか誰も決して訪れない。」

(42a)-(44a)の「bakk-e」句の右側に二重下線部の「不定語do」を顕
在化させ適用してみたのが(42b)-(44b)である。(42a)-(44a)におい
て「不定語do」を顕在化しまいが、(42b)-(44b)のように顕在化し
ようが許容度は変わらない。これは(42a)-(44a)における「bakk-e」
について「不定語モ」が非顕在的に存在しているという証拠である
と示唆される。次は、(42a)(43a)の「bakk-e」は話者によってなぜ2

通りの異なる解釈に分かれるのかについて第8章に続き再びみることにする。第8章の8.1.1節において(42a)(43a)は韓国語母語話者によって2通りの異なる解釈に分かれると述べたが、(42b)(43b)の場合は1通りの解釈のみが得られる。これに関しては、第8章の8.3.2節において、韓国語の多重NCI構文はNCIが付加部位置に生起すると1通りの解釈しか得られないと述べた。この点に基づくと、(42b)(43b)における「bakk-e」、「不定語do」はすべて付加部位置に生起することが示唆される。実際に第8章の8.1.1節において、(42b)(43b)における「bakk-e」は例外表現「oe-e」と置き換えが可能であることを述べた。要するにこの場合の「bakk-e」は「ほか/以外」と対応する「bakk-e2」の用法である。このような「bakk-e2」の用法は(42a, b)の(解釈ⅰ)における「bakk-e」と同様であり、この解釈が得られる話者はこの場合の「bakk-e」を「bakk-e2」の用法で捉えていることが示唆される。これに対し、(42a, b)の(解釈ⅱ)が得られる話者はこの場合の「bakk-e」を「bakk-e1」の用法で捉えていると考える。すなわち、この場合の「bakk-e」は項位置に生起し、NCIではなく、NPIとして[5]機能するタイプである。要するに、(42a)と(42b)において話者によって2通りの異なる解釈が得られるのは、「bakk-e」には2用法が存在し、(42a, b)の(解釈ⅱ)においては「bakk-e1」の用法が、(42a, b)の(解釈ⅰ)において「bakk-e2」

---

5 本書は、このように項位置に生起する「bakk-e」をNPIとして捉えているが、これを本当にNPIとして捉えてもよいかどうかに関しては、さらなる研究が必要であろう。項位置に生起する「しか」に関しても同様であり、これに関する内容は第3章の3.3節を参照されたい。

の用法が話者によってそれぞれ異なるためである。しかし、ここで一つ疑問が挙げられる。というのは、(44a)のような「bakk-e」はなぜ話者によって2通りの解釈に分かれないのかということである。これに関しては、現時点では不明である。ただし、現在考えられる可能性としては、統語位置と関わりがあるのではないかと考える。すなわち、(42a)(42b)の「不定語do」は付加部として機能するが、ホスト名詞句に付加している一種の数量詞のように機能するのに対し、「gyeolko」はVP-adjunctとして単独で副詞として機能する。このような両者の統語位置の相違点から「bakk-e」が「不定語do」または「gyeolko」と共起すると、何らかの統語的制約(syntactic contraint)によって、解釈において異なる振る舞いを示すのではないかと考える。これは今後の課題とする。

　また、(17a', b')(18a', b')(19b)(20b)の例文は被認可表現「不定語do」がすでに顕在化され、Negに認可されている。また、「bakk-e2」は「不定語do」との語順制限から両者が単一構成素を成していることが分かる。

(45)　a. 여기는　　　　우리들　밖에　아무도i 없다.
　　　　　yeogi-neun　　uli-deul bakk-e amu-do eobs-da
　　　　　this place-Top we-Pl　*only*　*anyone* exist-Neg-Decl
　　　　　「(Lit.)ここは私たちしか誰もいない。」
　　 b.*여기는　　　　아무도i 우리들　밖에　　없다.
　　　　　yeogi-neun　　amu-do uli-deul bakk-e eobs-da
　　　　　this place-Top *anyone* we-Pl　*only*　exist-Neg-Decl

「(Lit.)ここは誰も私たちしかいない。」

(46) a. <u>아무도</u> '아스펙트' <u>밖에</u>　<u>아무것도</u>i　읽지

amu-do　Aspects　bakk-e amugeos-do ilg-ji

anyone Aspects　*only*　*anything*　read-Comp

않았다.

anh-ass-da

Neg-Past-Decl

「(Lit.)誰も「アスペクト」しか何も読んだ。」

b.*<u>아무도</u>　<u>아무것도</u>i '아스펙트' <u>밖에</u>　읽지

amu-do　amugeos-do Aspects　bakk-e ilg-ji

anyone *anything*　Aspects　*only*　read-Comp

않았다.

anh-ass-da

Neg-Past-Decl

「(Lit.)誰も何も「アスペクト」しか読んだ。」

(45b)(46b)は(45a)(46b)の「bakk-e-不定語do」の語順をかき混ぜ操作により「不定語do-bakk-e」のように変えた文であるが、不適格になる。この現象は(12)でみた「bakk-e」とホスト名詞句との語順関係とは非対称的である。これは「bakk-e」と「不定語do」が一つのまとまりを成していることを示唆する証拠である。

　次は(表5e)の反語表現の構文の場合についてみる。上記の(25b)(26b)の反語表現の構文において「bakk-e」は生起できると述べた。下記にその例文を再掲する。

(47)　a. 이것을　지원할　사람은　　그 사람　<u>밖에</u>

　　　　igeos-eul jiwonhal salam-eun　geu salam bakk-e

　　　　this-Acc　support　person-Top he　　　*only*

　　　　nu-ga　　(tto)　　issgessneun-ga

　　　　누가　　(또)　　있겠는가？

　　　　who-Nom (again) exist-will-Int

　　　　「これを支援する人は彼しか誰がいるのか？」

　　b. 타로가　　할 수 있는　　일이라는 것이　이것 <u>밖에</u>

　　　　Talo-ga　　hal su issneun ililaneun geos-i igeos bakk-e

　　　　Taro-Nom do can work　thing-Nom　　this *only*

　　　　뭐가　　(또)　　있겠는가？

　　　　mwo-ga　(tto)　　issgessneun-ga

　　　　what-Nom (again) exist-will-Int

　　　　「太郎ができる仕事ってこれしか何があるのか？」

　　　　　　　　　　　　　　　　　　　　　　　（＝(25b)(26b)）

ここで第6章の6.3.1.2節において述べた「ほか/以外」の認可条件を思い出してもらいたい。すなわち、英語の「minimizer」に関して述べたLinebarger(1987)の提案を採用し、反語表現の構文において用いられる「ほか/以外」はLFにおいて被認可表現「不定語モ」が現れ、Negに認可されると述べた。これと同様に

　「bakk-e」が(47)の反語表現の構文において用いられるのは、LFにおいてそれぞれ以下のような構造を持つからであると提案する。

(48) a. (47a)のLF構造:

이것을　지원할　사람은　　그　사람　밑에

igeos-eul jiwonhal salam-eun geu salam bakk-e

this-Acc support   person-Top he   *only*

아무도　없다.

amu-do eobs-da

anyone exist-Neg-Decl

「(Lit.)これを支援する人は彼しか誰もいない。」

b. (47b)のLF構造:

타로가　　할 수 있는　　일은　　　이것 밑에

Talo-ga   hal su issneun il-eun   igeos bakk-e

Taro-Nom can do   thing-Top this *only*

아무것도　　없다.

amugeos-do eobs-da

anything   exist-Neg-Decl

「(Lit.)太郎ができる仕事ってこれしか何もない。」

すなわち、LFにおいて二重下線部の被認可表現「不定語do」が
Negによって認可されるため、(47)が適格になる。

　以上、「bakk-e2」の認可条件についてみた。次節では、9.4.1
節と9.4.2節において述べた「bakk-e」の認可条件をまとめる。そし
て、「bakk-e」を上記のように二つに分けるべきさらなる必然性を従
来の研究の問題点に着目して述べる。

9.4.3. まとめ

「bakk-e」の認可条件をまとめると下記のようになる。

(49)「bakk-e」の認可条件

    a. 「bakk-e1」:「しか」と対応する用法で、「しか」と同様に
          Negに直接認可される。

    b. 「bakk-e2」:「ほか/以外」と 対応する用法で「ほか/以外」と
          同様に同じ構成素を成している非顕在的「不
          定語do」がNegに認可される。

第8章の8.3節において、「bakk-e」は２用法を持っていると述べた
が、その理由は、(49)からでも分かるように、「bakk-e」が二つの
異なる認可条件を持つ表現であるからである。

  次は、「bakk-e」を二つに分けるべきさらなる必然性について述
べる。本書が提示する(49b)の「bakk-e2」の認可条件に関して
は、実はシ・ジョンゴン(시정곤1997c)とA.H.-O Kim(1997)におい
ても類似した指摘がなされているが、シ・ジョンゴン[6]とA.H.-O

6　ほかにもシ・ジョンゴンは「bakk-e」は以下のように否定命令文(Negative
  Imperative Sentence)に用いられないためNCIではなく、単なる例外表現と
  して捉えるべきであると主張する。
  (ⅰ) *너 밖에 오지　　　　마라.
     neo bakk-e o-ji　　　ma-la
     you *only*　　come-Comp Neg-Decl
     「君しか来るな。」　　　　　(シ・ジョンゴン(시정곤1997c:195, (45가)))
  しかしながら、本書は韓国語における否定命令文の「-ji mal-da(-지 말다)」の
  「mal(말)」は[＋NEG]素性を持っていないと考える。実際ソ・ジョンス(서정수
  1996)などによると、「mal」は漢字語「末」から派生されてきたとされ、「mal
  (末)-da」は「止める」の意味を持つとされる。
  (ⅱ) a.　술을　　마시지　　마라.
       sul-eul　masi-ji　ma-la
       alcohol-Acc drink-Comp stop-Decl
       「お酒を飲むな。」
    b.　Don't drink alcohol.

Kimは「bakk-e1」については何も触れていない。「bakk-e2」の認可条件のみでは「bakk-e」が「しか」と対応する用法、例えば以下のように後置詞/副詞/動詞のテ形節/引用節の後に生起する場合の「bakk-e」の認可条件が説明できなくなる。

(50)　a.　철수는　　　　지하　　　5층까지　　　밖에　가
　　　　　Cheolsu-neun jiha　　　5 cheung-kkaji bakk-e ga
　　　　　Cheolsu-Top　basement 5th floor-up to *only*　go
　　　　　본 적이　　　　없다.
　　　　　bon jeog-i　　　eobs-da.
　　　　　experience-Nom exist-Neg-Decl
　　　　　「チョルスは地下5階までしか行ったことがない。」

（＝8章, (30a)）

　　　　b.　천천히　　　밖에　걸을　　　수　없다.
　　　　　cheoncheonhi bakk-e geol-eul　su　eobs-da
　　　　　slowly　　　　*only*　walk-Acc can Neg-Decl
　　　　　「ゆっくりしか歩けない。」　　　　　　（＝(5b)）

　　　　c.　환자　단체를　　　통해서　　　밖에　취급하지
　　　　　hwanja danche-leul tonghaeseo bakk-e chwigeubha-ji
　　　　　patient group-Acc through　　*only*　treat-Comp

---

　　　b'. Stop drinking alcohol.
要するに韓国語の否定命令文の直訳は英語の(ⅱb)より(ⅱb')により近いということである。よって、韓国語の否定命令の形態素「mal」は否定の形態素「anh」と異なり厳密には[＋NEG]素性を持っていない可能性が高い。事実、シン・チャンスン(신창순1971)、ハン・ギル(한길1978)、シン・ウォンジェ(신원재1987)、キム・ソンファ(김성화1989)、ソ・ジョンス(서정수1996)も韓国語の否定命令文は否定の用法を担っていないと主張している。以上より(ⅰ)の否定命令文において「bakk-e」が用いられないのは、「mal」が[＋NEG]素性を持たないので「bakk-e」を認可できず不適格になると考えられる。韓日両言語における否定命令文に関しては朴(2019c)を参照されたい。

않는다고　　　　　한다.

anh-neun-da-go　　　han-da

Neg-Pres-Decl-Comp say-Decl

「患者団体を通じてしか扱わないという。」　　（＝(38b)）

d. 그저　시간을　때운다고　　밑에　생각할　　수

geujeo sigan-eul ttaeun-da-go　bakk-e saenggaghal su

only　time-Acc kill-Decl-Comp *only*　think　can

없다.

eobs-da

Neg-Decl

「ただ、時間をつぶしているとしか思えない。」　（＝(39b)）

(50)における「5 cheung-kkaji bakk-e(5층까지 밑에, 5階までしか)/

cheoncheonhi bakk-e(천천히 밑에, ゆっくりしか)/tonghaeseo bakk-e

(통해서 밑에, 通じてしか)/ttaeun-da-go bakk-e(때우다고 밑에,

つぶしているとしか)」は「不定語do」の想定がそもそも不可能であ

る。この場合の「bakk-e」の認可条件は「しか」と対応する「bakk-e1」

に従い、Negから直接認可されるオプションしかないと思われる。

他方、キム・ヨンヒ(김영희1998)、Kuno & Kim(1999)、Sells(2001)

(2005)、Kuno & Whitman(2004)などは「bakk-e」はNegに直接認

可されなければならないと主張する。しかし、このような分析では、

多重NCI構文及び反語表現の構文において用いられる「bakk-e」

の認可条件がうまく説明できない。よって、本書のように「bakk-e」

を二つに分け捉えると従来解決できなかった「bakk-e」の性質、特

に認可条件が明らかになると考えられる。

　次節では「bakk-e」が「しか」の持っていない「ほか/以外」の用法まで含んでいる理由についてみてみる。

9.5. なぜ「bakk-e」は「ほか/以外」の用法まで含んでいるのか

　前節までは「bakk-e」は「しか」だけではなく「ほか/以外」とも対応すると述べ、それぞれの用法の相違点を統語的アプローチから考察した。本節では傍証に過ぎないが、「bakk-e」が「ほか/以外」の用法まで含む事実は両表現の形態的類似性及びNCIへの文法化過程の類似性に起因することを述べたい。

9.5.1. 形態的類似点

　まず、第一の可能性として「bakk-e」と「ほか(に)/以外(に)」との形態的類似性についてみてみる。(51)から両者の形態的特徴が似ていることが分かる。

(51) a. 「bakk」(外/他 → 名詞) + e(に →場所格) → 「bakk-e」
　　　b. 「ほか」(外/他 → 名詞) + 　(に) 　　　　→ 「ほか(に)」
　　　c. 「以外」(外 → 名詞) 　+ 　(に) 　　　　→ 「以外(に)」

つまり、「bakk-e」と「ほか(に)/以外(に)」は「外/他」という名詞に場所格が合成されたものである。また両者は以下のように「は」に後接されるのが可能である。

(52) a. 꿈　　밑에는　　　아무것도　가지고 있지 않은
　　　 kkum bakk-e-neun amugeos-do gaji-go iss-ji anhneun
　　　 dream *only* -Top　 *anything*　 have-Prog　 Neg
　　　 소녀.
　　　 sonyeo.
　　　 girl
　　　「(Lit.)夢しかは何も持っていない少女。」
　　 b. 夢のほか(に)は何も持っていない少女。
　　　　　　　　　　　　　　　　　　　　　(朝日新聞 2004/6/30)
　　 c. 夢以外(に)は何も持っていない少女。

(52)は「bakk-e」と「ほか(に)/以外(に)」が「neun(는, は)」、「は」に前接する例文であるが、すべて許容される。ちなみに、このような分布は下記のような「しか」にはみられない。

(53)　*夢しか(に)は何も持っていない少女。

「しか」は(53)から「(に)は」に前接することができないことが分かる。
　以上のような「bakk-e」と「ほか/以外」との形態的な類似点は、「bakk-e」が「ほか/以外」の用法を持っている要因の一つの手掛かりになると考えられる。

9.5.2. NCIへの文法化現象の類似点

　本節では、「bakk-e」と「ほか」のNCIへ[7]の文法化[8]の成立過程の類似性に注目したい。此島(1966:255)(1983:185[9])、山口(1991)、宮地(1997:55)(1999)(2000)(2007)などによると、「ほか」は最初は名詞として使われていたとされる。すなわち、現代語の「ほか」にみられるNCIとしての用法は最初はみられなかったわけである。宮地(2007)は方言分布により、「「より」と「ほか」を古語-上方語-大阪方言と連なる近畿方言圏で、「きり」と「しか」を東国方言-江戸語-東京方言と連なる東国方言圏」というふうに、NCIの歴史的変遷を指摘している。宮地は「より」と「ほか」のNCIとしての用法は中世前期まで一切みられないが、中世後期から徐々に現れ始め近世前期に定着したと述べている。これをまとめると以下のようになる。

　　(54)　a.　X{ノ・ヨリ}ホカ{ノ・ニ}(Y・コト・ニ)ハ　ナシ[10]

　　　　　　　　　　　　　　　　　　　　　　・・・～中世前期

7　厳密には、この場合の「bakk-e」と「ほか」はNCIではなくこれらの表現と同じ構成素を成している被認可表現「不定語do(モ)」が真のNCIである。しかし、以下では「bakk-e」と「ほか」が否定文にのみ生起するように文法化されたことをNCI化と呼ぶことにする。

8　文法化(grammaticalization)とは、実質的な意味を有する自立的な語彙項目がその実質的な意味と自立性を失い、文法的な機能を担うように変化する過程のことである。詳細は、Hopper & Traugott(1993)を参照。

9　「…(中略)「ほか」は名詞「外」が助詞化したもの…」のように指摘されている。

10　(54)に使われている記号は宮地(1997:55)によるものであり、その意味は以下の通りである。
　　(ⅰ) X/Y:名詞句(相当句)　V:動詞　∅:無助詞　():省略可能
　　(ⅱ){・}:省略不可能な選択。「X{ノ・ヨリ}ホカ」は、「Xノホカ」または「Xヨリホカ」

　　　b.　X{ノ・ヨリ}ホカ{(ニ)ハ・∅}ナシ

　　　　　X{ノ・ヨリ}ホカ ∅ ナシ　　　　　　　　　　…中世後期

　　　c.　X格助詞/副助詞+(ヨリ)ホカ(V)ナイ:ホカ・ヨリホカ<u>NCI化</u>[11]

　　　　　　　　　　　　　　　　　　　　　…近世前期

　　　d.　Xヨリ〈比較〉ナイ

　　　　　Xヨリハ　ナイ

　　　e.　X格助詞/副助詞+(ヨリ)ホカ(V)ナイ:ヨリ<u>NCI化</u>

　　　　　　　　　　　　　　　　…近世末～明治期

　　　　　　　　　　(宮地(1997:50を一部改変))

上記の「ほか」のNCIへの文法化過程について品詞を入れて修正し、
大まかにまとめると、(55)のようになる(詳細は宮地(2007)を参照)。

(55)　「ほか」のNCIへの文法化過程
　　　時期:　～中世前期　　　　中世後期　　　　　近世前期
　　　　　ホカ(名詞(外・他)> ホカ(名詞(外・他)・ヨリホカ(に)(NCI)
　　　時期:　近世末～明治期
　　　　　　> (ヨリ)ホカ[12] (名詞(外・他), NCI)

(55)の「ほか」は時代と共にNegとの相関、すなわちNCIとしての
用法を持ったのが目立つ。また、「ロドリゲス大文典」の「後置詞の
構成」には、「ほか」が否定と共起することについて次のように述べ

11　宮地(1997)はこれを係助詞化と呼んでいる。
12　松尾(1928:419)、此島(1966:257)、山口(1991)などは、江戸時代後期に
　　は「ほか→はちゃ」という過程もみられると指摘しているが、本書では深入りし
　　ない。これに関しては山口(1991:44)を参照してもらいたい。

られている。

(56) FOCA 第二。Yori Focaは名詞か動詞かの後に置かれて、以外にはといふ意を表し、その後に否定動詞が続くのが普通である。 (ロドリゲス大文典・二・後置詞の構成)

さらに、江戸時代の前期までNCIの用法を持っていた「ほか」は「より」を伴い、常に「よりほか」の形で使われたが、江戸時代の後期以降、(57)のように「より」が落とされ、「ほか」だけの形として用いられるようなったとされる(山口(1991:43))。

(57) a. 「今日も凡六里ほか歩かぬ」といふた。
b. 夫でたったよろつめほかおかげがねへ。

以上、「ほか」のNCIへの文法化の過程をみた。次に、「bakk-e」について検討する。ホ・ジェヨン(허재영2002:206)と17세기 국어사전 상(17世紀国語辞典 上:1235-1237)によると、「bakk-e」も「ほか」と同様に最初はNCIの用法を持っていなかったと指摘される。また、ホ・ジェヨン、17세기 국어사전 상(17世紀国語辞典 上)そして우리말 어원 사전(韓国語の語源辞典:424-425)によると「bakk-e」は最初は「bas(밧)」という名詞として使われており、それに場所格の「gui(긔)」が付いて副詞になったとされる。このことを以下のデータで確認する。

(58)　a. 주인이　문　<u>밧긔</u>　보내여　　再拝하고.

（家礼3:16b, 17世紀中期）

juin-i　　mun　basgui　bonae-yeo jaebaehago

husband door *outside* make go　greet again

「(Lit.)主人が門の外に行かせ、再拝し。」

　　b. 천리　　　　　<u>밧긔</u>　걱정을　　　　식이면

cheonli　　　　basgui geogjeong-eul sigi-myeon

long distance *outside* worries-Acc　eliminate-if

엇덜가　　보니.　　　　　　　（秋史諺簡, 18世紀後期）

eosdeolga boni

what　　　about-Int

「(Lit.)千里の外の心配をなくせばどうだろうか。」

（ホ・ジェヨン(허재영2002:206, (27)を一部改変[13]))

(58a)と(58b)の「bas-gui(밧긔)」はそれぞれ17世紀の中期と18世紀の後期に作られた作品であるが、このときの「bas-gui(밧긔)」は「外に」の意味を持ち、副詞として用いられ、まだNCIの用法は一切みられないことが分かる。また、これは以下の15世紀中期の作品においても確かめられる。

(59)　a. 東門(동문) <u>밧긔</u>　독소리 젓그니　　聖人(성인)

dongmun　basgui dogsoli geosgeu-ni seongin

east gate　*outside* a dward pine tree　saint devine

13　ホ・ジェヨンにおいては、引用された作品の時期に関しては表記されないが、本書が適宜修正し、入れたものである。このことは(58b)、(60)も同様である。

神功(신공)이 쏘　엇더ᄒ시니.

singong-i　tto　eosdeo-ha-si-ni

help-Nom　again how-do-Hon-Int

「(Lit.)東門の外に松が折られ、成人の神攻がまたどうだろう。」

b. 城(성) <u>밧긔</u>　브리 비취여　十八子(십팔자)ㅣ

seong　basgui beuli bichwi-yeo Sibpalja-ga

castle *outside* light flash　Sibpalja-Nom

救(구)ᄒ시려니　가라 ᄒ딜　가시리잇가.

guha-si-lyeoni　gala　handael ga-si-liisga

save-Hon-try order to go　though　go-Hon-Int

「(Lit.)お城の外に光が光り、十八子が救うだろうのに行けと言われても行くのでしょうか。」

(龍飛御天歌, 15世紀中期)

ホ・ジェヨンと우리말 어원 사전(韓国語の語源辞典)によると「bakk-e」がNCIとしての用法を持ち始めたのは、1920年以降のことであると指摘される。また、現代語の「bakk-e」の形態の前に19世紀末期-20世紀前期の間「bas-ge(밧게)」という形態が存在しNegとの呼応の用法がみられると指摘する。例文でこれを確認する。以下の例文をみてもらいたい。

(60)　a. 노릭에　정붓칠　것은　술　<u>밧게</u>

nolae-e　jeongbuschil geos-eun sul　bas-ge

song-with matching　thing-Top alcohol *only*

업소구려.　　　　　　　　　　(秋月色:20世紀前期)

eobsogu-lyeo

not exist-Modal

「(Lit.)歌に合うのはお酒しかないだろう。」

(ホ・ジェヨン(허재영2002:206, (27)))

b. 지금　　세상에는　　　　단 하나 밧게

jigeum syesyang-eneun　　dan hana bas-ge

now　　this world-Loc-Top only one *only*

업슬 터일세.　　　　　　(行楽図16:20世紀前期)

eobs-eul teo-ilse

not-exist-Modal

「(Lit.)今世の中にはたった一つしかないはずだろう。」

(同:201, (17))

以上の「bakk-e」のNCIへの文法化過程を大まかにまとめると、(61)のようになる。

(61)　「bakk-e」のNCIへの文法化過程

時期: 中世後期　～　近世後期　　　　　　　明治前期

bas(밧, 名詞:外)> bas-gui(밧긔, 副詞:外に・以外に)> bas-ge(밧게,

時期:　　　　　　　　　近代前期(1920年代以降)

副詞:外に・以外に/NCI)> bakk-e(밖에, 副詞:外に・以外に/NCI)

(61)のような「bakk-e」の振る舞いは「ほか」と非常に類似している。(55)で確認したように「ほか」も最初は名詞として使われ、それが前接には「の」あるいは「より」が、後接には「の」または「に」が付い

415

て、副詞になり結局NCIとして使われるようになった。

　以上の「ほか」と「bakk-e」のNCIとしての文法化の過程をまとめると(62)のようになる。

　　(62)　「ほか」と「bakk-e」におけるNCIへの文法化過程
　　　　a.　時期: ～中世前期　　　中世後期　　　　　近世前期
　　　　　　　　ホカ(名詞(外・他)> ホカ(名詞(外・他)・ヨリホカ(に)(NCI)
　　　　　　　時期: 近世末～明治期
　　　　　　　　　>(ヨリ)ホカ(名詞(外・他)NCI)　　　　　　(＝(55))
　　　　b.　時期: 中世後期　　　～　　近世後期　　　　明治前期
　　　　　　　　bas(밧, 名詞:外)> bas-gui(밧긔, 副詞:外に・以外に)> bas-ge(밧게,
　　　　　　　時期:　　　　　　　　近代前期(1920年代以降)
　　　　　　　副詞: 外に・以外に/NCI)> bakk-e(밖에, 副詞:外に・以外に/NCI)
　　　　　　　　　　　　　　　　　　　　　　　　　(＝(55), (61))

(62)は「ほか」と「bakk-e」の「名詞→副詞→NCI」への文法化過程の類似性を示している。事実、このような両者の「名詞→副詞→NCI」への歴史的変遷過程は自然言語において決して珍しいことではない。前述のような文法化過程はいわゆる脱範疇化(decategorialization)をもって説明されると考える。脱範疇化とは、ある形式が語彙形式から文法形式に文法化するとき、それは、名詞や動詞といった主要な文法的範疇に認められるような形態論的・統語的特性を失う現象のことである(Hopper & Traugott 1993: 103-106)。Hopper & Traugott (1993:106-112)はその範疇性の

漸次変容(cline of categoriality)として次のように示す。

(63)　　名詞・動詞 > 形容詞・副詞 > 前置詞・接続詞・助動詞・代
　　　　名詞・指示代名詞

本書は(63)の下線部の「名詞>副詞>前置詞」に注目する。この図
式は本書が提示した「名詞>副詞>後置詞(NCI)」と非常に類似す
る。

　それでは「以外」の文法化過程はどうであろうか。現時点では
「以外」の正確な文法化過程は不明である。ただし、下記のような
日本国語大辞典(第六巻:494)の「以外」の語誌から、NCIへの文
法化過程が伺える可能性がある。

　　　　　語誌: 中国の典籍に用いられており、日本でも熟字として
　　　　　はすでに奈良時代の文献にあるが、その読みは、日本書
　　　　　記古訓によると「ほか」である。また、平安中期の古記録・
　　　　　古文書にも見られるが、その読みは「もってのほか」であ
　　　　　る。　　　　　　　　　　　　(日本国語大辞典 第六巻:494)

事実、韓国語の「其他否定」表現にも類似した現象がみられる。第
８章の8.3.1節において「bakk-e」と類似した表現として「oe-e」が存
在すると述べた。また、「oe-e」は「外に」の漢字語であり、「bakk-e」
は固有語であることもみた。実際に両者の振る舞いは以下のように
非常に類似している。

417

(64) a. 철수　　　{밑에/외에}　오지　　　　　않았다

　　　　Cheolsu{bakk-e/oe-e} o-ji　　　　anh-ass-da

　　　　Cheolsu{*only*/*except*} come-Comp　Neg-Past-Decl

　　　　(*왔다).

　　　　(*wa-ss-da)

　　　　(come-Past-Decl)

　　　　「チョルス{しか/以外(のほか)}来なかった(*来た)。」

　　b. 진학을　　　　포기하는　수　　{밑에/외에}

　　　　jinhag-eul　　pogihaneun su　　{bakk-e/oe-e}

　　　　entering upon studies-Acc give up{*only*/*except*}

　　　　없었다　　　　(*있었다).

　　　　eobs-eoss-da　(*iss-eoss-da)

　　　　Neg-Past-Decl(exist-Past-Decl)

　　　　「進学をあきらめる{しか/以外(ほか)}なかった(*あった)。」

(65) (ⅰ) ホスト名詞句が明示されなくてもよい。

　　a. 철수는　　　　소주{밑에/외에}　음료를

　　　　Cheolsu-neun soju {bakk-e/oe-e} eumlyo-leul

　　　　Cheolsu-Top　sake {*only*/*except*} drink-Acc

　　　　마시지　　　않았다.

　　　　masi-ji　　　anh-ass-da.

　　　　drink-Comp Neg-Past-Decl

　　　　「太郎は焼酎{しか/以外(のほか)}飲み物を飲まなかった。」

　　a'. 철수는　　　　소주{밑에/외에}　마시지

　　　　Cheolsu-neun soju{bakk-e/oe-e} masi-ji

　　　　Cheolsu-Top　sake{*only*/*except*} drink-Comp

　　　　않았다.

　　　　anh-ass-da

　　　　Neg-Past-Decl

「太郎は焼酎{しか/以外(のほか)}飲まなかった。」

(ⅱ) ホスト名詞句の後に位置できる。

b. 철수는　　　소주{밖에/외에}　음료를

Cheolsu-neun soju{bakk-e/oe-e} eumlyo-leul

Cheolsu-Top　sake{*only*/*except*}　drink-Acc

마시지　　　않았다.

masi-ji　　　anh-ass-da.

drink-Comp Neg-Past-Decl

「太郎は焼酎{しか/以外(のほか)}飲み物を飲まなかった。」

b'. 철수는　　　음료를　　　소주{밖에/외에}

Cheolsu-neun eumlyo-leul soju {bakk-e/oe-e}

Cheolsu-Top　drink-Acc　sake {*only*/*except*}

마시지　　　않았다.

masi-ji　　　anh-ass-da.

drink-Comp Neg-Past-Decl

「太郎は飲み物を焼酎{しか/以外(のほか)}飲まなかった。」

「bakk-e」と「oe-e」は上記の(64)のような例文において否定文にのみ生起できる。また(65)から分かるように両者はホスト名詞句との関係において類似する。興味深いことに、「oe-e」は「bakk-e2」と同様の用法を持つ。以下の例文をみてもらいたい。

(66) a. 그녀　　{밖에/외에}　아무도　알 수 없는

geunyeo{bakk-e/oe-e} amu-do　al su eobsneun

she　　{*only*/*except*} *anyone*　know-can-Neg

일이었다.

ili-eoss-da

thing-Past-Decl

「(Lit.)彼女{しか/以外(のほか)}誰も知ることができないこ
とだった。」

b. 옷　　　{밧에/외에}　아무것도　　없었다.

os　　　{bakk-e/oe-e} amugeos-do eobs-eoss-da

clothes{*only*/*except*} *anything*　　　exist-Neg-Past-Decl

「(Lit.)服{しか/以外(のほか)}何もなかった。」

(67) a. 이것을　지원할　사람은　　그 사람　{밧에/외에}

igeos-eul jiwonhal salam-eun　geu salam{bakk-e/oe-e}

this-Acc　support　person-Top he　　　　{*only*/*except*}

누가　　　(또)　　있겠는가?

nu-ga　　　(tto)　issgessneun-ga

who-Nom (again) exist-Int

「(Lit.)これを支援する人は彼{しか/以外}(のほか)誰がい
るのか?」

b. 타로가　　할 수 있는　일이라는 것　이　　이것

Talo-ga　　hal su issneun ililaneun geos-i　　igeos

Taro-Nom do can　　　　work　　thing-Nom this

{밧에/외에}　뭐가　　(또)　　있겠는가?

{bakk-e/oe-e} mwo-ga　　(tto)　　issgessneun-ga

{*only*/*except*} what-Nom (again) exist-Int

「(Lit.)太郎ができる仕事ってこれ{しか/以外(のほか)}何
があるのか?」

420

「oe-e」は(66)のようにNCIと共起可能であり、(67)のように反語表現の構文においても用いられ、「bakk-e」と同様の振る舞いを示す。つまり、「oe-e」は日本語の「ほか/以外」とも対応する表現である。実際に「oe-e」も「ほか/以外」と同様に(68)のように分布の自由性がなく、その上に(69)のように不特定読みの数量詞構文において用いられない。

(68)　a.　[後置詞の後]

　　　　 ＊산장은　　　 여기에서　　　　外에　보이지

　　　　 sanjang-eun yeogi-eseo　　 oe-e　boi-ji

　　　　 lodge　-Top　this place-from *except*　see-Comp

　　　　 않았다.

　　　　 anh-ass-da

　　　　 Neg-Past-Decl

　　　　 「(Lit.)山小屋はここから以外(のほか)見えなかった。」

　　 b.　[副詞/副詞句の後]

　　　　 ＊천천히　　　外에　걸을　　 수　없다.

　　　　 cheoncheonhi oe-e　geol-eul　su　eobs-da

　　　　 slowly　　　 *except* walk-Acc can　Neg-Decl

　　　　 「(Lit.)ゆっくり以外(のほか)歩けない。」

　　 c.　[動詞のテ形節の後]

　　　　 ＊환자 단체를　　 통해서　　外에　취급하지

　　　　 hwanja danche-leul tonghaeseo oe-e　 chwigeubha-ji

　　　　 patient group-Acc　through　　 *except* treat-Comp

않는다고　　　　　　한다.

anh-neun-da-go　　　han-da

Neg-Pres-Decl-Comp say-Decl

「(Lit.)患者団体を通じて以外(のほか)扱わないという。」

  d.　[引用節の後]

   *그저　시간을　때운다고　　　외에　생각할　수

   geujeo sigan-eul ttaeun-da-go　　oe-e　saenggaghal su

   just　　time-Acc kill-Decl-Comp *except*　think can

없다.

eobs-da

Neg-Decl

「(Lit.)ただ、時間をつぶしていると以外(のほか)思えない。」

(69)　a.　(10명이　　　온다고　　　생각했었는데)

   (10myeong-i on-da-go　　saenggaghaess-eoss-neunde)

   10 people-Nom come-Decl-Comp think-Past-though

   {*3명 외에/　　　그 3명　　　외에}　오지

   {*3 myeongoe-e/ geu 3 myeong oe-e}　o-ji

   {3 people *except*/ the 3 people　*except* }come-Comp

않았다.

anh-ass-da.

Neg-Past-Decl

「(Lit.)(10人が来ると思っていたのに){3人以外(のほか)/

その3人以(のほか)}来なかった。」

  b.　한국의　　　서울에서　일본의　　　초밥 집은

   hangug-ui Seoul-eseo ilbon-ui　　chobab jib-eun

   Korea-Gen Seoul-Loc Japan-Gen Sushi shop-Top

{*한 곳 <u>외에</u>/　　그 한 곳　<u>외에</u>}

{*han gos oe-e/　geu han gos　oe-e}

{one place *except*/the one place *except*}

없다.

eobs-da

exist-Neg-Decl

「(Lit.)韓国のソウルで日本のすし屋は一軒{以外(のほか)/その一軒以外(のほか)}ない。」

このことから、「oe-e」は「bakk-e」よりは文法化が進んでおらず、「bakk-e1」のような用法は持たないことが伺えると考える。ともかく、ホ・ジェヨン(허재영2002:206-207)によると「oe-e」のNCIへの文法化過程も上記の(62b)の「bakk-e」と非常に似ていると指摘される。このような「oe-e」と「bakk-e」のNCIへの類似した文法化過程から、「以外」の文法化過程において「ほか」のように「ヨリ」などとの関連性は持たないものの「名詞→NCI」という文法化過程を持つ可能性が高いことが示唆されると考えられる[14]。より詳しい研究は今後の課題としたい。

　一方、上記の「ほか」と「bakk-e」両者の派生の変遷過程において次のような相違点もみられる。第一に、歴史的に「ほか」のほうが「bakk-e」より先に現れることである。「ほか(に)」は文献上8世紀からみられるのに対し、「bakk-e」は15世紀に初めてみられる。第二

14　このような「ほか/以外」の関連性に関しては、詳細な議論は行われていないが、宮地(2007)に指摘されているので、宮地(2007)を参照されたい。

に、「ほか」はNCIの用法として最初にみられたのは16世紀の中期であるが、「bakk-e」は19世紀の中期であるという点である。すなわち、「ほか」と「bakk-e」の間には3世紀という期間の差があるのである。第三に、「ほか」が最初にNCIの用法を持ちはじめた時、「より」と共に用いられたが、「bakk-e」は日本語の「より」のような要素は共起していなかったということである。また、「bakk-e」のNCIへの文法化過程において「bakk-e」は常に「bakk」が場所格「e」に後接され、副詞の役割も果たしていたのに対し、「ほか」は「ホカニ→ヨリホカ(ニ)→(ヨリ)ホカ」のような過程を経て、名詞の役割も果たしている。しかしながら、両者とも「名詞→副詞→NCI」のように文法化された点においては一致している。この点に関しては、関連する資料が不足していることや「しか」との文法化過程が不明な点[15]など様々な問題があるものの、「ほか」と「bakk-e」の「名詞→NPI」への文法化の類似性は「bakk-e」が「ほか」の特徴を含んでいる理由を説明する一つの手掛かりになると考えられる。

　興味深いことに上記でみた現象は自然言語における「其他否定」表現の文法化過程からでもさらに裏付けられる。本書の第5、6、8章において日韓の付加部位置の「しか」、「ほか/以外」と「bakk-e」、「oe-e」は英語の「其他否定」表現「but」とも相当類似していると述べた。Hoeksema(1996:145)によると、「but」の語源はOld Englishの「butan」であり、当時この表現は「outside」の意味であるとされ

15　これに関しては次節でみることにする。

る。これが徐々に今の「but」に文法化されたわけである。また Hoeksemaはドイツ語の「au βer」及び現代オランダ語(Modern Dutch)の「buiten」も前述の英語と同様であると述べる。さらなる研究は必要であるが、日韓英語そしてドイツ語・現代オランダ語における「其他否定」表現の文法化過程から自然言語における「其他否定」表現の文法化過程は普遍的である可能性があると考えられる。

　以上、「bakk-e」が「ほか/以外」の用法まで含んでいる理由をこれらの表現の形態論的・文法化過程[16]のアプローチから説明を与えた。次節では以上でみた日韓両言語の特徴から今まで不明とされてきた「しか」が持つ機能の源流が探れる可能性があることを述べる。また、このことから「bakk-e」が「しか」の用法も持っている理由も明らかになることをみる。

9.6.「しか」が持つ機能の源流

　山口(1991)、沼田(2006)、宮地(2007)、そして日本国語大辞典(第六巻:494)などは、「しか」は江戸後期に出現したが、その語

16　ほかに、パク・スンユン(박승윤1997)、アン・ジュホ(안주호1997)、イ・ソンハ(이성하 2016)は共時的アプローチで「bakk-e」の文法化過程を主張している。ここでこれらの先行研究は概観しないが、これらの先行研究の指摘は「ほか」にも適用できると考えられ、「bakk-e」と「ほか」の文法化過程は通時的アプローチだけではなく、共時的アプローチからでもその類似性が探れると考えられる。

源ははっきりと定まっていないと指摘している。このことから、現代日本語における「しか」が持つ機能の源流も不明とされてきた。本節では9.1節－9.5節まで述べてきた日韓両言語における「其他否定」表現の相関関係から少なくとも「しか」が持つ機能の源流が探れることを提案する。そこで、ここで次のような事項を明確にしておきたい。本節では「しか」の語源を探ることを目的とするのではなく、「しか」が持つ機能の源流を探ることを主な目的とするのである。では、「しか」の源流に関する先行研究の概観をした上で、本書の立場を提示したい。

9.6.1. 先行研究の概観

先行研究における「しか」の語源に関する研究は諸説あるが、先行研究で頻繁に引用される三つの研究、山口(1991)、A.H.-O Kim(1997)、宮地(2007)を中心に各自の主張を概観する。

[山口(1991)説]

山口は「しか」の語源について、「しか」は「しきは」から由来したという松下(1901)(1928)(1930)説と副詞「しか(然)」から転じて成立したという日本文法辞典(1958)の指摘を妥当ではないとし、「しか」は「ほか」から転化したものであると主張する。その理由について、松下と日本語文法辞典が指摘する「しか」の語源説は、その語源とされる語形、つまり「しきは」と副詞「しか(然)」からNCIとしての「しか」の用法を伺えられないからであると述べる。これに対し、「ほか」

は、本書の第6章でも確認したように、「しか」と類似した意味的・統語的特徴を持つことから「しか」は「ほか」から由来したものと考えるのが妥当であるという。

　以上のような山口の説明は、次のように述べられている。

　　　　　　　「しか」の類の副助詞と同様、其他を限定し否定する其他否定の表現が文献上どのように認められるかを探って見た結果、動詞句・名詞句否定態・「よりほか」などで其他を限定し否定する其他否定の表現が古くからよく用いられてきたこと、時代とともにより端的なその表現形式が採用され、固定化してくる傾向が見られることなどが判明した。したがって、副助詞「しか」の類の出現は、そういう其他否定の表現法を源流としており、そのより端的な表現法に対する需要のもとに表現形式の簡略化が進むことによって形式されと考えられる。具体的には、「よりほか」のさらに簡略化したものが、其他否定の意を狙う最初の副助詞「ほか」であり、その出現は江戸時代前期のことである。江戸時代後期において「はっちゃ」「しか」「しら」の語形が現れるが、いずれも、其他否定の意を狙う副助詞としての働きを考えれば、いまのところ、「ほか」ないしは、それを核とする形をもとに転じたものとみるのが無難であろう。一面でも働きに類似するところのある語形があって、それへの類推が働けば、思わぬ転化も起こりうるはずであり、其他否定を表す副助詞の枠ができてきたばかりという時代状況も、そういう転化のもとになる自由な類推を誘いがちであったのかもしれない。　　　　　　　　　　　　　　(山口(1991:46-47))

[宮地(2007)説]

宮地(2007)は方言分布により、「「より」と「ほか」を古語-上方語-大阪方言と連なる近畿方言圏で、「きり」と「しか」を東国方言-江戸語-東京方言と連なる東国方言圏」というふうに、地域差を重視し、古代東日本には「原シカ」のような形がもともと存在する可能性があるという仮説を立てている。

以上のような宮地の説明は、次のように述べられている。

> シカの源流についても、ハカ同様、資料の制約によって歴史的に確かめることは地方差を重視しなかった日本語史においては、上方語の「ほか」と江戸語の「しか」を連続的に考えるものもあり、不自然な音韻変化が想定されたこともあった。しかし、ここまでの文脈で考えると、古代東日本において何らかの形で空間的・時間的他者を問題にする「原シカ」なる語が存在し、カテゴリーの成立とともに、〈其他否定〉専用形式として確立した可能性が考えられる。証拠もなくそのような源シカを想定するのはいかにも危ういが、和歌山県や京都府の方言に、現代共通語ヨリにあたる比較用法を持つシカという形式が存在する(例:「こっちしかえ-」(こっちの方がいい))ことがあるいは根拠のひとつになるかもしれない。その裏返しに、別の地方ではあるが、ヨリが〈其他否定〉用法を持っていることを考え合わせれば、ヨリのように、空間的・時間的他者を問題にする要素「原シカ」の存在は想定しやすい。 (宮地(2007:117))

[A.H.-O Kim(1997)説]

A.H.-O Kimは「bakk-e」と「しか」に関する通時的な研究を行い、「しか」は「ほか」から派生し、「ほか」は韓国語の「pakk-ey[17]」の最初の音である「pakk」から由来していると論じている。その上、A.H.-O Kimは「pakk」と「ほか」の形態的な類似点と音声的な一致に注目し、次の(70)のような結論を導いている。

(70) a. 日本語: pakk ⋯⋯⋯> hoka ⋯⋯⋯> çika ⋯⋯⋯> ʃika(sika)
delabialization[18] spirantization palatalization
de-tensification vowel fronting
a-paragoge

b. 韓国語: pakk-ey ＞ ＞ ＞ pakk-ey

(A.H.-O Kim(1997:327))

以上、「しか」の源流について述べた二つの先行研究を概観した。ほかに、「しか」の語源説に関しては宮地(2007)をぜひ参照されたい。次節では本書の立場を述べ、その根拠を提示する。

---

17 A.H.-O Kimの韓国語のローマ表記は、Samuel E. MartinによるYale式に従っているため本書の表記法と異なっている。よって、ここでのみA.H.-O Kimの表記法に従うことにする。

18 このような英語の用語を、本書で適宜和訳を行い、示すと次のようになる。
（ⅰ）delabialization:反辰音化、de-tensification:反強化、a-paragoge:語尾音の添加、spirantization:摩擦音化、vowel fronting:前舌母音化、palatalization:口蓋音化

9.6.2. 本書の立場

本書の立場を示すと、以下の通りである。

(71)　　「しか」が持つ機能の源流は「ほか」である。

すなわち、「しか」の用法が「ほか」から転じたと主張する山口説が妥当であると考える。ただし、本書は、「しか」の形態が「ほか」から直接転じたという山口の主張は妥当ではないと考える。その理由は、宮地(2007)も指摘しているように、「し(si)→ほ(ho)」における音韻変化は相当に不自然であり、実際に日本語史においてもみられない音韻変化であるからである。しかし、宮地は「ほか」と「しか」両者の関係については何も述べていない。要するに、「しか」の用法がどこから転じてきたのかに関しては指摘していないのである。この点を踏まえ、本書は「しか」が持つ用法に注目し、(71)を主張する。一方、A.H.-O.Kim(1997)が「しか」は「ほか」から派生されたと主張するが、「ほか」が韓国語の「pakk(本書の表記法では「bakk」)」から派生されたというのは妥当ではないと考える。その理由として、第一は、A.H.-O.Kimは「ほか」が「pakk」から派生されてきたという根拠を何も提示しないことが挙げられる。第二は、A.H.-O.Kimは韓国語の「pakk-ey」はいかなる派生も行われず、出現したと指摘するが、これは妥当ではないことである。上記の(62b)からでみたように、ホ・ジェヨン(허재영2002:206)、17世紀国語辞典 상(17世紀国語辞典 上:1235-1237)、우리말 어원 사전(韓

430

国語の語源辞典:424-425)の指摘そして本節でみる「bakk-e」の
データからA.H.-O.Kimの観察は正しくないと考えられる。

　以下では(71)の根拠を提示する。結論から述べると、このことは
「しか/ほか/以外/bakk-e」との研究から裏付けられると考えられる。
9.3節において「bakk-e」は日本語の「其他否定」表現「しか/ほか/
以外」の特徴をすべて含んでいる表現であると述べた。また、9.5節
において「ほか」と「bakk-e」のNCIへの文法化過程は「名詞→副詞
→NCI」のように類似していると述べた。本書はこのような「bakk-e」の
振る舞いが「しか」が持つ機能の源流を伺える重要な糸口であるこ
とを示す。まず、日韓両言語における「ほか」と「bakk-e」のNCIへ
の機能的側面の文法化過程において、以下のような相違点が存
在するという仮説を立てる。

(72)

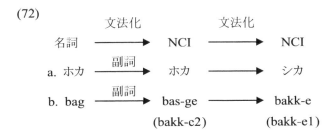

「ほか」と「bakk-e」は一段階の「名詞→NCI」への文法化過程は同
様であるが、二段階の「NCI→NCI」への文法化過程は異なる。
すなわち、二段階において、日本語の場合「ほか」から「しか」とい
う異形態がその機能を果たすのに対し、韓国語の場合は日本語と

431

異なり「しか」のような異形態は現れない。もちろんのこと、「bas-ge
→bakk-e」という変遷過程から異形態が生まれたようにみえるかもし
れないが、これは20世紀の韓国の「朝鮮語綴字法統一案(한글맞
춤법 통일안)¹⁹」という正書法によって、綴り字が特に変わっただけ
であって、日本語の「しか」のような異形態の表現が現れたわけで
はない。

　山口(1991)はNCIとしての「ほか」は江戸時代の前期以降で出
現し、「しか」は江戸時代後期で出現したと指摘している。また、
山口は、「しか」は「ほか」の持つ否定呼応の用法の特徴がより端的
に採用され、かつ固定化されたと述べている。その上に山口はこ
のような「ほか→しか」のような派生は、江戸時代後期に他の言語
現象からでも類推可能であると付け加えている。しかし、山口は本
書が注目する「しか」と「ほか」の相違点については何も述べていな
いが、本書では「しか」は「ほか」と違い、独自に固有の領域の文
法化が進み現在の用法を持つことになったと考える。また、「ほか」
が「しか」の持つ用法、つまり分布の自由性・任意性及び不特定読
みの数量詞構文における生起の用法を持っていないのは
Aronoff(1976)のブロッキング(Blocking)現象から説明できるので

19　朝鮮語学会(現在、ハングル学会)によると、「朝鮮語綴字法統一案(한글
　　맞춤법　통일안)」は、朝鮮語学会によって1933年に定められた正書法であ
　　るとされる(詳細な内容は、ハングル学会のホームページ
　　(http://www.hangeul.or.kr/25.htm)を参照)。このときに、終声字音(パッチ
　　ム,받침)の正書法が、「밧(bas)→ 밖(bakk)」に変わったため、「bakk-e」に
　　なったのである。

はないかと考えられる。ブロッキング現象というのは語形成規則に
より新しく語を作る場合、すでに存在している同義または同音の語
がその新語が作られることを阻止する現象をいう(詳しくは
Aronoff(1976)を参照)。よって、両者はこのようなブロッキング現
象により、共有しない用法が存在することが考えられる。

　これに対し、韓国語の「bakk-e」は日本語の「ほか」と異なり、文
法化が進む際に何らかの理由で「しか」のような異形態が現れな
かった。よって、ブロッキング現象も当然起きる必要がないので、
「bakk-e」は現代に至るまで日本語のような「ほか」と「しか」両者の
用法をすべて含んでいるわけであると考える。すなわち、もし韓国
語の「bakk-e」においても日本語の「しか」のような異形態が出現し
ていたら、現代の「ほか」の用法、つまり「bakk-e2」の用法のみが
存在していた可能性があるだろう。

　以上のような本書の仮説が正しいとすると、「しか」と対応する
「bakk-e1」の用法は、「ほか」と対応する「bakk-e2」の用法より文
法化が後で進んだため、時期的に「bakk-e2」より後に出現したは
ずである。以下、このような仮定が正しいかどうか、実際のデータ
で確かめてみる。

(73) a. 아모리　　잘하드라도　　結局　　여러분은
　　　 amoli　　jalhadeula-do gyeolgug yeoleobun-eun
　　　 however do well　　 finally　you　　-Top

파리새　教人　　<u>밧게</u>　아니　될　것이요.

palisae　gyoin　　bas-ge ani-doel-geosi-yo

Pharisee christian *only*　Neg-become-will-Decl

「(Lit.)いくら頑張っても結局皆さんはパリセ教人しかならないだろう。」　　　　　　　　　　　　　　　　　(E先生, 1922年)

b. 고물상　　　한 구석에　　세워두고　돈을　　　　어더

gomulsang han guseog-e sewodu-go　don-eul　　eodeo

junk yard　a place-Loc　put-and　　money-Acc get

오는　수 <u>밧게</u>　업섯다.

oneun su bas-ge eob-seos-da

come　　*only*　exist-Neg-Past-Decl

「(Lit.)古物商の片隅に立てておいてお金をもらってくるしかなかった。」　　　　　　　　　　　　　　(貧妻, 1921年)

c. 쏘　　　흔個　　매여　　　달닌　것　<u>밧게</u>

tto　　han gae　mae-yeo　　dalnin geos bas-ge

again one thing attach-Pass thing　　　*only*

빗치지　　　　　안는다.

bischi-ji　　　　an-neun-da

 reflect-Comp　Neg-Pres-Decl

「(Lit.)もう一個付けられ、ぶら下っていることしか映らない。」　　　　　　　　　　　　　　　(二重 解放, 1919年)

　(73)は現代語の「bakk-e」の前段階の「bas-ge」がNegと共起している例文である。(73a)は「bas-ge」が名詞句に、(73b)は述語に、(73c)は「こと」節に後接している。19世紀の中期から20世紀の中期まで出版され、そして「bakk-e」が用いられた文学作品及び新聞

記事43点を選べ調べたところ、およそ1925年の前まで用いられた「bakk-e」は「bakk-e2」の用法のみがみられることが分かった。要するにおよそ1925年前まで使われた「bakk-e」は後置詞・副詞・テ形節・引用節に後接する用法はみられなかった。また、この時期には(74)のように「bakk-e」がNCI「不定語do」との共起、(75)のように反語表現の構文における生起が許される。

(74)　a. 사방은　　　　　　다만　침묵하다.　　　그 밧게

　　　　 sabang-eun　　　　 daman chimmugha-da geu bas-ge

　　　　 all directions-Top just　 quite-Decl　　 the *only*

　　　 아모것도　　　없다.

　　　 a mogeos-do eobs-da

　　　 anything　　 exist-Neg-Decl

　　　「(Lit.)四方はただ静かだ。それしか何もない。」

　　　　　　　　　　　　　　　　　　　　　　 (밤과 나, 1915年)

　　 b. 그것이　　그의　수의가　　　될줄은

　　　　 geugeos-i geu-ui suui-ga　　　 doeljul-eun

　　　　 it-Nom　 his　 shroud-Nom become-Top

　　　 강명화　　　　　자긔　밧게는　　　 아모도

　　　 Gangmyeonghwa jagui　 bas-ge-neun amo-do

　　　 Gangmyeonghwa oneself *only*-Top　 *anyone*

　　　 몰낫섯다.

　　　 molnas-seos-da

　　　 know-Neg-Past-Decl

　　　「(Lit.)それが彼の寿衣になるとは康明花自分しか誰も知ら

なかった。」　　　　　　　　　　　　（東亜日報, 1923/6/16）

   c. 님의　손ㅅ길의　溫度를　　　　　測量할만한

nim-ui sonsgil-ui ondo-leul　　cheuglyang halmanhan

your　hand-Gen temperature-Acc measure-can

寒暖計는　　　　　나의 가슴　　밧게는

hanlangye-neun　na-ui gaseum bas-ge-neun

thermometer-Top my　heart　　*only*-Top

아모데도　업습니다.

amode-do　eobseumni-da

anywhere　exist-Neg-Decl　　　（님의 沈黙, 1926年）

「(Lit.)あなたの手の温度を測量できる寒暖計は私の胸しかどこにもありません。」

(75)　　　이에서　　더한　　　불행이야　인류에　　우리

ieseo　　　deohan　　bulhaengi-ya inlyu-e　　uli

more than this worse unhappiness　mankind-Loc we

밧게　더　　잇겠나？

bas-ge deo　isgess-na

only　again exist-Int

「(Lit.)これよりひどい不幸なんて人類に私たちしか誰がいるのか？」　　　　　　　　（어린犠牲, 1910年）

すなわち、(74)と(75)で用いられた「bas-ge」は「bakk-e2」の用法を持つことが示唆される。このことは以下のように「ほか」も(74)と(75)の用法を持っていることから裏付けられる。

(76)　a. 四方はただ静かだ。その<u>ほか</u><u>何</u>もない。

b. それが彼の寿衣になるとは康明花自分の<u>ほか</u>誰<u>も</u>知らな
かった。

c. あなたの手の温度を測量できる寒暖計は私の胸の<u>ほか</u><u>ど</u>
<u>こにも</u>ありません。

(77)　これよりひどい不幸なんて人類に私たちの<u>ほか</u>誰がいるの
か。

(76a, b, c)は(74a, b, c)の多重NCI構文と(77)は、(75)の反語表
現の構文と対応するが、許容される。

以上のことで、「bakk-e」はおよそ1925年前までは「bakk-e2」の
用法のみを持ち、「ほか」と対応することが明らかになった。

次に、1925年以降「bakk-e」が後置詞または引用節の補文標識
(Complemenizer)に後接する用法、つまり「bakk-e1」の用法につ
いてみてみる。

(78) a. 자기가　　　살아갈 세상이　　없는　　　것　같이
jagi-ga　　　salagal sesang-i　eobsneun geos gati
oneself-Nom live　　world-Nom not-exist thing like
<u>밖에</u>　알지　　　못하게　　된 것이다.
bakk-e al-ji　　　mos-hage doen geos-ida
only　know-Comp Neg-can　thing-Decl
「(Lit.)自分が生きていく世がなくなったようにしか認識でき
なかったのだ。」　　　　　　　　　(벙어리 삼룡이, 1925年)

b. 안해가　쓰는　　돈은　　　그 내게는　　　다만
anhae-ga　sseuneun don-eun　geu naege-neun daman
wife-Nom use　　money-Top the me-Top　　just

실없은　　　사람들로　　<u>밖에</u>　보이지　　않는….

sileobseun　salam-deul-lo　bakk-e　boi-ji　　anhneun

silly　　　　person-Pl-as　*only*　see-Comp Neg

「(Lit.)妻が使っているお金は私にはただ不真面目な人たちにしか見えない‥。」　　　　　　　　　（날개, 1936年）

c. 저 일신의　　안전을　　　도모하는데까지

jeo ilsin-ui　anjeon-eul　domohaneunde-kkaji

oneself-Gen safety-Acc plan　　　-until

<u>밖에</u>는　　궁리가　　　　뚫리지　　　못한것은….

bakke-neun gungli-ga　　　ttulhli-ji　　moshangeoseun

only-Top　perception-Nom reach-Comp can-Neg

「(Lit.)自分一身の安全を図るまでしか気が回らなかったのは‥。」　　　　　　　　　　　　（민족의 죄인, 1948年）

d. 연약한　　　여자 아랑　하나를　　잡아 들이기에는

yeon-yaghan yeoja Alang hana-leul jaba deuligi-e-neun

weak　　　　girl　Alang one-Acc　arrest-Loc-Top

개루의　　　체모가　　너무　　깍여진다고　　　<u>밖에</u>

Gaelu-ui　　chemo-ga neomu kkag-yeojin-da-go bakk-e

Gaelu-Gen face-Nom very　lose-Decl-Comp　*only*

뵈지　　　　않는　　때문….

boe-ji　　　anhneun　ttaemun

see-Comp Neg　　because

「(Lit.)軟弱な女アラン一人を捕らえるには、ゲルの面子があまりにもつぶされるとしか見えないから‥。」

（아랑의 정조, 1937年）

438

(78a)では「bakk-e」が「-gati(-같이, -ように)」に、(78b)では「-lo
(-로, -に)」に、(78c)では「-kkaji(-까지, -まで)」に、(78d)では
「-go(-고, -と)」に後接し生起している文である。つまり、この時期
から「bakk-e1」の用法が現れ始めたことが示唆される。また、この
ときに現在の「bakk-e」の形に変わったことも目立つ。

　以上により、およそ1925年以降に用いられた「bakk-e」は
「bakk-e1」の用法を持つことが明らかになった。またこのことから、
本書の仮説、(71)が正しいことが示唆された。

　ほかにも、(71)が正しいものであるという傍証が挙げられる。上
記の記述から、「bakk-e1」の用法、すなわち「しか」と対応する用
法は相当新しいことが示唆される。また、「bakk-e1」と「しか」の出
現の時期を比べると下記のようになる。

(79)　　「しか」　　→ およそ18世紀の中期以降(cf.山口(1991)、
　　　　　　　　　　　宮地(2007)、日本国語大辞典(第六巻：
　　　　　　　　　　　494))
　　　　「bakk-e1」→ およそ20世紀の前期以降(cf.ホ・ジェヨン(허재영
　　　　　　　　　　　2002)、17세기 국어사전 상(17世紀国語辞典
　　　　　　　　　　　上))

(79)から「しか」が「bakk-e1」より、およそ2.5世紀先に出現している
ことが分かる。言い換えると「しか」は「bakk-e1」よりさらに文法化が
進んでいるということである。このことから、両者には完全に一致し
ない用法が存在する可能性があると考えられる。実際に、両者は

以下のような例文において完全に一致しない。

    (80) a.   成田空港に着いてから<u>しか</u><u>何も</u>できない。

          b.??나리타 공항에   도착하고 나서   <u>밖에</u>

             Narita gonghang-e dochaghagonaseo bakk-e

             Narita airport-Loc arrive then   *only*

             아무것도   할 수 없다.

             amugeosdo hal su eobs-da

             anything   can   Neg-Decl

    (81) a.   その絵を見てから<u>しか</u><u>何も</u>判断出来ない。

          b.??그 그림을   보고 나서 <u>밖에</u> 아무것도

             geu geulim-eul bogo naseo bakk-e amugeos-do

             the picture-Acc see then *only*   *anything*

             판단   할 수 없다.

             pandan hal su eobs-da

             judge   can   Neg-Decl

(80)と(81)における「しか/bakk-e」両者は「-てから/-hagonaseo(-하고나서)」に後接し、「不定語モ/do」と共起する多重NCI構文である。「しか」は問題なく許容されるのに対し、「bakk-e」は「しか」と比べ容認度がかなり下がる。このような両者の適格性は(82)と対照的である。

    (82) a. *服<u>しか</u><u>何も</u>なかった。

          a'. 옷   <u>밖에</u> 아무것도   없었다.

os　　bakk-e amugeos-do eobs-eoss-da

clothes *only*　*anything*　　exist-Neg-Past-Decl

b. *クモしか何もいなかった。

b'. 거미　밖에　아무것도　　없었다.

geomi bakk-e amugeos-do eobs-eoss-da

spider *only*　*anything*　　exist-Neg-Past-Decl

（＝(18)）

すなわち、(82)は(80)(81)と同様に「しか/bakk-e」が「不定語モ/do」と共起する例文であるが、(82)は(80)(81)と異なり、韓国語の「bakk-e」は許されるのに対し、「しか」は許されない。(80)(81)と(82)における「しか/bakk-e」の相違点は、両者が主語または目的語の名詞句に後接するのか、または動詞のテ形節に後接するのかである。ではなぜこのような相違点が生じるのか。本書は上記で述べたように、「しか」と「bakk-e」の文法化の度合いの差に起因するのではないかと考える。要するに、「bakk-e」は「しか」より文法化が遅れているため、現在の「しか」の用法にはまだ完全に届かず、日本語の「ほか」のような用法が未だ強く残っていると考える。しかし、本書のこのような提案が正しいとすると、「しか/bakk-e」の文法化が進む際に、「名詞句→格助詞→テ形節」の順番で後接することが予測される。興味深いことに、(80b)(81b)を以下のように言い換えると許容度がかなり上がる。

441

(83)　a.(?)나리타 공항에　　도착하고　　난 후 (에) 밭에

Narita　gonghang-e dochaghago nan hu (e) bakk-e

Narita　airport-Loc arrive　　　after　　*only*

우리는　아무것도　할 수　없어.

uli-neun amugeosdo hal su eobs-eo

we-Top *anything*　can　　Neg-Decl

「成田空港に着いた後(に)しか私たちは何もできない。」

　　　b.(?)그　그림을　　보고 난　후 (에) 밭에　　나는

geu geulim-eul bogo nan hu (e)　bakk-e na-neun

the picture-Acc see　after　　　*only*　I-Top

아무것도　　판단　할 수 없어.

amugeos-do pandan hal su eobs-eo

anything　　judge　can　Neg-Decl

「その絵を見た後(に)しか私は何も判断出来ない。」

(83a, b)は(80b)(81b)の「-hagonaseo(-하고나서, -てから)」を「-n hu(e)(-ㄴ 후(에), -た後(に))」にパラフレーズした例文である。要するに、(83)における「bakk-e」は名詞句または格助詞「-hu(e)(-후(에), -た後(に))」に後接しているが、名詞句または格助詞に後接する「bakk-e」は「-hagonaseo(-하고나서, -てから)」に後接する「bakk-e」より許容度が高いといえる。このことは、「bakk-e1」が「しか」より文法化が進んでいないことを示している事実であると考える[20]。

20　以上のような日韓の文法化の度合いの違いは、安(2001)で指摘される両言語の存在型アスペクト形式(「している」「してある」/「hago iss-da(하고 있다)」

　以上のような事実は、本書の仮説(71)の傍証になる。

　以上、「しか」が持つ用法の源流は「ほか」であることが「bakk-e」との研究から示唆された。さらに、(71)で分かった事実から、なぜ「bakk-e」が「しか」の用法も含んでいるのかについても示唆された。

　しかしながら、ここで次のような課題が残される。というのは、「「しか」の形態の源流は何であろうか」である。現時点では、これに対する答えは明確に出しにくい。ただし、次のような可能性は考えられる。宮地(2007)が指摘するように、古代東日本において「原シカ」が存在した可能性がある。この表現は、江戸時代に入ってきて、上方語の「ほか」と衝突し「原シカ」が何らかの理由でNCIとして文法化がさらに進み、上方語の「ほか」は文法化がそれ以上進まず当時の用法をそのまま保つことになる。しかしながら、この可能性は、宮地にも指摘されているように「原シカ」に関する資料が不足しているため、あくまでも推測に過ぎないのである。より詳しい研究は今後の課題にしたい。

9.7. まとめ

　本章では、従来「しか」と「bakk-e」に関して下記のように残され

　「hae iss-da(해 있다)」の違いとも類似するということで、大変興味深い。安は、韓国語の存在型アスペクト形式は、内容語から機能語への文法化が、現代日本語に比べて進んでおらず、全体的な傾向として存在文的な特徴を示すと主張する。より詳しい内容は安(2001)を参照。

てきた課題を両者の対照研究により明らかにした。

 (84) a. 「しか」と「bakk-e」はまったく同一の表現であろうか
     b. もし同一の表現ではないとすると、両者にはどのような相
      違点が存在し、なぜこのような相違点が生じるのか
     c. 「しか」が持つ機能の源流はどのようなものであるか

以下で、(84)の課題が本書でどのように明らかになったのかについて述べる。まず、(84a, b)からみる。多くの先行研究、Martin(1975)、洪(1979)、Nam(1994)、ナム・スンホ(남승호1998)、ホン・サマン(홍사만2002a)、チョ・エスク(조애숙2007)などにおいて「しか」と「bakk-e」の統語的・意味的特徴に基づき両者は同列に捉えられてきた。一方、Kuno & Whitman(2004)とSells(2005)は両者がNCIとの共起に関して異なる点を挙げ、両者を同一の表現として捉えてよいかどうかに関して疑問を提示している。本書は、「しか」と「bakk-e」はまったく同一の表現ではないと主張した。これはある一定の生起環境、つまり両者がNCIと共起した文、そして反語表現の構文における相違点から裏付けられることを示した。要するに、「bakk-e」は「しか」と異なり、NCIとの共起と反語表現の構文において用いられる。また、本書は「bakk-e」は「しか」と対応する用法「bakk-e1」と「ほか/以外」と対応する用法「bakk-e2」を持つ多機能的な表現であると述べた。そして、「bakk-e1」と「bakk-e2」の認可条件も互いに異なっており、「bakk-e1」は「しか」

と同様にNegから直接認可されるのに対し、「bakk-e2」は「ほか/以外」と同様に単一構成素を成している非顕在的「不定語do」がNegに認可されると主張した。

　続いて、「bakk-e」が「しか」と違い「ほか/以外」の用法まで含んでいる理由に関して「bakk-e」と「ほか/以外」の「外(ニ)」という形態的類似性と「名詞→副詞→NCI」という文法化の成立過程の類似性からその答えが探れると指摘した。

　次は、(84c)について述べる。従来、不明とされてきた「しか」が持つ機能の源について、「「しか」の機能の源流は「ほか」からである」と述べた。実際に、これは山口(1991)においても主張されたことでもあり、本書はこのような山口を支持し、山口では提示できなかったその根拠を与えた。本書は、「bakk-e」が「しか」だけではなく、「ほか」とも対応する用法と、上記でも述べたように「bakk-e」が、「ほか」と形態論的に類似する点そしてNCIへの文法化の成立過程が類似する点に注目した。このことから示されたのが、以下のような「ほか」、「bakk-e2」、「bakk-e1」、「しか」における機能的側面の文法化の成立過程である。

(85)

	文法化		文法化	
名詞	→	NCI	→	NCI
a. ホカ	副詞→	ホカ	→	シカ
b. bag	副詞→	bas-ge	→	bakk-e
		(bakk-e2)		(bakk-e1)

(＝(72))

445

要するに、日本語において名詞(と副詞)からNCIとして文法化された「ほか」は、次の段階にさらに文法化が起こった際に、何らかの理由で「しか」がその機能を果たした。この時点から、ブロッキング現象により、「しか」は「ほか」が持っていない新しい用法を持つことになる。一方、韓国語における「bakk-e」は日本語の「ほか」と同様に「名詞(副詞)→NCI」という文法化の成立過程を経るが、次のような二つの相違点がみられる。第一の相違点は、名詞(と副詞)からNCIとして文法化された「bakk-e」は、次の段階に文法化された時に、日本語の「しか」のような異形態は出現しないことである。ただし、異形態は生じないものの、用法は日本語と同じ成立過程を持つ。すなわち、名詞(と副詞)からNCIとして文法化された「bakk-e」は日本語の「ほか」と同じ用法を持つ「bakk-e2」であり、この用法から次の段階に文法化された「bakk-e」は日本語の「しか」と同じ用法を持つ「bakk-e1」である。これに関する根拠は実例をもって裏付けた。「bakk-e」のこのような性質があるがゆえに、日本語の「しか」だけではなく、「ほか」とも対応しているということである。第二の相違点は、「しか」の用法と「bakk-e1」の用法が最初に現れた時期である。「しか」は「bakk-e1」よりおよそ2.5世紀早く文法化が成立したと述べた。よって、「bakk-e1」は、現在「しか」のような用法が完全に定着せずに、まだ文法化が進んでいる。実際にこのことは、動詞のテ形節などに後接する「bakk-e1」が、NCIと共起する際に、「しか」の場合より容認性が下がるという事実から裏付けられ

ると指摘した。以上な点を踏まえ、本書は、「しか」が持つ機能の源
流は「ほか」にあると主張した山口説が支持されると主張した。ただ
し、前節でも述べたように、本書は山口の主張「「しか」の形態は
「ほか」から転じたものである」は妥当ではないとし、「しか」の語源
に関しては今後の課題とした。

第10章

結章

10.1. 本書のまとめ

本書では、統語的・意味的観点から次のことを明らかにした。

（ⅰ）従来日本語と韓国語においていわゆるNPIとして呼ばれて
きた「しか/bakk-e」、「不定語モ/do」、「1-助数詞モ/do」、「決
して/gyeolko」をNCIとして捉えなおし、その性質を明らか
にした。

（ⅱ）これらの表現が同一節内において多重共起した多重NCI
構文の認可条件、解釈、類型とその統語構造を明らかに
した。

（ⅲ）日本語において「其他否定」表現と呼ばれてきた「しか/以
外/ほか」の性質、特にその認可条件の相違点を明らかに
した。

（ⅳ）日本語の「しか」と韓国語の「bakk-e」の相違点を記述し、
日韓両言語における「其他否定」表現の相関関係と共に、
従来不明とされてきた両者の性質、特に「bakk-e」の認可
条件と「しか」が持つ機能の源流を明らかにした。

　各章で述べてきたことをまとめると次のようになる。まず、第2章
では、英語・ロマンス諸語・日本語・韓国語などの自然言語におけ
る否定呼応表現に関する一般的な論議について概観した。日本
語と韓国語の否定呼応表現の先行研究は、主に二つの立場、つ

まりNPIとしての立場とNCIとしての立場に分かれている。NPIとしての立場の研究は英語のKlima(1964)を、NCIとしての立場の研究はHaegeman & Zanuttini(1991)、(1996)を受け入れ、議論が進められてきたことをみた。2000年代に入る前は、NPIとしての分析が一般的であったが、2000年代に入ってWatanabe(2004)を中心に主張されたNPIとNCIの非対称性の指摘、そして片岡(2006)の日本語のNPIとNCI両方を否定するNSIとしての分析から、近年日韓の否定呼応表現の性質が注目を浴びていることを述べた。また、NPIとしての立場をとる多くの研究では、日本語においては、「しか」は他のNCIと多重共起できないと、また韓国語においては、そもそも多重NCI現象が現れないと認められてきたことを概観した。他方、NCIとしての分析をとる渡辺(2005)とNSIとしての分析をとる片岡(2006)は多重NCI現象を認め、渡辺はその認可条件として多重一致を提案し、片岡は「不定語モ」が必ず「しか」より上に生起し「しか」をc-統御しなければならないと主張していることを概観した。

第3章では、日本語における「しか」、「不定語モ」、「1-助数詞モ」、「決して」の性質を明らかにした。その結論を述べると以下の通りである。

(1)　[第3章の結論]
　　　a. これまでNPIまたはNSIとして分析されてきた「しか」、「不

定語モ」、「1-助数詞モ」、「決して」はNCIとして分析され
るべきである。

b. ただし、「しか」の性質はその生起する統語位置によって
異なる。すなわち、項位置に生起する「しか」はNPI、付
加部位置に生起する「しか」はNCIとして機能する。

従来、多くの研究は、英語のNPI「any類」の分析を採用し、「しか」、
「不定語モ」、「1-助数詞モ」、「決して」をNPIとして分析してきた。
これに対し、Watanabe(2004)、渡辺(2005)は「不定語モ」を英語
のNPI「any類」と同列に分析した場合、両者には相違点が多くみ
られることから両者を同一に捉えないと述べ、日本語の「不定語モ」
はNPIではなく、NCIとして捉えるべきであると主張している。その
根拠としてWatanabeはNCIとNPIを区別する五つのテスト(① 否定
文ではない文に現れるか否か、② 主語位置(preverbal position)
に現れるか否か、③「ほとんど」によって修飾されるか否か、④ 問
答として省略表現が現れるか否か、⑤ 同一節内条件が守られるか
否か)に基づき、「不定語モ」と英語の「any類」を区別する。また、
Watanabeは、日本語においてNCIとNPIのもっとも重要な相違点
はその表現が[＋NEG]素性を有するか否かであると主張してい
る。本書ではWatanabeの主張は妥当であると考えるが、
Watanabeは「不定語モ」を除き「しか」、「決して」については何も記
述していないこと、また「1-助数詞モ」についても「1-助数詞モ」が
NCIとしての性質を持つと述べるものの、詳細な議論は行ってい

453

ないことから、「しか」、「決して」、「1-助数詞モ」に関して記述を
行った。そしてWatanabeにおいて用いられたNCIとNPIを区別す
る五つのテストと本書が提案した新たなテスト「当該表現が同一節
内において他のNCIと多重共起できるか否か」を加え、付加部位置
の「しか」、「決して」、「1-助数詞モ」はNCIであることを示した。ま
た、第3章の大きな成果は、「しか」の性質を明らかにしたことであ
る。従来の研究と異なり、「しか」は生起する統語位置によって、その
性質が決められると述べ、項位置に生起する「しか」はNPIとして、付
加部位置に生起する「しか」はNCIとして機能すると主張した。

　第4章では、日本語における多重NCI構文の認可条件と解釈を
明らかにした。その内容をまとめると以下のようになる。

(2)　[第4章の結論]
　a.　認可条件: 日本語の「しか」、「不定語モ」、「1-助数詞モ」、
　　　「決して」が、多重NCI構文に用いられるためには付加部
　　　位置に生起しなければならない。また、付加部位置に生
　　　起したこれらの表現は、Negによって多重一致される。
　b.　解釈:(2a)の条件で現れる多重NCI構文の解釈は、先行
　　　研究の指摘と異なり、1通りの解釈しか持たない。
　c.　(2a, b)の特徴から、日本語のNCIは生起する統語位置
　　　がその認可条件のために重要な要素であり、これらの
　　　NCIは付加部位置に生起しなければならないことが示唆さ
　　　れる。

Kato(1985)を皮切りに、日本語における多重NCI構文の認可条件に関する研究は多く成されてきたが、その性質は明らかになっていない。本書は、日本語の多重NCI構文は、そのNCIが現れる統語位置が非常に重要な要素となることを主張した。すなわち、「しか」、「不定語モ」、「1-助数詞モ」、「決して」が多重NCI構文に用いられるためには、その表現すべてが付加部位置に生起しなければならないということである。このことは解釈の面からでも裏付けられることを述べた。Sells(2001)は、日本語の多重NCI構文の解釈は話者によって常に2通りの異なる解釈に分かれると指摘し、Negに認可されるのは一つのNCIであり、他のNCIはNon-NCIであると指摘している。しかしながら、NCIが付加部位置に生起する多重NCI構文の場合には、1通りの解釈しか持たない。このことから、複数のNCIはNegによってすべて認可され、またこのような解釈から、多重NCI構文におけるNCIは付加部位置に生起しなければならないことが示唆されると述べた。以上のことから、最後に日本語のNCIの認可条件について、NCIが単独で生起する場合でも、生起する統語位置が重要な要素であり、これらのNCIは付加部位置に生起しなければならないことが示唆されると述べた。

　第5章では、日本語の「しか」と「不定語モ」が共起した多重NCI構文の類型とその統語構造を明らかにした。第5章の結論をまとめると(3)のようになる。

(3)　　[第5章の結論]

　　　a. 従来、「しか」と「不定語モ」が用いられた日本語の多重
　　　　NCI構文の類型は、単一のものとして捉えられてきたが、
　　　　「しか」と「不定語モ」との語順制約と「しか」の解釈の相違点
　　　　から、少なくとも2タイプ(タイプAとタイプB)が存在し、そ
　　　　れぞれの統語構造が異なる。

　　　b. タイプAにおける「しか」と「不定語モ」両者は、同じ意味役
　　　　割を担い、単一構成素を成すのに対し、タイプBにおける
　　　　両者は、互いに異なる意味役割を担い、各自異なる構成
　　　　素で基底生成される。

今までの多重NCI構文の研究においては、その類型は単一のも
のとしか認められていなかった。しかしながら、そうした場合多重
NCI構文ごとに語順制約と解釈の相違点が生じる理由がうまく説
明できなくなる。タイプAとタイプBの相違点をまとめると、(表1)の
ようになる。

(表1)　タイプAとタイプBの相違点(√:許される、＊:許されない)

特徴　　　　　　　　　　　　　　　　　　　類型	タイプA	タイプB
① 語順制約:「しか」は必ず左側に生起しな 　ければならない	√	＊
② a.「しか」の解釈: 　　　例外表現(「以外/ほか/but」)	√	＊
② b.「しか」の解釈: 　　　Negと呼応し、「だけ…ある(only)」	＊	√

(＝5章, (表1))

456

本書では、(表1)のようにタイプAとタイプBの振る舞いが異なるのは、その統語構造が異なっているからであるとし、タイプAにおける「しか」と「不定語モ」はQPという単一構成素を成しているのに対し、タイプBにおける両者は各々異なる構成素を成すと指摘した。この統語構造をそれぞれ示すと以下のようになる。

(図1)

a. タイプAの統語構造(＝5章, (図5))　　　b. タイプBの統語構造(＝同, (図6))

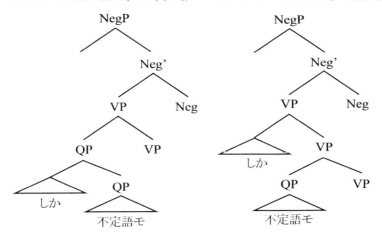

　続いて第6章では、名詞句に後接する「其他否定」表現「しか/以外/ほか」の性質、特にその認可条件を明らかにした。その内容をまとめると下記の通りになる。

　(4)　[第6章の結論]
　　　a. 従来「しか/以外/ほか」はその意味的・統語的特徴の類似

457

点から同一の表現として扱われてきたが、実際はそうではない。というのも「しか」と「以外/ほか」はある一定の統語環境において、異なる振る舞いを示すからである。

b. 「しか」と「以外/ほか」は認可条件が異なる。すなわち、「しか」はNegから直接認可されるのに対し、「以外/ほか」はNegに直接認可されるのではなく、非顕在的に存在する「不定語モ」が認可される。

c. 「しか/以外/ほか」が主語または目的語位置に生起する際に、「しか」は項位置に生起しNPIとして機能するが、「以外/ほか」は付加部位置に生起し名詞句にかかる一種の修飾語句(modifier)として機能する。

従来の研究では、「其他否定」表現をその意味的・統語的特徴の類似点から同一の表現として扱ってきた。しかしながら、これらを同一の表現として捉えた場合、(表2)のようにある統語環境において振る舞いが異なる事実が説明できない。

(表2) 「しか」「以外/ほか」の統語的相違点(√: 生起可能　＊: 生起不可能)

生起環境 ＼ 「其他否定」表現	しか	以外	ほか
(ⅰ) NCIとの共起	＊	√	√
(ⅱ) 反語表現の構文	＊	√	√
(ⅲ) 不特定読みの数量詞構文	√	＊	＊

(＝6章, (表2))

上記の(表2)の結果に基づき、本書は「しか/以外/ほか」は同列に

458

捉えられないと主張した。すなわち、「しか」と「以外/ほか」はNeg
による認可条件がそれぞれ異なり「しか」はNegに直接認可される
のに対し、「以外/ほか」はNegに直接認可されない。「以外/ほか」
の場合は、非顕在的に存在する「不定語モ」がNegに認可されると
いうことである。これらの表現の認可条件を示すと下記のようにな
る。

 (5) a. 「しか」の認可条件
    [NegP [vp NP-<u>しか</u>] <u>Neg</u>]

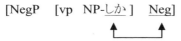

   b. 「以外/ほか」の認可条件
    [NegP [vp pro NP-以外/ほか(<u>不定語モ</u>)] <u>Neg</u>]
         [+NEG] [+NEG]

また、上記の(5)の図式から「しか」はNegに直接認可されるのでNPI
として機能するが、「以外/ほか」はNPIではなく、英語の「except/
but」のような付加部として機能すると主張した。

 第7章では、韓国語の「bakk-e」、「不定語do」、「1-助数詞do」、
「gyeolko」の性質を明らかにした。その結論をまとめると以下のよ
うになる。

 (6) [第7章の結論]
   「bakk-e」、「不定語do」、「1-助数詞do」、「gyeolko」は多くの

先行研究においてNPIとして捉えられてきたが、これは妥当ではなく、NCIとして捉えられるべきである。

多くの先行研究においてこれらの四つの表現は、第3章でみた日本語の場合と同様に、英語のNPI「any類」の分析と同列に捉えられ、NPIとして捉えられてきた。これに対し、キム・ヨンファ(김영화2005)は「不定語do」をNPIではなくNCIとして捉えるべきであると指摘している。しかし、キム・ヨンファはその根拠については詳しく提示しておらず、また「bakk-e」、「1-助数詞do」、「gyeolko」については何も述べていない。よって本書は「bakk-e」、「不定語do」、「1-助数詞do」、「gyeolko」においてNCIとNPIを区分付ける五つのテストと本書で新たに加えたテスト「当該表現が同一節内において他のNCIと多重共起できるか否か」のテストに基づきこれらの四つの表現はNCIとして捉えられるべきであると主張した。

第8章では、韓国語の多重NCI構文の諸問題、つまりこの構文の認可条件、解釈、類型とその統語構造について考察した。その内容をまとめると次のようになる。

(7)　[第8章の結論]
　　 a. 認可条件:「bakk-e」、「不定語do」、「1-助数詞do」、「gyeolko」が多重NCI構文に生起するためにはこれらの表現は、必ず付加部位置に生起しなければならない。また、多重NCI構文におけるNCIはNegによって多重一致

される。

b. 解釈:「bakk-e」、「不定語do」、「1-助数詞do」、「gyeolko」
が付加部位置に生起し、これらの表現が多重共起した多
重NCI構文は1通りの解釈しか持たない。これに対し、こ
れらの表現特に「bakk-e」が項位置に生起すると、2通りの
異なる解釈が得られる。その理由は、項位置に生起する
「bakk-e」は、NCIとしての機能を失いNPIとして機能する
からである。このことと(7a)の事実から、韓国語のNCIは
必ず付加部位置に生起しなければならないことが示唆され
る。

c. 類型とその統語構造: 従来「bakk-e」と「不定語do」が用い
られた多重NCI構文の類型は単一のものとして認められて
きたが、これは妥当ではなく、少なくとも3タイプ(タイプA・
B・C)に分けられるべきである。これは「bakk-e」と「不定語
do」との語順制約、「bakk-e」の解釈及び「bakk-e」と「不定
語do」の意味役割の相違点から裏付けられる。またそれぞ
れの統語構造も異なっており、タイプA・Cにおける「bakk-e」
と「不定語do」は単一構成素を成すのに対し、タイプBに
おける両者は異なる構成素を成す。さらに、タイプCは日
本語の「以外/ほか」が「不定語モ」と共起した場合と同様で
あり、この場合の「bakk-e」はNCIではなく、名詞句にかか
る一種の修飾語句である。要するに、韓国語の厳密な多
重NCI構文の類型は、日本語と同様に2タイプが存在し、
タイプAにおける「bakk-e」は「不定語do」と同じ意味役割を
担い、単一構成素をなすのに対し、タイプBにおける両者
は互いに異なる意味役割を担い、異なる構成素で基底生

461

　　　　　成されるのである。韓国語のタイプAの構造は、(図1a)の
　　　　　日本語のタイプAと、タイプBの統語構造は、(図1b)の日
　　　　　本語のタイプBと、タイプCの統語構造は、(5b)の日本語
　　　　　の「以外/ほか」の統語構造と、同様である。

韓国語の多重NCI構文の研究はその認可条件を中心に議論され
てきた。その中で、Sells(2001)とKuno & Whitman(2004)は、韓
国語の多重NCI構文においてNegから認可されるのは一つのNCI
のみとしている。その根拠として、両者は解釈またはNCI間の語
順制約の現象を提示している。しかしながら、両者の主張に反す
る例がいくつかみられることから、韓国語の多重NCI構文において
重要なことは、そのNCIが生起する統語位置と多重NCI構文の類
型について、考察することであると述べた。要するに、韓国語の
NCI「bakk-e」、「不定語do」、「1-助数詞do」、「gyeolko」がNeg
によって多重一致されるためには、まずこれらの表現が付加部位
置に生起しなければならない。その根拠としてこれらの表現が付
加部位置に生起し多重共起した文の解釈が1通りの解釈しか持た
ないことを述べた。また、従来の研究では、韓国語のNCI構文を
1タイプとして分析してきたが、本書では構文ごとにその解釈、語
順制約そして意味役割の付与において非対称性が生じることを述
べ、3タイプに分けられるべきであると主張した。タイプC・A・Bに
おける類似点と相違点は以下の通りである。

(表3)　タイプA・B・Cの類似点と相違点(√：許される、＊：許されない)

特徴 　　　　　　　　　　類型	タイプC	タイプA	タイプB
① 語順制約:「bakk-e」は必ず左側に生起しなければならない	√	＊	√
② a. 「bakk-e」の解釈:　例外表現(「oe-e/以外/ほか/but」)	√	＊	√
② b. 「bakk-e」の解釈:　Negと呼応し、「man…ida(only)」	＊	√	＊
③ a. 意味役割の付与	＊	√	＊
③ b. 意味役割の付与:「bakk-e」と「不定語do」の意味役割が同様である	＊	＊	√

(＝8章, (表2))

　先行研究においてNCI間の語順制約が不明とされてきたのは３タイプの構文を1タイプのみとして分析してきたからであると考えられる。要するに、タイプC・AとタイプBは各々の統語構造が異なるため語順制約において異なる振る舞いを示すわけである。また、ここで重要なのは、タイプCにおける「bakk-e」は、表面上NCIのようにみえ、多くの研究においてNCIとして捉えられてきたが、これは妥当ではなく、タイプCの「bakk-e」は名詞句にかかる一種の修飾語句であり、結局韓国語の多重NCI構文の類型は日本語と同じく二つであり、タイプA・Bが存在すると述べた。

　第9章では、日韓両言語における否定呼応表現「しか」と「bakk-e」の対照研究を行い、両者の相違点と従来不明とされてきたそれぞ

れの性質を明らかにした。その結論をまとめると下記のようにな
る。

(8)　[第9章の結論]

　　a. 従来「しか」と「bakk-e」はその統語的・意味的特徴からまっ
　　　　たく同列に分析されてきたが、これは修正されるべきであ
　　　　る。というのも両者はある一定の統語環境において、異な
　　　　る振る舞いを示すからである。

　　b. (8a)の観察に基づき「bakk-e」は、「bakk-e1」と「bakk-e2」
　　　　に分けられる。「bakk-e1」は日本語の「しか」と同様の用法
　　　　を持ち、「bakk-e2」は日本語の「ほか/以外」と同じ用法を
　　　　持つ。以上の「しか/ほか/以外/bakk-e」の統語的類似点と
　　　　相違点をまとめると次のようになる。

(表3)「しか/ほか/以外/bakk-e」の統語的類似点と相違点

統語環境　　　　　　　　　　表現	しか	ほか	以外	bakk-e
a. NCIとの共起	*	√	√	√
b. 反語表現の構文	*	√	√	√
c. 分布の自由性(後置詞・副詞/副詞句・動詞のテ形節・引用節への後接)・任意性	√	*	*	√
d. 不特定読みの数量詞構文	√	*	*	√

(＝9章, (表5d-g))

　　c. 「bakk-e1」と「bakk-e2」の認可条件も異なっており、
　　　　「bakk-e1」は上記の(5a)の「しか」と同様にNegから直接認

464

可されるのに対し、「bakk-e2」は(5b)の「ほか/以外」と同じ
く非顕在的に存在する「不定語do」が否定辞に認可され
る。

d. 「bakk-e」が「ほか/以外」の用法まで含んでいる理由は、
(ⅰ)形態的類似性と、(ⅱ)NCIへの文法化過程の類似点
から探ることができる。すなわち、「bakk-e」と「ほか/以外」
は「外＋(場所格)」という形態的類似点と「名詞→副詞→
NCI」という類似した文法化過程が挙げられる。

e. 従来不明とされてきた「しか」が持つ機能に関して、「「しか」
は「ほか」に由来した表現である」と主張した山口(1991)説
が妥当であると考える。これは「bakk-e」との対照研究から
支持される。

f. 上記の(8a-e)の事実から、「しか/bakk-e1」と「ほか
/bakk-e2」の相関関係が、以下のような機能的側面の文
法化過程から示唆された。

(ⅰ)

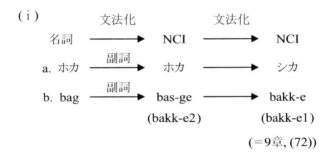

(＝9章, (72))

(ⅰ)における日韓の類似点は、「ほか/bakk-e2」の用法が
先に現れ、その次に「しか/bakk-e1」の用法が現れたこと
である。両言語の相違点は２点あって、第一は、NCIと

465

しての「ほか」が、次の段階に文法化が行われた際に、「しか」という異形態が現れてきたのに対し、韓国語では「しか」のような異形態が現れてこなかった。第二は、「しか」と「bakk-e1」の現れた時期の差であり、「bakk-e1」が「しか」よりおよそ2.5世紀遅れて出現し、「bakk-e1」は現在も文法化が進んでいると述べた。このことは、一定の要素に後接する「bakk-e1」は「しか」と違い、他のNCIと多重共起できないことから裏付けられる。

次は、以上で示唆された日韓両言語の否定一致現象の類似点と相違点をまとめる。

(9)　日韓両言語の否定一致現象の類似点と相違点

[類似点]

a. 「しか/bakk-e」、「不定語モ/do」、「1-助数詞モ/do」、「決して/gyeolko」は否定一致を必要とするNCIである。

b. 「しか/bakk-e」、「不定語モ/do」、「1-助数詞モ/do」、「決して/gyeolko」が用いられた多重NCI構文の性質:

（ⅰ）認可条件: これらの表現は必ず付加部位置に生起しなければならない。また、これらの多重NCIはNegに多重一致される。

（ⅱ）解釈: これらのNCIが項位置に生起する場合と異なり、1通りの解釈しかない。このことから日韓両言語のNCIの認可条件として、これらの表現が付加部位置に生起しなければならないことが示唆される。

（ⅲ）類型: 「しか/bakk-e」と「不定語モ/do」が用いられた

多重 NCI構文の類型は日本語と韓国語には、少な
くとも2タイプが存在する。ただし、韓国語にはタイプC
も存在するが、この場合の「bakk-e」はNCIではない
ため、タイプCは厳密な多重NCI構文ではない。

(ⅳ) 「其他否定」表現:「しか/bakk-e1」そして「以外/ほか
/bakk-e2/oe-e」の各表現は互いに類似した統語的・
意味的特徴を持つ。また、これらの表現の文法化過
程も上記の(ⅰ)のように類似する。

[相違点]

「しかvs.bakk-e」:「bakk-e」は「しか」と異なり、多機能的な
表現であり「しか」だけではなく、「ほか/以外」とも対応する
用法が存在し、各用法の認可条件も異なる。また、
「bakk-e」は「しか」ほど文法化が進んでおらず、現在でも
「以外/ほか」と対応する「bakk-e2」の用法が多くみられる。

10.2. 本書の意義と課題

最後に、序章に掲げた4項目の立論の目的に対して、本書の
成果がどのような意味を持つかを述べて、本書を締めくくることに
したい。第一の目的は、(10)の通りである。

(10) 日韓両言語における「しか/bakk-e」、「不定語モ/do」、「1-
助数詞モ/do」「決して/gyeolko」の性質を明らかにすること

この目的は、第3章と第7章での記述および分析の作業によって達成されたと考える。日本語と韓国語の統語的・意味的アプローチに基づく多くの先行研究は「しか/bakk-e」、「不定語モ/do」、「1-助数詞モ/do」、「決して/gyeolko」を英語のNPI「any類」との類似した性質から、これらの表現をNPIとして扱ってきた。しかし、これらの表現はNPI「any類」と多くの点で異なる。例えば「表現が①主語位置に生起できるのか、②否定文以外の疑問文または条件文に生起できるのか、③Negとの同一節内条件が守られるのか」において異なる。NPIとしての立場をとる先行研究は、その相違点を説明するためにさまざまな道具を使い、説明を与えているが、統一的な説明は与えておらず、日・韓・英語におけるNPIの相違のメカニズムは未だ解決していないと考えられる。これはNPIとして扱ってはならない表現をNPIとして捉えているからであると考えられる。そこで本書はこれらの表現をNCIとして捉えることによって、英語のNPI「any類」との相違点が容易に解決できることを示した。このように従来の研究と異なったアプローチで「しか/bakk-e」、「不定語モ/do」、「1-助数詞モ/do」、「決して/gyeolko」を捉え、今後の日韓両言語におけるNCIの研究に貢献するものと考える。

　本書が第二の目的として示したのは以下の通りである。

(11)　　日韓両言語の「しか/bakk-e」、「不定語モ/do」、「1-助数詞モ/do」、「決して/gyeolko」が同一節内で用いられた多重NCI構文の性質、特に認可条件、解釈、類型とその統語構造を明らかにすること

468

この目的は、日本語においては第3章から第5章、韓国語においては第8章での記述によって達成されたと考えられる。日韓両言語のNPIとしての立場の先行研究において、「しか/bakk-e」、「不定語モ/do」、「1-助数詞モ/do」、「決して/gyeolko」が同一節内で用いられたいわゆる多重NPI構文はもっとも疑問視された文法現象であると言っても過言ではない。なぜならこれらの表現について（ⅰ）ある表現は多重共起できるのに対し、ある表現は多重共起できない点、（ⅱ）話者によって2通りの異なる解釈に分かれる点、（ⅲ）NPI間において語順制約が生じる場合と生じない場合が存在する点、など複雑な問題が絡んでいるからである。本書はNCIとしてのアプローチからこれらの表現は、単一のNegによって多重一致されると主張した。ほかにも、「しか/bakk-e」、「不定語モ/do」、「1-助数詞モ/do」、「決して/gyeolko」が多重NCI構文に用いられるためには、各表現が現れる統語位置が重要な要素であり、これらの表現は付加部位置に生起しなければならないと主張した。また、これらの表現が付加部位置に生起した多重NCI構文は1通りの解釈しか持たないことから、多重NCI構文においてこれらの表現の生起する統語位置の重要性が裏付けられることと、日韓両言語のNCIは付加部位置に生起しなければならないことが示唆されると述べた。最後に、日韓両言語における多重NCI構文は、日本語には2タイプが、韓国語には3タイプが存在し、それぞれの統語構造が異なると述べた。すなわち、タイプCは「以外・ほか/bakk-e2・oe-e」が「不定語モ/do」と単一構成素を成す。タイプA

は「しか/bakk-el」と「不定語モ/do」が互いに同じ意味役割を担い両者が単一構成素を成すのに対し、タイプBは「しか/bakk-el」と「不定語モ/do」が互いに異なる意味役割を担い両者が異なる構成素で基底生成されるのである。このことから本書の主張はNCI間の語順制約がうまく説明できる利点がある。また、以上のような議論から、通言語的研究において日韓の否定一致現象の位置付けが明らかになったと考える。

第3の目的は次の通りである。

(12)　　　日本語のいわゆる「其他否定」表現、「しか/以外/ほか」の性質、特にその認可条件の相違点を明らかにすること。

この目的は第6章で達成されたと考えられる。従来これらの表現はその統語的・意味的類似点から同列に捉えられてきた。しかし管見の限りにおいて、これらの表現の相違点について議論を行った研究はない。よって、本書の考察から、これらの表現の統語的相違点がより明確になったと考えられる。先行研究で[1]、「しか」が「以外/ほか」とどのような相関関係を持つのかという疑問が注目を浴びているが、本書により、新しい展開に移ることができたのではないかと考える。

第四の目的は、従来課題とされてきた日韓両言語の「しか」と

1　2007年11月24日−25日の間、信州大学で行われた言語学会の公開シンポジウム(否定と統語理論)とワークショップ(B会場: 否定呼応表現から探る日本語文構造の特質−理論研究と歴史研究から見えるもの−)に基づいている。

「bakk-e」に関する研究である。

(13)　a. 「しか」と「bakk-e」は同一の表現として扱って良いのか
　　　b. もし両者が異なる表現であればその認可条件はどのように
　　　　相違するのか
　　　c. 「しか」が持つ機能の源流はどのようなものであるのか

　この目的は、第9章の分析によって達成されたと考える。(13)の課題は「しか」と「bakk-e」との対照研究無しでは解決できないと考えられる。特に、日本語の「其他否定」表現「しか/ほか/以外」と韓国語の「其他否定」表現「bakk-e/oe-e」との相関関係が明らかになったことは、更なる本書の意義であるといえよう。「しか」と「bakk-e」はその興味深い統語的・意味的特徴から個別言語の研究として盛んに行われてきた。しかし「しか」と「bakk-e」の統語的相違点、「bakk-e」が持つ二つの認可条件、そして「しか」が持つ機能の源流は、管見の限りにおいて本書で初めて指摘されたことである。このような研究は日本語の「ほか/以外」と韓国語の「oe-e」との相関関係が明らかになってはじめて、示唆されたものであると考えられる。また、本書のNCIへの文法化研究[2]は今後のNCIに関する研究に貢献できると考えられる。

　前述の脚注1でも述べたが、先行研究では、日本語の「しか」、「不定語モ」、「1-助数詞モ」、「決して」の性質、そしてこれらの表

2　詳細な内容は、Park(2014)(2015)(2018)を参照されたい。

現が多重共起した多重NCI構文の性質に関する研究が注目を浴びている。これは、序章でも述べたように1990年代から始まったミニマリスト・プログラムの導入以来、統語素性(syntactic feature)の一致(agreement)が注目を浴び、このことが自然言語におけるNCIの研究にも影響を与えたからであると考える。また、「しか」の研究においても、他言語との対照研究からの新しい示唆点が求められている。以上のような現状の中で、日韓のNCIの性質を明らかにした本書は、今後のNCIとしてのアプローチからの研究に有意義であると考えられる。

　最後に、今後の課題に関して述べたい。今後、日韓両言語と他言語のNCIにおいてみられる以下のような相違点の解明に研究を深めたい。第一は、二重否定に関する相違点である。第2章において、西フラマン語のようなNCIは現れる語順によって二重否定になる場合があると述べた。この例文を以下に再掲する。

> (14)　a.…da　Vale`re niemand nie (en)-kent.
>
> 　　　　 that Vale`re nobody　not　Neg-know
>
> 　　　　 '… that Vale`re doesn't know anybody.'
>
> 　　 b.…da　Vale`re nie niemand (en)-kent.
>
> 　　　　 that Vale`re not nobody　　　Neg-know
>
> 　　　　 '… that Vale`re doesn't know nobody.'　　 (＝2章, (5))

(14b)は「nie」と「niemand」の語順が(14a)と異なるため否定一致が行われず、二重否定になってしまう。日韓両言語にはこのような現

象は生じない。Watanabe(2004)はこの問題について、両言語間の形態の違いにその理由を探っている。西フラマン語などのロマンス語におけるNCIは「niemand(誰も)、niets(何も)、nieverst(どこにも)」のように/n/という音が語頭に共通してみられるが、日本語にはそのような形態的特徴が現れないのである。またWatanabeは日本語の「不定語モ」「1-助数詞モ」における「モ」に注目する。Watanabeは日本語の「モ」は一種の焦点マーカーであり、ミニマリスト・プログラムの枠組みに基づき、「モ」は常に解釈不可能な焦点素性(uninterpretable focus feature)を持つため、常に素性照合が強要され、否定一致を起こしていると主張している。これに対し、西フラマン語における当該の表現は前述の形態的特徴から焦点と関係していないと指摘している。よって、西フラマン語におけるNCIは解釈不可能な焦点素性を持たない場合も可能になり、その場合が行使されれば、素性照合が起らず二重否定となるわけである。このようなWatanabeの主張が妥当であると仮定した場合、付加部位置の「しか」及び「決して」も焦点素性を持っていると認めなければならない。「しか」に関しては、「モ」と共に一種のとりたて詞としての機能を持つので、前述の原理が当てはまると考えられるが、「決して」に関する答えは現時点では不明である。この問題については今後の課題としたい。

　第二点は、NCIの生起する統語位置に関する相違点である。本書において日本語と韓国語のNCIは上記の(9)でも述べたように、生起する統語位置と重要な関わりがある。しかし、このことは

473

以下のような西フラマン語にはみられない現象である。西フラマン語の多重NCI構文において生起するNCIは項位置に生起しても良いからである。

(15) a. da Vale`re an <u>niemand</u> <u>niets</u>   *nie* gezeid (en)-oat.
       that Vale`re to *nobody* *nothing*   not said   *en*-had
       'that Vale`re had not said anything to anyone.'

                         (＝3章, (39c))

     b. da Vale`re <u>nooit</u> van <u>niemand</u> *nie* ketent (en)-was.
       that Vale`re *never* of *nobody* not contented *en*-was
       'that Vale`re was never pleased with anyone.'

                 (Haegeman(1995:133, (40c)))

(15a)は「niemand(nobody)」と「niets(nothing)」が、(15b)は「nooit(never)」と「niemand(nobody)」が共起するが、「nooit(never)」を除き、「niemand(nobody)」と「niets(nothing)」は項位置に生起すると考えると、西フラマン語の多重NCI構文におけるNCIは付加部位置だけではなく項位置にも生起できるということになる。事実、ロマンス諸語、非標準英語などのNCI言語においても上記の西フラマン語と類似した振る舞いがみられると考えられる。この理由に対する可能な答えとして、次のように考えられる。ロマンス諸語・西フラマン語・非標準英語などのNCIの形態を注目すると、西フラマン語に関して上記でも述べたように語頭の音が/n/で共通する。これに対し、日韓両言語におけるNCI、「しか/bakk-e」、「不定語モ

/do」、「1-助数詞モ/do」、「決して/gyeolko」は/n/のような共通する
形態がみられない。このような事実に着目し、ロマンス諸語・西フ
ラマン語・非標準英語などのように共通する形態が存在しない言
語、例えば日韓両言語は、統語位置でNCIとしての素性が与えら
れるのではないかと考えられる。このことが正しいとすると、ロマン
ス諸語・西フラマン語・非標準英語などのNCIは「n-word」であるの
に対し、日韓両言語におけるNCIはなぜ「n-word」のような形態を
持たないのかという疑問も解決できる利点があると考えられる[3]。

　否定一致現象という概念自体は、渡辺(2005:121)でも指摘され
るようにまだ新しく、よって日韓両言語の否定一致現象においても
研究課題がまだ多く残されているテーマであると考えられる。自然
言語における否定一致現象は言語ごとにパラメータ(parameter)が
存在する可能性も排除できないと考えられる。例えば、日本語と
韓国語のような膠着語と西フラマン語の間には上記でみたような二
重否定と統語位置においてパラメータが存在するかもしれない。
実際に、Watanabe(2004)は、イタリア語においても、上記の西フ
ラマン語のような二重否定が現れない点と文否定の場合Neg主要
部単独で現れる点に注目し、日本語はイタリア語タイプの言語で
あると指摘し、ほかにもNCIの類型的相違の説明を試みている。
今後、このような点を踏まえ、日本語と韓国語以外の言語との対
照研究から分析を深めていきたい。

3　詳細な内容は、朴(2012d)を参照されたい。

用例出典

日本語の用例

【電子資料】
(筑波大学中央図書館ネットワーク利用)『朝日新聞オンライン記事データベース「聞蔵(きくぞう)」DNA for Libraries』
検索エンジン/Google(www.google.co.jp)

韓国語の用例

【電子資料】
『CD-ROM版 대한민국 국어 정보베이스Ⅱ(大韓民国国語情報ベースⅡ)For Evaluation Only98.12』KAIST(KoreaTerminology Research Center for Language and Knowledge Engineering, 韓国科学技術院・専門用語言語工学研究センター(http://csfive.kaist.ac.kr/kcp/))
検索エンジン/Google(www.google.co.jp)

【小説】
「날개(翼)」『朝光』, 이상(李箱, 1936年)
「민족의 죄인(民族의 罪人)」『白民』, 채만식(蔡万植, 1948年)
「밤과 나(夜と私)」『学之光』, 김억(金億, 1915年)
「벙어리 삼룡이(おしの三竜)」『黎明』1, 나도향(羅稲香, 1925年)
「貧妻」『開闢』7, 현진건(玄鎮健, 1921年)
「아랑의 정조(アランの貞操)」『文章』, 박종화(朴鍾和, 1937年)
「어린犧牲(おなさい犠牲)」『少年』14-17, 이광수(李光洙, 1910年)
「二重 解放」『三光』3, 염상섭(廉尚燮, 1919年)
「E先生」『東名』, 염상섭(廉尚燮, 1922年)
「脱出記」『朝鮮文壇』6, 최서해(崔曙海, 1925年)

【古典】
『竜飛御天歌』, 15世紀中期

【新聞】
東亜日報, 1923年6月16日

参考文献

安平鎬(2001)『日韓両言語のアスペクトに関する対照研究－アスペクト形式
　　　の文法化を中心に－』筑波大学大学院人文社会科学研究科 筑波
　　　大学博士(言語学)論文.
岩倉国浩(1974)『日英語の否定の研究』研究社.(1973の改訂版)
江口正(2000)「「ほか」の2用法について」『紀要(言語・文学)』32.
　　　pp.291-310. 愛知県立大学外国語学部.
奥野忠徳・小川芳樹(2002)『極性と作用域』研究社出版.
片岡喜代子(1999)「『しか～ない』構文認可における統語的条件」KLS 19.
　　　pp.98-108.
片岡喜代子(2002)「－しかは否定極性項目ではない」『日本言語学会第124
　　　回大会予稿集』pp.72-77. 日本言語学会.
片岡喜代子(2006)『日本語否定文の構造: かき混ぜ文と否定呼応表現』くろ
　　　しお出版.
加藤泰彦他(2010)『否定と言語理論』吉村あき子他(編). 開拓社.
岸本秀樹(2005)『統語構造と文法関係』日英語対照研究シリーズ8. くろしお
　　　出版.
金栄敏(2001)『日韓両言語の格と統語構造』筑波大学大学院人文社会科学
　　　研究科筑波大学博士(言語学)論文.
久野暲(1983)『新日本文法研究』大修館書店.
久野暲(1999)「「ダケ・シカ」構文の意味と構造」『言語学と日本語教育』くろ
　　　しお出版.
此島正年(1966)『国語助詞の研究 助詞史素描』桜楓社.(1973再版)
此島正年(1983)『助動詞・助詞概説』桜楓社.
許斐慧二(1989)「『しか～ない』構文の構造」『英語学の視点』大江三郎先生
　　　追悼論文集編集委員会(編). 九州大学出版会.
近藤泰弘(2001)「記述文法の方向性-とりたて助詞の体系を例として」『国文
　　　学 解釈と教材の研究』46:2. pp.20-25.

鈴木英一(1990)「第7章 否定文」『統語論』pp.258-317. 開拓社.

寺村秀夫(1991)『日本語のシンタクスと意味Ⅲ』くろしお出版.

中西久美子(1995)「シカとダケとバカリ－限定のとりたて助詞－」『日本語類義表現の文法(上)単文編』宮島達夫・仁田義雄(編). pp.306-316. くろしお出版.

中村ちどり(2007)「「誰も何も食べなかった」－限定詞の共起における否定の共有と否定重複－」『第135回言語学会予稿集』pp.88-93. 日本言語学会.

西岡宣明(2000)「NEG-criterionと照合理論」『言語文化論叢』縄田鉄男教授退官記念論文集壮行会(編). pp.171-192.

西岡宣明(2002)「否定対極表現の認可と再構築現象について」*JELS* 19日本英語学会. pp.156-165.

西岡宣明(2003)「Wh-(…)MO構文の認可条件について」『言語学からの眺望2003』pp.73-87. 九州大学出版会.

西垣内泰介・石居康男(2003)『英語から日本語を見る』研究社出版.

沼田善子(2000)「(第3章)とりたて」金水敏・工藤真由美・沼田善子(共著).『日本語の文法・時・否定と取り立て』pp.151-216. 岩波書店.

沼田善子(2006)『現代日本語とりたて詞の研究』筑波大学大学院人文社会科学研究科筑波大学博士(言語学)論文.

広瀬幸生・加賀信広(1997)『指示と照応と否定』中右 実(編). 日英語比較選書4. 研究社.

洪思満(1979)「日本語の副助詞と韓国語の特殊助詞との対照研究(Ⅱ)－その持続機能を中心に－」『朝鮮学報』90. pp.1-22.

益岡隆志・田窪行則(1992)『基礎日本語文法 改訂版』くろしお出版.

松井晴子(2003)『日本語否定文の構造: 否定極性項目の認可を中心に』筑波大学大学院人文社会科学研究科 修士論文.

松井(山森)良枝(1996)「自然言語における量化と否定の相互作用－「シカ…ナイ構文を例として－」『人文学報』77. pp.141-164. 京都大学人文科学研究所.

松尾拾治郎(1928)『国文法論纂』文学社.

松下大三郎(1901)『日本俗語文典』(『新丁 日本俗語文典 付遠江文典』徳田正信(編). 勉誠社.)

松下大三郎(1928)『改選標準日本文法』(『改選標準日本文法』徳田正信(編). 勉誠社.)

松下大三郎(1930)『標準日本口語法』(『増校補訂標準日本口語法』徳田正信(編). 勉誠社.)

宮地朝子(1997)「係助詞シカの成立－＜其他否定＞の助詞の歴史的変遷に見る－」『名古屋大学 国語国文学』81. pp.42-58. 名古屋大学国語国文学会.

宮地朝子(1999)「『とりたて』形式の構文的特徴と意味機能－とりたて詞と係助詞・副助詞－」『日本語論究』6. 名古屋・ことばのつどい(編). 和泉書院.

宮地朝子(2000)「方言からみたシカの構文的特徴と成立過程」『国語学』201. pp.72-92. 国語学会.

宮地朝子(2003)『日本語のとりたて: 現代語と歴史的変化・地理的変異』沼田善子・野田尚史(編). くろしお出版.

宮地朝子(2007)『日本語助詞シカに関わる構文構造史的研究－文法史構築の一試論－』ひつじ書房.

茂木俊伸(2002)「「以外」と「以外に」」授業の応用言語学特講(於筑波大学, 2002年6月7日)におけるハンドアウト.

茂木俊伸(2004)『とりたて詞の解釈と構造』筑波大学大学院人文社会科学研究科 筑波大学博士(言語学)論文.

茂木俊伸(2005)「以外(に)の用法と意味」『日本語複合助詞の研究』平成16年度筑波大学人文社会科学研究科プロジェクト研究「日本語複合助詞の体系化に向けた記述的研究」研究成果報告書. pp.15-35.

朴江訓(2007)「「しか…ない」の多重NPI現象について」『日本語文法』7-2. pp.154-170. くろしお出版.

朴江訓(2007)「日韓両言語における否定一致現象について」『日本語と日本文学』44. pp.44-57. 筑波国語国文学会.

朴江訓(2008)「日本語における否定極性と否定一致現象に関する一考察」『日本学報』75. pp.37-48. 韓国日本学会.

朴江訓(2008)「日本語における多重否定極性表現について―その生起条件を中心に―」『日本学報』79. pp.37-48. 韓国日本学会.

朴江訓(2008)「否定述語と呼応する「しか」「以外」「ほか」をめぐって」『日本語と日本文学』46. pp.19-33. 筑波国語国文学会.

朴江訓(2009)「「しか」の二面性」『日本学報』78. pp.25-36. 韓国日本学会.

朴江訓(2009)「「pakk-ey」と「しか」の用法―日本語教育の観点から―」『日語教育研究』17. pp.35-48. 韓国日語教育学会.

朴江訓(2009)「いわゆる「其他否定」表現について」『日語日文学研究』69. pp.
　　123-138. 韓国日語日文学会.

朴江訓(2009)「日本語の多重否定極性表現の統語位置とその解釈について」
　　『日本語教育研究』48. pp.115-126. 韓国日本語教育学会.

朴江訓(2010)「日本語における多重否定極性表現の語順制限について」『日
　　語日文学研究』73. pp.261-276. 韓国日語日文学会.

朴江訓(2010)「韓日両言語における「pakk-ey」と「しか」の統語的認可条件」『日
　　本学報』83. pp.47-58. 韓国日本学会.

朴江訓(2011)「「しか」の機能的源流をめぐって―韓国語との対照の観点か
　　ら―」『日本研究』49. pp.415-433. 韓国外国語大学 日本研究所.

朴江訓(2012a)「日本語における多重否定呼応表現構文の類型」『日本研究』
　　32. pp.71-88. 中央大学 日本研究所.

朴江訓(2012b)「日本語の多重否定一致構文の統語的研究―統語構造と意
　　味役割を中心に―」『日本研究』53. pp.309-328. 韓国外国語大学
　　日本研究所.

朴江訓(2012c)「韓日両言語における除外表現の文法化―言語類型論的観
　　点から―」『日本語学研究』35. pp.137-151. 韓国日本語学会.

朴江訓(2012d)「言語類型論的観点からみた否定一致―膠着語と屈折語の場
　　合を中心に―」『日語日文学研究』80. pp.227-244. 韓国日語日文
　　学会.

朴江訓(2014)「韓日両言語の文法化に関する対照研究―文法化の度合いを
　　中心に―」『日本語学研究』39. pp.83-99. 韓国日本語学会.

朴江訓(2014)「限定を表す副助詞における上接語句の文法化」『日語日文学
　　研究』89. pp.21-39. 韓国日語日文学会.

朴江訓(2014)「韓日両言語における副助詞の文法化―言語類型論の観点か
　　ら―」『日本語文学』61. pp.37-56. 韓国日本語文学会.

朴江訓(2014)「いわゆる項と付加部の非対称性」『日本言語文化』28. pp.25-
　　44. 韓国日本言語文化学会.

朴江訓(2015)「韓日両言語における否定命令形式の対照研究」『日本語学
　　研究』43. pp.39-56. 韓国日本語学会.

朴江訓(2015)「韓日両言語における文法化の対照研究の諸相」『日本語文
　　学』64. pp.33-52. 韓国日本語文学会.

朴江訓(2019a)「多重「不定語モ」構文の認可条件―統語処理原理の観点か
　　ら―」『日本語学研究』60. pp.69-88. 韓国日本語学会.

朴江訓(2019b)「韓日両言語の方言接触における対照研究―否定極性表現の場合を中心に―」『日本文化学報』82. pp.141-162. 韓国日本文化学会.

朴江訓(2019c)「通言語的観点からみた日韓両言語における否定命令文」『日本語統語論研究の広がり―記述と理論の往還―』pp.229-248. くろしお出版.

朴江訓(2020)「統語論的観点からみた「ニ格」」『日本文化学報』84. pp.237-251. 韓国日本文化学会.

朴江訓(2020)「「不定語モ」と「1＋助数詞モ」に関する一考察」『日語日文学研究』114. pp.23-43. 韓国日語日文学会.

朴江訓(2021)「複数のカテゴリー属する単一形式の文法化―言語類型論の観点から―」『日本言語文化』31. pp.91-111. 韓国日本語学会.

朴江訓(2022)「韓日両言語における否定副詞の文法化をめぐって―「gyelko」と「決して」を中心に―」『日語日文学研究』120. pp.69-88. 韓国日語日文学会.

朴江訓(2022)「韓日両言語の否定極性表現「geonhyeo」と「全然」の文法化」『日本語文学』94. pp.79-100. 韓国日本語文学会.

朴江訓(2022)「韓日両言語における言語接触による否定副詞の文法化―「gyoldanko/gyoko」と「決して」に注目して―」『日本言語文化』61. pp.47-66. 韓国日本言語文化学会.

森田良行(1980)『基礎日本語』2. 角川書店.

山口尭二(1991)「副助詞「しか」の源流―その他を否定する表現法の広がり―」『語源探求』3. 日本語語源探求委員会(編). pp.34-48. 明治書院.

山田小枝(1997)『否定対極表現』多賀出版.

吉村あき子(1999)『否定極性現象』英宝社.

渡辺明(2005)『ミニマリストプログラム序説』大修館書店.

＊　　　　　　　　＊

강명윤(カン・ミョンユン, 1994)「국어초점/부정구문의 재탐구(国語焦点/否定構文の再探求)」『생성문법의 탐구(生成文法の探求)』pp.782-792. 한국문화사(韓国文化社).

김성회(キム・ソンファ, 1989)「‘-{지/다가/고} 말-’의 의미기능(‘-{ji/daga/go}mal-’の意味機能)」『국어국문학(国語国文学)』102. 국어국문학회

(国語国文学会). pp.147-174.

김영화(キム・ヨンファ, 2005)「부정어의 구조・의미적 분석(否定語の構造・意味的分析)」김영화(キム・ヨンファ)・윤항진(ユン・ハンジン)・박갑용(パク・ガプヨン)・장영준(チャン・ヨンジュン)・이정민(イ・ジョンミン)・김광섭(キム・ガンソプ)(共著).『부정과 부정어(否定と否定語)』한국문화사(韓国文化社).

김영희(キム・ヨンヒ, 1998)「부정 극성어의 허가 양상(否定極性語の許可様相)」『한글(ハングル)』240・241. pp.263-297.

남승호(ナム・スンホ, 1998)「한국어 부정극어의 유형과 그 허가조건(韓国語の否定極語の類形とその許可条件)」『언어학(言語学)』22. pp.217-244.

박강훈(パク・カンフン, 2012)「일본어의 부정과 부정표현 연구－이론적 기반연구를 중심으로－(日本語の否定と否定表現の研究－理論言語学を中心に－)」『일본어학 연구의 최전선(日本語学研究の最前線)』pp.43-60. 책사랑(Chaeksarang).

박강훈(パク・カンフン, 2014)「언어유형론적 관점에서 본 특수조사의 문법화 연구(言語類型論的観点からみた特殊助詞の文法化の研究)『분야별 현대 일본어학 연구(分野別現代日本語学の研究)』pp.206-220. 박이정(Pakijeong).

박강훈(パク・カンフン, 2016)「한국 일본어학계의 통어론 연구 현황과 과제－생성문법론을 중심으로－(韓国日本語学界の統語論研究の現況と課題－生成文法論を中心に－)」『日本語文学』68. pp.59-82. 韓国日本語文学会.

박강훈(パク・カンフン, 2016)「한일 양 언어의 언어접촉에 의한 언어변화－문법화 이론을 중심으로－(韓日両言語の言語接触による言語変化－文法化理論を中心に－)」『日本文化研究』58. pp.43-61. 韓国日本文化学会.

박강훈(パク・カンフン, 2017)「한일 양 언어의 부정순환에 관한 대조연구－언어유형론적 관점에서－(韓日両言語の否定循環に関する対照研究－言語類型論の観点から－)」『比較日本学』40. pp.257-274. 漢陽大学日本学国際比較研究所.

박강훈(パク・カンフン, 2018)「언어접촉의 관점에서 본 현대일본어의 통사 변화(言語接触の観点からみた現代日本語の統語変化)」『日本語文学』76. pp.1-23. 韓国日本語文学会.

박정규(パク・ジョンギュ, 1996)『국어 부정문 연구(国語の否定文研究)』보고

사(Bogosa).

박승윤(パク・スンユン, 1997)「밖에의 문법화 현상(bakk-eの文法化現象)」『언어(言語)』22-1. pp.57-70.

서정수(ソ・ジョンス, 1996)『국어 문법(国語の文法)』한양대학교출판원(漢陽大学出版院).

송석중(ソン・ソクジュン, 1977)「부정의 양상(否定の様相)」『국어학(国語学)』5. pp.45-100.

시정곤(シ・ジョンゴン, 1997a)「국어의 부정극어에 대한 연구(国語の否定極語に対する研究)」제 39회 국어국문학회(第39回の国語国文学会).

시정곤(シ・ジョンゴン, 1997b)「국어의 부정극어 허가조건(国語の否定極語の許可条件)」『언어(言語)』22. pp.471-497.

시정곤(シ・ジョンゴン, 1997c)「밖에의 형태・통사론(bakk-eの形態・統辞論)」『국어학(国語学)』30. pp.171-200.

신원재(シン・ウォンジェ, 1987)「현대 국어 부정 표현에 관한 연구(現代国語の否定表現に関する研究)」. 서울대학교 석사학위 논문(ソウル大学校 修士論文).

신창순(シン・チャンスン, 1971)「한국어의 부정(韓国語否定)」『朝鮮学報』58. 朝鮮学会.

안주호(アン・ジュホ, 1997)『한국어 명사의 문법화 연구(韓国語の名詞の文法化の研究)』한국문화사(韓国文化社).

이성하(イ・ソンハ, 2016)『문법화의 이해(文法化理解)』한국문화사(韓国文化社).

임홍빈(イム・ホンビン, 1998)『부정법(否定法)』「문법연구와 자료(文法研究と資料)」pp.551-620. 태학사(太学社).

전병쾌(チョン・ビョンケ, 1984)『한국어 부정구조의 분석(韓国語の否定構造の分析)』계명대학교 박사논문(啓明大学校 博士論文).

조애숙(チョ・エスク, 2007)「韓日語否定対極表現「しか」「밖에(bakk-e)」의(の)対照研究」『日本語文学』34. pp.141-162. 韓国日本語文学会.

한길(ハン・ギル, 1978)「한국어의 부정어에 관한 연구(韓国語の否定語に関する研究): '아니다', '없다', '말다'의 해체 분석(ani-da, eop-da, mal-daの解体分析)」연세대학교 석사학위 논문(延世大学校 修士論文).

한학성(ハン・ハクソン, 1995)『생성문법론(生成文法論)』태학사(太学社).

허재영(ホ・ジェヨン, 2002)『부정문의 통시적 연구(否定文の通時的研究)』역

락(亦楽).

홍사만(ホン・サマン, 2002a)『한일어 대조분석(韓日語の対照分析)』역락(亦楽).

홍사만(ホン・サマン, 2002b)『국어 특수조사 연구(国語の特殊助詞の研究)』역락(亦楽).

　　　　　　　　　　　＊　　　　　　　　　　＊

Aoyagi, Hiroshi and Toru Ishii(1994) On NPI licensing in Japanese. *Japanese/ Korean Linguistics* 4. Noriko Akatsuka(ed.). pp.295-311. CSLI Publications.

Aristotle. Works(1961-1966) Including Categories, *De Interpretatione, Prior and Posterior Analytics.* Translated uner the editorship of W. D. Ross. London: Oxford University Press.

Aronoff, Mark(1976) *Word Formation in Generative Grammar.* Cambridge. MA: MIT Press.

Baker, Carl Lee(1970) Double Negatives. *Linguistic Inquiry* 1. pp.169-186.

Bayer, Josef(1990) What Barvarian Negative Concord Reveals about the Syntactic Structure of German. *Grammar in Progress.* pp.13-24. Foris Publications.

Boskovic, Zeljko and Daiko Takahashi(1998) Scrambling and Last Resort. *Linguistic Inquiry* 29. pp.347-366.

Cho, DongIn(1993) Inalienable-Type Multiple Accusative Constructions. *Japanese/Korean Linguistics* 2. Clancy Patricia M.(ed.). pp.319-337.

Chomsky, Noam(1995) *The Minimalist Program.* MIT Press.

Chung, DaeHo and HongKeun Park(1998) NPIs Outside of Negation Scope. *Japanese/Korean Linguistics* 6. Ho-Min Sohn and John Haig(eds.) pp. 415-435. CSLI Publications.

Cinque, Guglielmo(1999) *Adverbs and Functional Heads: A Cross-Linguistic Perspective.* Oxford: Oxford University Press.

De´prez, Viviane(2000) Parallel (A) symmetries and the Internal Structure of Negative Expressions. *Natural Language & Linguistic Theory* 18. pp.253-342.

486

Fauconnier, Gilles(1975) Pragmatic Scales and Logical Structure. *Linguistic Inquiry* 6. pp.353-375.

von Fintel, Kai(1993) Exceptive Constructions. *Natural Language Semantics* 1. pp.123-148.

Frege, Gottlob(1919) Negation. *Beiträge zur Philosophie des deutschen Idealismus* 1. Reprinted in Geach and Black(eds.). pp.143-157.

Furukawa, Yukio(2001) A Negative Concord Approach to *SIKA-NAI* Construction.『日本言語学会第123回大会予稿集』pp.164-169. 日本言語学会.

Giannakidou, Anastasia(2000) Negative⋯Concord? *Natural Language and Linguistic Theory* 18. pp.457-523.

Giannakidou, Anastasia(2001) The Meaning of Free Choice. *Linguistics and Philosophy* 24. pp.659-735.

Haegeman, Liliane(1995) *The Syntax of Negation*. Cambridge University Press.

Haegeman, Liliane(1997) The Syntax of N-words and the Neg Criterion. *Negation and Polarity*. Danielle Forget et.al.(eds.). pp.115-138. Amsterdam: John Benjamins Publishing Company.

Haegeman, Liliane and Raffaella Zanuttini(1991) Negative Concord and the Negative Criterion. *The Linguistic Review* 8. pp.223-251.

Haegeman, Liliane and Raffaella Zanuttini(1996) Negative Concord in West Flemish. *Parameters and Functional Heads: Essays in Comparative Syntax*. Adriana Belletti and Luigi Rizzi(eds.). pp.117-179. Oxford University Press.

Hiraiwa, Ken(2001) Multiple Agree and the Defective Intervention Constraint. *The Proceedings of the HUMIT 2000, MIT Working Papers in Linguistics* 40. Ora Matushansky et.al. (eds.). pp.67-80.

Hiraiwa, Ken(2005) *Dimensions of Symmetry in Syntax: Agreement and Clausal Architecture*. Ph.D. dissertation, MIT.

Hoeksema, Jacob(1996) The Semantics of Exception Phrases. *Quantifiers, Logic and Language*. J. van der Does and van Eijck J.(eds.). pp.145-177. CSLI Publications.

Hopper, Paul J and Elizabeth Closs Traugott(1993) *Grammaitcalization*. Cambridge: Cambridge University Press.

Horn, Laurence R.(1989) *A Natural History of Negation*. Chicago: University of Chicago Press.

Horn, Laurence R.(2000) Pick a Theory (Not Just *Any* Theory) : Indiscriminatives and the Free Choice Indefinite. *Negation and Polarity*. Laurence R. Horn and Yasuhiko Kato(eds.). pp.147-192. New York and Oxford: Oxford University Press.

Jackendoff, Ray(1972) *Semantic Interpretation in Generative Grammar*. Mass: MIT Press.

Jang, YoungJun(1995) *Floated Quantifiers, NPIs, and Move-F theory*. Ms. Harvard University, Cambridge.

Jespersen, Otto(1917) *Negation in English and Other Languages*. Copenhagen: A.F. Høst.

Kadmon, Nirit and Fred Landman(1993) Any. *Linguistics and Philosophy* 16. pp.353-422.

Kataoka, Kiyoko (2006) 'Neg-sensitive' Elements, Neg-c-command, and Scrambling in Japanese. *Japanese/Korean Linguistics* 14. Tim Vance and Kim Jones(eds.). pp.221-233. CSLI Publications.

Kato, Yasuhiko(1985) *Negative Sentences in Japanese*. Sophia Linguistica 19. Monograph. Sophia University.

Kato, Yasuhiko(1991) Negative Polarity in Japanese and the Levels of Representation. *Tsuda Review* 36. pp.151-179.

Kato, Yasuhiko(1994) Negative Polarity and Movement. *MIT Working Papers in Linguistics* 24. pp.101-120.

Kato, Yasuhiko(2000) Interpretive Asymmetries of Negation. *Negation and Polarity*. Laurence R. Horn and Yasuhiko Kato(eds.). pp.62-87. New York and Oxford: Oxford University Press.

Kato, Yasuhiko(2002) Negation in English and Japanese: Some (A) symmetries and their Theoretical Implications. *Proceedings of the Sophia Symposium on Negation*. pp.1-21. Sophia University.

Kato, Yasuhiko(2010) Negation in Classical Japanese. *The Expression of Negation*. pp.257-286.

Kawamori, Masahito and Akira Ikeya(2001) Japanese Negative Polarity Items and Negative Concord. *Language, Information and Computation: Proceedings of The 15th Pacific Asia Conference*.

pp.85-96. City University of Hong Kong.

Kawashima, Ruriko and Hisatsugu Kitahara(1992) Licensing of Nagative Polarity Items and Checking Theory: A Comparative Study of English and Japanese. *Proceedings of the Formal Linguistics Society of Midamerica* 3. pp.139-154.

Kim, Alan Hyun-Oak(1997) The NPI *Pakkey* and Universal Quantifier Negation in Korean. *Harvard Studies in Korean Linguistics* 6. Susumu Kuno et al.(eds.). pp.323-337. Dept. of Linguistics, Harvard University.

Kim, Alan Hyun-Oak(2001) Correspondences in Scalar Focus Particles of Japanese and Korean: A Comparative Perspective. *Cognitive-Functional Linguistics in an East Asian Context*. Kaoru Horie and Shigeru Sato(eds.). pp.207-234. Kurosio Publishers.

Kim, KwangSup(1999) A Paradox in Korean NPI Licensing. *Studies in Generative Grammar* 9. pp.403-429.

Kim, SunWoong(1995) The Negative Polarity Item Licensing in Korean: An Alternative to NegP. *Studies in Generative Grammar* 5:1. pp.239-263.

Klima, Edward S.(1964) Negation in English. *The Structure of Language*. Jerry A. Fodor and Jerrold J. Katz(eds.). pp.246-323. Prentice-Hall.

Koizumi, Masatoshi(1993) Modal Phrases and Adjuncts. *Japanese/Korean Linguistics* 2. Clancy Patricia M.(ed.). pp.410-428. CSLI Publications.

Koji, Sugisakai(2001) Scrambling of Adjuncts and Last Resort. *Japanese/Korean Linguistics* 9. Mineharu Nakayama and Charles J. Quinn Jr.(eds.). pp.379-389. CSLI Publications.

Konomi, Keiji(2000) On Licensing of *SIKA*-NPIs in Japanese. *Syntactic and Functional Explorations: In Honor of Susumu Kuno*. K. Takami, A. Kamio and J. Whitman(eds.). pp.51-82. Kurosio Publishers.

Kuno, Susumu(1995) Negative Polarity Items in Japanese and English. *Harvard Working Papers in Linguistics* 5. pp.165-197.

Kuno, Susumu(2002) NPI Licensing, O/Ga Alternation, Verb Raising and Scrambling. *Japanese Korean Linguistics* 10. Noriko M. Akatsuka and Susan Strauss(eds.). pp.465-480. CSLI Publications.

Kuno, Susumu and YoungJoo Kim(1999) The Syntax and Semantics of the

489

Man and *Pakkey* Constructions. *Harvard Studies in Korean Linguistics* 8. pp.436-456. Dept. of Linguistics, Harvard University.

Kuno, Susumu and Whitman John(2004) Licensing of Multiple Negative Polarity Items. *Kuno in Korean Linguistics*. Young-Key Kim-Renaud and John Whitman(eds.). pp.207-228. Seoul: International Circle of Korean Linguistics.

Kuroda, Shige-Yuki(1965) *Generative Grammatical Studies in the Japanese Language*. Doctoral Dissertation. MIT.

Ladusaw, William A.(1979) *Polarity Sensitivity as Inherent Scope Relations*. Doctoral Dissertation. University of Texas, distributed by the Indiana University Linguistics Club.

Ladusaw, William A.(1980a) *Polarity Sensitivity as Inherent Scope Relations*. New York and London: Garland.

Ladusaw, William A.(1980b) Affective OR, Factive Verbs, and Negative-Polarity Items. *CLS* 16. pp.170-184.

Ladusaw, William A.(1980c) On the Notion Affective in the Analysis of Negative-Polarity Items. *Journal of Linguistic Research* 1. pp.1-16.

Ladusaw, William A.(1992) Expressing Negation. *Proceedings of the Second Conference on Semantics and Linguistics Theory* (Ohio State Working Papers in Linguistics, vol.40). C. Baker and D. Dowty(eds.). pp.237-259. Columbus: The Ohio State University.

Laka, Itziar(1990) *Negation in Syntax: On the nature of Functional Categories and Projections*. Doctoral dissertation. MIT. [published in (1994) *On the Syntax of Negation*. Garland].

Lasnik, Howard(1972) *Analysis of Negation in English*. Bloomington: Indiana University Linguistic Club.

Lasnik, Howard and Mamoru Saito(1992) *Move α*. Cambridge, Mass: MIT Press.

Lee, ChungMin(2002) Negative Polarity in Korean and Japanese. *Japanese/ Korean Linguistics* 10. Noriko M. Akatsuka and Susan Strauss (eds.). pp.481-494. CSLI Publications.

Lee, DooWon(1997) Negative Polarity Use and Complementizer Transparency in Korean Bi-Clausal Structure. *Korean Journal of Linguistics* 22:2. pp.307-329.

490

Linebarger, Marcia(1981) *The Grammar of Negative Polarity.* Doctoral dissertation. MIT. Reproduced by the Indiana University Linguistics Club.

Linebarger, Marcia(1987) Negative Polarity and Grammatical Representation. *Linguistics and Philosophy* 10. pp.325-387.

Martin, Samuel E.(1975) *A Reference Grammar of Japanese.* New Haven and London: Yale University Press.

May, Robert(1985) *Logical Form: Its Structure and Derivation.* The MIT Press.

McGloin, Naomi Harada(1976) Negation. *Syntax and Semantics 5: Japanese Generative Grammar.* M. Shibatani(ed.). pp.371-419. Academic Press.

Merchant, Jason(2001) *The Syntax of Silence.* Oxford: Oxford University Press.

Miyagawa, Shigeru(1997) Against Optional Scrambling. *Linguistic Inquiry* 28:1. pp.1-25.

Muraki, Masatake(1978) The *sika-nai* Construction and Predicate Restructuring. *Problems in Japanese Syntax and Semantics.* John Hinds and Irwin Howard(eds.). pp.155-177. Tokyo: Kaitakusha.

Nakao, Chizuru and Miki Obata(2007) Parametric Variations in NPI-Licensing and the Role of LF X0-Movement. *Proceedings of the 9th Seoul International Conference on Generative Grammar: 2007 Locality and Minimalism.* Doo-Won Lee(ed.). pp.135-152. Seoul: Hankuk Publishing Co.

Nam, SeungHo(1994) Another Type of Negative Polarity Item. *Dynamics, Polarity, and Quantification.* M. Kanazawa and C. Piñon(eds.). pp.3-15. Center for the Study of Language and Information, Stanford.

Nishioka, Nobuaki(1994) Improper Movement and Polarity Items in English and Japanese. *English Linguistics* 11. pp.1-28.

Nishioka, Nobuaki(1999) On Sentential Negation and the Licensing of Negative Polarity Items in English and Japanese: A Minimalist Approach. *English Linguistics* 16:1. pp.25-54.

Nishioka, Nobuaki(2000) Japanese Negative Polarity Items wh-*MO* and XP-*sika* Phrases: Another Overt Movement Analysis in Terms of

491

Feature-Checking. *Syntactic and Functional Explorations: In Honor of Susumu Kuno*. K. Takami, A. Kamio and J. Whitman (eds.). pp.159-184. Kurosio Publishers.

Otani, Kazuyo and John Whitman(1991) V-Raising and VP-Ellipsis. *Linguistic Inquiry* 22:2. pp.345-358.

Ouhalla, Jamal(1990) Sentential Negation, Relativised Minimality and the Aspectual Status of Auxiliaries. *Linguistic Review* 7. pp.183-231.

Oyakawa, Takatsugu(1975) On the Japanese *sika-nai* Construction. *Gengo Kenkyu* 67. pp.1-20.

Park, KangHun(2007) On the Interpretation of Japanese and Korean Multiple Negative Polarity Item Constructions. 『筑波応用言語学研究』14. pp.87-100. 筑波大学応用言語学領域.

Park, KangHun(2007) Constraints on Multiple Negative Polarity Item Constructions in Japanese and Korean. 『言語学論叢』26. pp.61-81. 筑波大学一般 応用研究室.

Park, KangHun(2013) Two types of Korean and Japanese Multiple Negative Sensitive Item Constructions. *Language and Linguistics* 59. pp.43-72. Hankuk University of Foreign Studies Language Research Institute.

Park, KangHun(2014) A Contrastive Study of Japanese and Korean Negative Sensitive Items: a Grammaticalization Approach, *Language Sciences* 45, pp.152-172. England: Elsevier.

Park, KangHun(2015) A Discrepancy in the Degree of Grammaticalization of Korean and Japanese Negative Sensitive Items: A Corpus-Based Study. *Japanese and Korean Linguistics* 22. pp.149-164 Stanford: CSLI Publications.

Park, KangHun(2017) Negative Concord vs. Negative Polarity: focusing on Argument-Adjunct Asymmetry. *Linguistic Research* 34. pp.225-246. Seoul: Institute for the Study of Language & Information.

Park, KangHun(2018) Grammaticalization of Japanese Postpositions: focusing on *yori* co-occurring with negatives. *Language and Linguistics* 81. pp.51-73. Seoul: Hankuk University of Foreign Studies Language Research Institute.

Payne, John R.(1985) Negation. *Language Typology and Syntactic Description 1: Clause Structure*. T. Shopen(ed.). pp.197-242. Cambridge

University Press.

Progovac, Ljiljana(1994) *Negative and Positive Polarity: A Binding Approach.* Cambridge University Press.

Reinhart, Tanya(1976) *The Syntactic Domain of Anaphora.* Doctoral dissertation. MIT.

Rizzi, Luigi(1990) *Relativized Minimality.* MIT Press.

Rizzi, Luigi(1996) Residual Verb Second and the Wh-Criterion. *Parameters and Functional Heads. Essays in Comparative Syntax.* Adriana Belletti and Luigi Rizzi(eds.). pp.63-90. Oxford and New York: Oxford University Press.

Saito, Mamoru(1992) Long Distance Scrambling in Japanese. *Journal of East Asian Linguistics* 1. pp.69-118.

Searle, John(1969) *Speech Acts.* Cambridge: Cambridge University Press.

Sells, Peter(2001) Negative Polarity Licensing and Interpretation. *Harvard Studies in Korean Linguistics* 9. Susumu Kuno et al.(eds.). pp.3-22. Dept. of Linguistics, Harvard University.

Sells, Peter(2005) NPI Licensing and the Scope of Negation in Korean. Nanzan University Center of Linguistics Colloquium.

Sells, Peter(2006) Interactions of Negative Polarity Items in Korean. *Proceedings of the 11th Harvard International Symposium on Korean Linguistics.* pp.724-737. Harvard University.

Sohn, KeunWon(1994a) NPIs as Focus Barriers: LCC or RM? *Proceedings of the 24th Western Conference on Linguistics* 7. pp.251-265.

Sohn, KeunWon(1994b) Overt-Covert Licensing and Parametric Differences in NPIs. Ms. University of Connecticut, Storrs.

Sohn, KeunWon(1995) *Negative Polarity Items, Scope, and Economy.* Doctoral dissertation. University of Connecticut, Storrs.

Sohn, KeunWon(1996) Negative Polarity Items and Rigidity of Scope. *Japanese/Korean Linguistics* 5. pp.353-368. CSLI Publications.

Strawson, Peter. Frederick(1952) *Introduction to Logical Theory.* London: Metheun.

Takahashi, Daiko(1990) Negative Polarity, Phrase Structure, and the ECP. *English Linguistics* 7. pp.129-146.

Takano, Yuji(2002) Surprising Constituents. *Journal of East Asian Linguistics*

493

11. pp.243-301.

Takezawa, Koichi(1987) *A Configurational Approach to Case-Marking in Japanese*. Doctoral dissertation. University of Washington.

Tanaka, Hidekazu(1997) Invisible Movement in *SIKA-NAI* and the Linear Crossing Constraint. *Journal of East Asian Linguistics* 6. pp.143-188.

Terazu-Imanishi, Noriko(1994) A Note on Except-Constructions in English. *Synchronic and Diachronic Approaches to Language*. Shuji Chiba et al.(eds.). pp.379-390. Liber Press.

Vallduví, Eric(1994) Polarity Items, N-words and Minimizers in Catalan and Spanish. *Probus* 6. pp.263-294.

Watanabe, Akira(2001) Decomposing the NEG-Criterion. *Going Romance. 1999: Selected Papers*. D'Hulst Y., Rooryck J. and Jan Schroten J.(eds.). pp.383-406. Amsterdam: John Benjamins.

Watanabe, Akira(2002) Feature Checking and Neg-Factorization in Negative Concord. *Proceedings of the Sophia Symposium on Negation*. pp.51-77. Sophia University, Tokyo.

Watanabe, Akira(2004) The Genesis of Negative Concord. *Linguistic Inquiry* 35. pp.559-612.

Wittgenstein, Ludwig(1953) *Philosophical Investigations*. New York: Macmillan.

van der Wouden, Ton(1994) Polarity and Illogical Negation. *Dynamics, polarity, and quantification*. Kanazawa, Makoto and Christopher J. Piñon(eds.). pp.17-45. CSLI Publications.

Yanagida, Yuko(1996) Syntactic QR in *wh-in-situ* Languages. *Lingua* 99:1. pp.21-36.

Yoshida, Takashi(1995) Two Types of Negative Polarity Items in English. *Tsukuba English Studies* 14. pp.75-95. 筑波英語学会.

Yoshimoto, Yasushi(1998) The Strong [neg] Feature of Neg and NPI Licensing in Japanese. *Japanese/Korean Linguistics* 8. pp.529-541. CSLI Publications.

Zanuttini, Raffaella(1991) *Syntactic Properties of Sentential Negation: A Comparative Study of Romance Languages*. Doctoral dissertation. University of Pennsylvania.

494

Zanuttini, Raffaella(1997) *Negation and Clausal Structure: A Comparative Study of Romance Languages.* Oxford: Oxford University Press.

Zanuttini, Raffaella(2001) Sentential Negation. *The Handbook of Contemporary Syntactic Theory.* M. Baltin and C. Collins(eds.). pp.511-535.MA: Blackwell.

Zwarts, Frans(1990) The Syntax and Semantics of Negative Polarity. *Views on the Syntax-Semantics Interface* 2. S. Busemann(ed.). Berlin.

*   *

辞書類

日本語の辞書

『日本国語大辞典(第二版, 第六巻)』小学館[2001年出版].

『日本文法口座 6 日本文法辞典』明治書院[1958年出版].

『ロドリゲス・大文典』ジョアン・ロドリゲス. 文化書房博文社[1969年出版].

韓国語の辞書

『국어학사전(国語学辞典)』한글학회(ハングル学会)[1995年出版].

『17세기 국어사전(상)(17世紀国語辞典(上))』홍윤표 외(ホン・ユンピョ他) 한국 정신 문화 연구원(韓国精神文化研究院)[1995年出版].

『우리말 어원 사전(韓国語の語源辞典)』김민수編(キム・ミンス編) 태학사(太学社)[1997年出版].

各章と既発表論文との関係

---

　　*　以下の既発表論文のリストは各章の内容を修正・加筆したもの、またはその
　　　内容と少しでも関わりのあるものをすべて挙げたものである。ただし、2014
　　　年以降の論文は研究対象や研究アプローチなどが本書と異なるため参考文
　　　献を参照されたい。

応用言語学研究』14. pp.87-100. 筑波大学応用言語学領域.

朴江訓(2009)「日本語の多重否定極性表現の統語位置とその解釈について」『日本語教育研究』48. pp.115-126. 韓国日本語教育学会.

朴江訓(2010)「日本語における多重否定極性表現の語順制限について」『日語日文学研究』73. pp.261-276. 韓国日語日文学会.

第5章 日本語における多重**NCI**構文の類型とその統語構造─「しか」と「不定語モ」が共起したタイプを中心に─

Park, KangHun(2007) Constraints on Multiple Negative Polarity Item Constructions in Japanese and Korean.『言語学論叢』26. pp.61-81. 筑波大学一般 応用研究室.

朴江訓(2008)「日本語における多重否定極性表現について─その生起条件を中心に─」『日本学報』79. pp.37-48. 韓国日本学会.

朴江訓(2012a)「日本語における多重否定呼応表現構文の類型」『日本研究』32. pp.71-88. 中央大学 日本研究所.

朴江訓(2012b)「日本語の多重否定一致構文の統語的研究─統語構造と意味役割を中心に─」『日本研究』53. pp.309-328. 韓国外国語大学 日本研究所.

第6章 日本語における「其他否定」表現に関する一考察─その認可条件を中心に─

朴江訓(2008)「否定述語と呼応する「しか」「以外」「ほか」をめぐって」『日本語と日本文学』46. pp.19-33. 筑波国語国文学会.

朴江訓(2009)「いわゆる「其他否定」表現について」『日語日文学研究』69. pp.123-138. 韓国日語日文学会.

第7章 韓国語における否定一致現象

朴江訓(2007)「日韓両言語における否定一致現象について」『日本語と日本文学』44. pp.44-57. 筑波国語国文学会.

第**8**章　韓国語における多重**NCI**構文に関する考察

Park, KangHun(2013) Two types of Korean and Japanese Multiple Negative Sensitive Item Constructions. Language and Linguistics 59. pp.43-72. Hankuk University of Foreign Studies Language Research Institute.

第**9**章　日韓両言語における否定呼応表現の対照研究―「しか」と「**bakk-e**」を中心に―

朴江訓(2009)「「pakk-ey」と「しか」の用法―日本語教育の観点から―」『日語教育研究』17. pp.35-48 .韓国日語教育学会.

朴江訓(2010)「韓日両言語における「pakk-ey」と「しか」の統語的認可条件」『日本学報』83. pp.47-58. 韓国日本学会.

朴江訓(2011)「「しか」の機能的源流をめぐって―韓国語との対照の観点から―」『日本研究』49. pp.415-433. 韓国外国語大学 日本研究所.

第**10**章　結章

新規執筆

著者略歴

▌朴江訓

- ・仁荷大学 文科大学 日語日本学科 早期卒業
- ・筑波大学(University of Tsukuba) 大学院 言語学修士・博士(国費留学)
- ・現在、仁荷大学 文科大学 日本言語文化学科 教授
- ・元 全州大学/韓国外国語大学/韓国ポリテク大学 教授
- ・社会副総理兼教育部長官賞受賞(優秀研究賞 2015年, 2019年)

韓日両言語における否定一致の研究

初版印刷	2023년 03월 01일
初版発行	2023년 03월 06일

著　　　者	朴江訓
発　行　者	尹錫賢
発　行　所	J&C Publishing company
	353, Uicheon-ro, Dobong-gu, Seoul, Korea
	Tel: 02) 992 / 3253　Fax: 02) 991 / 1285
	http://www.jncbms.co.kr
	jncbook@hanmail.net

ⓒ 朴江訓 2023 Printed in KOREA.

ISBN 979-11-5917-228-1　　93730　　　　　　　　정가 40,000원